高顿教育
GOLDEN EDUCATION

姓名 ________ 准考证号 ________

2021年上半年国家教师资格考试
教育知识与能力（中学）真题卷及参考答案

（科目代码：302/302A）

附2016上半年至2021上半年考点及关键点汇总

2016 上半年至 2021 上半年考点及关键点汇总

2021 年上

题型	考点	关键点
单项选择题	1. 马克思主义教育学发展	凯洛夫的《教育学》
	2. 教育的功能	教育的个体发展功能
	3. 维果斯基的文化—历史发展理论与教育	最近发展区
	4. 我国确立教育目的的理论依据	实现人的全面发展的唯一途径
	5. 教育制度概述	教育制度的概念
	6. 常见的教学方法	实习作业法
	7. 课程理论流派	活动中心课程理论
	8. 教学过程的本质	教学过程是一种特殊的认识过程
	9. 教学原则	思想性（教育性）和科学性相统一原则
	10. 全面发展教育	体育
	11. 常用的德育方法	实际锻炼法
	12. 遗忘的原因	系列位置效应
	13. 个别差异与因材施教	场独立型与场依存型
	14. 行为改变的基本方法	强化法
	15. 注意的分类	无意注意
	16. 皮亚杰道德发展阶段论	权威阶段
	17. 学习动机理论	自我效能感理论
	18. 教师的成长历程	关注学生阶段
	19. 学习动机的分类	学习动机的一般分类
	20. 想象的分类	无意想象
	21. 学习策略的分类	复述策略
辨析题	22. 教学评价	教学评价的概念
	23. 教育的社会属性	相对独立性
	24. 迁移的分类	逆向迁移、负迁移
	25. 人格的结构	气质
简答题	26. 教学组织形式和教学工作基本环节	教学工作的基本环节
	27. 班集体的形成与发展	培养班集体的方法
	28. 学习理论	建构主义学习理论
	29. 创造性思维与培养	创造性的培养
材料分析题	30. 中学德育的原则、途径与方法	中学德育的原则
	31. 教师的行为特征	教师期望效应

2020 年下

题型	考点	关键点
单项选择题	1. 教育学的萌芽阶段	《学记》中的教育思想
	2. 影响人身心发展的因素	学校教育
	3. 教育与社会发展	教育与社会生产力
	4. 学校教育制度的类型	分支型学制
	5. 有关教育目的的理论	个人本位论
	6. 新课程改革的课程结构	从小学至高中设置综合实践活动课程并作为必修课程
	7. 课程内容	课程内容的文本表现形式
	8. 常见的教学组织形式	特朗普制
	9. 教学评价的分类	形成性评价
	10. 常用的德育方法	品德评价法
	11. 中学德育的原则	疏导原则
	12. 注意的品质	注意的分散
	13. 学习理论	行为主义学习理论
	14. 奥苏贝尔成就动机的分类	附属内驱力
	15. 皮亚杰的认知发展阶段	形式运算阶段
	16. 自我意识的发展	心理自我
	17. 心理辅导的主要方法	合理情绪疗法（理性—情绪疗法）
	18. 行为改变的基本方法	强化法
	19. 科尔伯格的道德发展阶段论	寻求认可定向阶段
	20. 课堂气氛的类型和特征	消极的课堂气氛
	21. 教师的认知特征：教学能力	教学操作能力
辨析题	22. 教育的本质属性	教育是一种有目的地培养人的社会活动
	23. 中学德育的途径与方法	中学德育的途径
	24. 迁移的分类	顺向迁移、正迁移
	25. 影响问题解决的主要因素	思维定势与功能固着
简答题	26. 教育与文化	教育的文化功能
	27. 班级管理与班主任工作	班主任的工作内容及方法
	28. 中学生的能力发展	能力差异
	29. 常见的教师心理健康问题	职业倦怠
材料分析题	30. 教学原则和方法	教学原则
	31. 学习动机理论	自我效能感理论

2019 年下

题型	考点	关键点
单项选择题	1. 教育学的萌芽阶段	《学记》
	2. 影响人身心发展的因素	环境
	3. 教育与社会发展	教育与人口
	4. 教育目的	我国的教育方针
	5. 古代教育的总体特征	等级性
	6. 课程的类型	学科课程
	7. 新课程改革的具体目标	实行三级课程管理制度
	8. 教学的任务	形式教育与实质教育
	9. 教学评价的分类	形成性评价
	10. 常用的德育方法	榜样示范法
	11. 德育过程的基本规律	德育过程是促使学生的知、情、意、行互动发展的过程
	12. 注意的分类	无意注意
	13. 成败归因理论	三维度六因素
	14. 学习动机与学习效率的关系	耶克斯—多德森定律
	15. 记忆的主要类型	逻辑记忆
	16. 科尔伯格的道德发展阶段论	普遍原则的道德定向阶段
	17. 性格	性格的态度特征
	18. 中学生常见的心理健康问题	强迫症
	19. 中学生情绪发展的特点	两极性
	20. 教师成长的历程	关注学生阶段
	21. 课堂问题行为及其应对	课堂问题行为的处置和矫正
辨析题	22. 课程内容的文本表现形式	课程标准
	23. 影响人身心发展的因素	遗传、个体的主观能动性
	24. 影响问题解决的主要因素	情绪与动机
	25. 中学生的心理健康	心理健康的标准；心理健康是相对的
简答题	26. 上课	上好课的具体要求
	27. 美育	美育的基本任务
	28. 学习策略的分类	元认知策略
	29. 品德概述	品德的心理结构
材料分析题	30. 中学德育的原则、途径与方法	中学德育的原则
	31. 提高记忆能力的方法	复习的方法

2019年上

题型	考点	关键点
单项选择题	1. 教育学的创立阶段	赫尔巴特
	2. 教育学的发展阶段	赞可夫
	3. 有关教育目的的理论	个人本位论
	4. 教育的社会属性	相对独立性
	5. 个体身心发展的一般规律	个体身心发展的阶段性
	6. 学校教育制度的类型	双轨学制
	7. 教育与社会生产力	教育的经济功能
	8. 课程的类型	学科课程
	9. 新课程改革的课程结构	高中阶段以分科课程为主
	10. 中学德育的原则	因材施教原则
	11. 常用的德育方法	品德评价法
	12. 注意的分类	有意注意
	13. 遗忘	遗忘的规律
	14. 学习策略的分类	精加工策略
	15. 课堂问题行为的处置和矫正	团体警觉
	16. 气质的类型	胆汁质
	17. 维果斯基的文化—历史发展理论与教育	最近发展区
	18. 中学生常见的心理健康问题	强迫症
	19. 教师的行为特征	皮格马利翁效应
	20. 行为主义学习理论	桑代克的尝试—错误说
	21. 教师心理	教师的教学效能感
辨析题	22. 影响人身心发展的因素	学校教育、个体的主观能动性
	23. 教学的任务	我国现阶段的教学任务
	24. 学习动机	学习动机与学习效率的关系
	25. 品德概述	品德的心理结构
简答题	26. 教育目的	我国的教育方针
	27. 教学过程	教学过程的基本规律
	28. 知觉	知觉的特性
	29. 思维	创造性思维的特征
材料分析题	30. 中学德育的原则、途径与方法	中学德育的原则、中学德育的方法
	31. 中学生情绪的发展与培养	中学生情绪发展的特点、 情绪调节的方法

2018 年下

题型	考点	关键点
单项选择题	1. 影响人身心发展的因素	环境
	2. 教育的社会属性	相对独立性
	3. 教育学的创立阶段	夸美纽斯《大教学论》
	4. 制度化教育	清朝末年的“废科举、兴学堂”
	5. 教育学的发展阶段	巴班斯基的教学过程最优化
	6. 常用的德育方法	道德修养法
	7. 体育	学校体育的特点
	8. 课程的类型	校本课程
	9. 教学评价的分类	诊断性评价
	10. 教学过程的基本规律	双边性规律
	11. 中学德育的途径	思想品德课与其他学科教学
	12. 班杜拉的观察（社会）学习理论中强化的分类	替代强化
	13. 动机冲突	双趋冲突
	14. 思维的种类	发散思维
	15. 埃里克森社会性发展阶段理论	同一性对角色混乱
	16. 中学生情绪发展的特点	两极性
	17. 中学生常见的心理健康问题	抑郁症
	18. 情绪的分类	心境
	19. 道德情感	形象的道德情感
	20. 教师的认知特征：教学能力	教学操作能力
	21. 教师领导方式	仁慈专断型
辨析题	22. 教育的功能	正向功能、负向功能
	23. 教学过程的基本规律	间接性规律
	24. 中学生认知发展与教育	皮亚杰的认知发展阶段理论
	25. 学习迁移	影响迁移的主要因素
简答题	26. 教育与社会政治经济制度	教育的政治功能
	27. 教学原则	思想性（教育性）和科学性相统一原则
	28. 人格发展理论	弗洛伊德人格发展理论
	29. 记忆	提高记忆能力的方法
材料分析题	30. 班集体的形成与发展	培养班集体的方法
	31. 中学生性心理与异性交往	中学生异性交往的特点、正确处理异性交往

2018年上

题型	考点	关键点
单项选择题	1. 教育学的创立阶段	培根
	2. 教育学的萌芽阶段	《学记》
	3. 教育的社会属性	相对独立性
	4. 教育与社会生产力	教育的经济功能
	5. 教学过程是一种特殊的认识过程	简捷性
	6. 教育与社会发展	教育与社会生产力
	7. 德育工作	德育的基本内容
	8. 常用的德育方法	情感陶冶法
	9. 罗杰斯的学习理论	非指导性教学模式
	10. 课程的类型	学科课程
	11. 课程组织	课程设计的概念
	12. 维果斯基的文化—历史发展理论与教育	文化—历史发展理论
	13. 感觉的一般规律	联觉
	14. 个别差异与因材施教	场独立型与场依存型
	15. 迁移的分类	正迁移
	16. 巴甫洛夫的经典性条件作用论	分化
	17. 奥苏贝尔成就动机的分类	附属内驱力
	18. 情绪的理论	沙赫特—辛格情绪理论
	19. 网络成瘾	厌恶干预法
	20. 心理辅导的目标与途径	心理辅导的目标
	21. 教师成长的历程	关注情境阶段
辨析题	22. 教育的社会属性	继承性
	23. 教学的意义	教学是进行全面发展教育，实现培养目标的基本途径
	24. 注意的品质	注意的分配
	25. 教学过程的基本规律	发展性规律
简答题	26. 课程内容的文本表现形式：教材	教科书的编写应遵循的基本原则与要求
	27. 班主任概述	班主任应具备的基本条件
	28. 学习动机	学习动机的含义、学习动机的功能
	29. 学习的分类	按照学习结果分类
材料分析题	30. 中学德育的原则	依靠积极因素克服消极因素的原则（长善救失原则）
	31. 中学生情绪的发展与培养	中学生情绪发展的特点、情绪调节的方法

2017 年下

题型	考点	关键点
单项选择题	1. 教育学的创立阶段	夸美纽斯
	2. 教育的社会属性	永恒性
	3. 教育的社会发展功能	教育的社会流动功能
	4. 教育学的创立阶段	卢梭的《爱弥儿》
	5. 影响人身心发展的因素	环境
	6. 教育与社会政治经济制度； 我国教育目的	社会政治经济制度对教育的制约； 我国确立教育目的的依据
	7. 个体身心发展的一般规律	个体身心发展的个别差异性
	8. 德育过程的基本规律	德育过程是促进学生的思想品德内部矛盾积极转化的过程
	9. 教学过程的本质	教学过程是一种特殊的认识过程
	10. 新课程改革的课程结构	高中阶段以分科课程为主
	11. 课程内容的文本表现形式	课程标准
	12. 个体身心发展的不平衡性	关键期
	13. 知觉的特性	整体性
	14. 埃里克森社会性发展阶段理论	同一性对角色混乱
	15. 注意规律在教学中的应用	正确运用无意注意的规律组织教学活动
	16. 学习策略的分类	精加工策略
	17. 知识学习的种类	下位学习
	18. 情感的分类	理智感
	19. 中学生常见的心理健康问题	强迫症
	20. 品德的心理结构	道德行为
	21. 教师的行为特征	教师期望效应
辨析题	22. 德育过程是促使学生的知、情、意、行互动发展的过程	多端性
	23. 教学过程的基本规律	教育性规律
	24. 记忆的主要类型	短时记忆
	25. 斯金纳的操作性条件作用论	负强化、惩罚
简答题	26. 新课程改革的课程结构	综合实践活动课程
	27. 班主任的工作内容及方法	班主任的常规工作
	28. 建构主义学习理论	知识观、学生观、学习观
	29. 品德形成的一般过程	依从、认同、内化
材料分析题	30. 现代教育制度的发展趋势	义务教育
	31. 学习迁移的理论	概括说（经验类化说）

2017年上

题型	考点	关键点
单项选择题	1. 教育学的创立阶段	斯宾塞
	2. 个体身心发展的一般规律	个体身心发展的不平衡性
	3. 教育学的萌芽阶段	《学记》
	4. 有关教育目的的理论	个人本位论
	5. 教育制度确立的依据	人的依据
	6. 课程内容的组织形式	螺旋式
	7. 课程的类型	地方课程
	8. 课的类型	综合课
	9. 以语言传递为主的教学方法	谈话法
	10. 常用的德育方法	榜样示范法
	11. 中学德育的原则	疏导原则
	12. 记忆的主要类型	陈述性记忆
	13. 迁移的分类	水平迁移
	14. 斯金纳的操作性条件作用论	负强化
	15. 皮亚杰道德发展阶段论	公正阶段
	16. 人格特质理论	ABCD 型人格
	17. 挫折的应对	认知重组
	18. 中学生常见的心理健康问题	强迫症
	19. 课堂管理的功能	发展功能
	20. 教师成长的历程	关注情境阶段
	21. 教师成长与发展的基本途径	反思教学经验
辨析题	22. 教育的社会属性	相对独立性
	23. 教学过程的基本规律	发展性规律
	24. 学习的分类	接受学习、有意义学习
	25. 道德发展理论	科尔伯格的道德发展阶段论
简答题	26. 班集体的形成与发展	培养班集体的方法
	27. 基础教育课程改革	新课程改革的具体目标
	28. 记忆的主要类型	短时记忆
	29. 中学生心理辅导的方法	心理辅导的原则
材料分析题	30. 中学德育的原则、途径与方法	中学德育的原则
	31. 个别差异与因材施教	场独立型与场依存型

2016 年下

题型	考点	关键点
单项选择题	1. 教育学的萌芽阶段	孔子
	2. 教育学的创立阶段	夸美纽斯的《大教学论》
	3. 教育的起源	心理起源说
	4. 教育的社会属性	永恒性
	5. 教育学的萌芽阶段	孔子
	6. 教育与社会生产力	生产力对教育的制约
	7. 我国学制沿革	壬子癸丑学制
	8. 课程的类型	经验课程
	9. 以直观感知为主的教学方法	演示法
	10. 教学评价的分类	相对性评价
	11. 常用的德育方法	情感陶冶法
	12. 科尔伯格的道德发展阶段论	后习俗水平
	13. 人格的结构	性格
	14. 影响问题解决的主要因素	思维定势与功能固着
	15. 知识的类型	程序性知识
	16. 学习的分类	接受学习
	17. 学习策略的分类	组织策略
	18. 记忆的主要类型	短时记忆
	19. 成败归因理论	三维度六因素
	20. 课堂管理的功能	发展功能
	21. 自我意识的发展	心理自我
辨析题	22. 影响人身心发展的因素	遗传
	23. 教学的任务	我国现阶段的教学任务
	24. 学习的内涵	学习的实质
	25. 学习动机	学习动机与学习效率的关系
简答题	26. 课程的类型	活动课程
	27. 中学德育的原则	依靠积极因素克服消极因素的原则
	28. 学习动机理论	自我效能感理论
	29. 中学生认知发展与教育	皮亚杰的认知发展阶段理论
材料分析题	30. 教学过程；教学原则和方法；教师成长心理	教学过程的基本规律；教学原则；教师成长与发展的基本途径
	31. 中学生常见的心理健康问题	焦虑症

2016年上

题型	考点	关键点
单项选择题	1. 教育学发展阶段	布鲁纳的《教育过程》
	2. 影响人身心发展的因素	遗传
	3. 我国确立教育目的的依据	我国确立教育目的的理论依据
	4. 学校教育制度的类型	双轨学制
	5. 教育的社会属性	相对独立性
	6. 新课程改革的课程结构	从小学至高中设置综合实践活动课程并作为必修课程
	7. 课程的类型	隐性课程
	8. 教学原则	思想性（教育性）和科学性相统一原则
	9. 教学评价的分类	形成性评价
	10. 常用的德育方法	情感陶冶法
	11. 中学德育的原则	依靠积极因素克服消极因素的原则（长善救失原则）
	12. 注意的品质	注意的广度
	13. 思维的种类	发散思维
	14. 中学生身心发展的特点	独立性
	15. 问题解决的策略	算法式
	16. 科尔伯格的道德发展阶段论	社会契约定向阶段
	17. 学习动机理论	成就目标理论
	18. 埃里克森社会性发展阶段理论	同一性对角色混乱
	19. 常见的教师心理健康问题	职业倦怠
	20. 课堂纪律的类型	任务促成的纪律
	21. 心理辅导的主要方法	强化法
辨析题	22. 我国教育目的	我国确立教育目的的依据
	23. 德育过程是促使学生的知、情、意、行互动发展的过程	多端性
	24. 记忆的主要类型	短时记忆
	25. 中学生的能力发展	影响能力的因素
简答题	26. 影响人身心发展的因素	学校教育在人的发展中起主导作用的原因
	27. 全面发展教育	美育
	28. 中学生认知发展与教育	维果斯基的文化—历史发展理论与教育
	29. 操作技能的形成与培养	操作技能的培训要求
材料分析题	30. 教学原则和方法	教学原则、中小学常用的教学方法
	31. 意志	动机冲突；良好意志品质的培养

2021年上半年国家教师资格考试
教育知识与能力（中学）真题卷

注意事项：

1. 考试时间为120分钟，满分为150分。

2. 请按规定在答题卡上填涂、作答。在试卷上作答无效，不予评分。

一、单项选择题（在每小题列出的四个备选项中只有一个是符合题目要求的，请用2B铅笔把答题卡上对应题目的答案字母按要求涂黑。错选、多选或未选均无分。本大题共21小题，每小题2分，共42分）

1. 新中国建立初期，我国师范院校教育学课程普遍采用的教材是（　）。

A. 夸美纽斯的《大教学论》　　B. 赫尔巴特的《普通教育学》

C. 凯洛夫的《教育学》　　D. 马卡连柯的《论共产主义教育》

2. 学校教育具有促进个体发展和社会发展的功能，其中个体发展主要体现为（　）。

A. 个性化与道德化　　B. 社会化与个性化

C. 个性化与趋同化　　D. 社会化与标准化

3. “跳一跳，摘到桃”主要强调教师在教学过程中尽可能挖掘每个学生的潜力，使其得到更好的发展，其理论依据是（　）。

A. 最近发展区理论　　B. 范例教学理论

C. 合作教育学理论　　D. 教学过程最优化理论

4. 马克思主义认为，实现人的全面发展的唯一途径是（　）。

A. 学校教育与社会教育相结合　　B. 脑力劳动与体力劳动相结合

C. 教育与生产劳动相结合　　D. 知识分子与工人农民相结合

5. 学校教育制度一般是指一个国家的（　）。

A. 各级各类学校内部的各种制度　　B. 各级各类学校的领导管理体制

C. 各级各类学校的办学体制　　D. 各级各类学校的总体系

6. 学生在教师指导下通过实地测算、地形测绘、植物栽培、动物饲养等以获得相关学科知识的方法属于（　）。

A. 实验法　　B. 参观法　　C. 演示法　　D. 实习作业法

7. 美国实用主义教育家杜威所倡导的课程理论是（　）。

A. 学科课程论　　B. 活动课程论

C. 要素主义课程论　　D. 永恒主义课程论

8. 学校教育中的教学过程对学生来说是一个特殊的认识过程，具有不同于人类总体认识的特点。它主要表现为（　）。

A. 以学习个体经验为主　　B. 以学习间接经验为主

C. 以学习直接经验为主　　D. 以学习群体经验为主

9. 王老师在讲授“磷及其化合物的性质”时，以磷化氢的“自燃”现象，说明民间俗称“鬼火”现象产生的原因，对学生进行了“无神论”教育。王老师在教学中主要贯彻的是（　）。

A. 循序渐进原则　　B. 直观性原则

C. 科学性和思想性相结合原则　　D. 启发性原则

10. 学校体育的根本任务是（　）。

A. 增强学生体质　　B. 传授体育运动的基础知识，培养基本技能

C. 使学生养成锻炼身体的习惯　　D. 为国家输送优秀体育人才

11. 孟子说：“天将降大任于斯人也，必先苦其心志，劳其筋骨，饿其体肤，空乏其身，行拂乱其所为，所以动心忍性，增益其所不能。”这句话体现的德育方法是（　）。

A. 实际锻炼法　　B. 品德评价法　　C. 情感陶冶法　　D. 榜样示范法

12. 教师向学生依次呈现一组单词，要求他们记住，随后进行自由回忆。结果发现，最后呈现的单词更容易被回忆起来。这种现象称为（　）。

A. 首因效应　　B. 近因效应　　C. 前摄抑制　　D. 倒摄抑制

13. 阳慧在解决问题时，常以老师、同学的建议作为参照做出决策。她的这种认知风格属于（　）。

A. 场依存型　　B. 场独立型　　C. 继时型　　D. 同时型

14. 赵敏课堂上不敢主动发言，有疑难问题也没有勇气向老师请教。为了改变她这一弱点，老师给她更多鼓励和机会，当她主动提问时，就及时给予表扬。这种促进行为改变的方法属于（　）。

A. 行为强化法　　B. 精神分析法　　C. 榜样示范法　　D. 系统脱敏法

15. 同学们正在教室聚精会神地听老师讲课，突然从教室外飞进来一只小鸟，于是大家不约而同地把视线朝向小鸟。这种现象属于（　）。

A. 随意前注意　　B. 随意后注意　　C. 无意注意　　D. 有意注意

16. 欣怡能用规则来约束自己的行为，认为规则是绝对的，是不可变更的，并表现出对规则的服从。根据皮亚杰的道德认知发展理论，欣怡的道德发展水平处于（　）。

A. 自我中心阶段　　B. 权威阶段　　C. 可逆阶段　　D. 公正阶段

17. 李伟同学在上课前会对本节内容进行判断，如果认为自己能听懂老师讲述的知识，他就会认真听课，根据班杜拉的理论，这种现象是（　）。

A. 结果期待　　B. 过程期待　　C. 社会期待　　D. 效能期待

18. 在课堂教学中，张老师能考虑学生的不同需要，关注他们的个体差异。按福勒等人所划分的教师成长阶段，张老师的成长处于（　　）。

A. 关注生存阶段　　B. 关注学生阶段

C. 关注情境阶段　　D. 关注结果阶段

19. 晓东期中考试成绩不理想，其父母承诺如果期末考试成绩优异，就奖励晓东一部华为手机，于是他学习更加努力。晓东的这种学习动机属于（　　）。

A. 近景、外部动机　　B. 近景、内部动机

C. 远景、外部动机　　D. 远景、内部动机

20. 伟华看见天上的浮云，脑中浮现出"骏马""恐龙"等动物形象。这种现象属于（　　）。

A. 有意想象　　B. 无意想象　　C. 再造想象　　D. 创造想象

21. 李利今天新学习了 20 个英文单词。放学后，他一遍一遍地背诵，直至背会全部单词。这种学习策略属于（　　）。

A. 监控策略　　B. 组织策略　　C. 计划策略　　D. 复述策略

二、辨析题（判断正误，并说明理由。本大题共 4 小题，每小题 8 分，共 32 分）

22. 教学评价就是某一学段结束后，对学生学业成绩的评价。

23. 教育具有自身规律，不受社会发展的制约。

24. 后继学习对先前学习产生负迁移。

25. 气质由遗传决定。

三、简答题（根据要求，回答问题。共 4 道题，每题 10 分，共 40 分）

26. 简述教学工作的基本环节。

27. 班主任培养班集体的方法。

28. 简述建构主义学习理论。

29. 培养学生创造性的主要途径。

四、材料分析题（阅读材料，并回答问题。共 2 道题，每题 18 分，共 36 分）

30. 材料：

上学期初，我们班转来一名学生叫王伟。他沉迷于网络游戏，导致学习不认真，对班级活动漠不关心，还常常旷课。我对王伟定期家访，在家访时了解到，早在王伟读小学的时候，他的父母为了不让他到处乱跑，便常给他零花钱让他去玩电子游戏，以至于王伟形成了网瘾。鉴于此，我建议王伟的父母多抽些时间来与他交流、沟通，并控制好他的零花钱，尽可能地限制他玩网络游戏。同时，我发动了全班同学利用各种报刊、网络收集资料，并召开了一次题为“网络游戏给我们带来什么”的主题班会。通过激烈辩论，最终同学们得出的结论是：中学生玩网络游戏的弊远远大于利，我们不能沉迷于网络游戏。王伟在班会课后感中写道：“通过主题班会，我才真正意识到经常旷课上网是多么愚蠢。过去我对学习一直不感兴趣，上课听不懂，整天无所事事，为了消磨时间，我就常常逃课去上网了……”针对王伟的情况，我语重心长地与他谈心，并为他采取了一项措施：他每坚持一天不上网，就会有一位同学给他写上一句祝福或鼓励的话。我们班共有五十位同学，有四十九颗火热的心愿意帮助他。我希望他不要辜负同学们的期望，王伟爽快地说：“没问题”。此外，为了培养王伟对班集体的责任心，我与班委协商，让他担任学校清洁区卫生评分员，他也非常乐意地接受了。同时，同学们充分发掘王伟的特长，在每次出黑板报时，就把画报头和插图的任务交给他。班干部们也非常热心，主动担任王伟各科学习的辅导员，常常辅导他做作业。一学期过去了，他不再沉迷于网络游戏，学习成绩比以前明显提高，思想也有了很大进步。

问题：材料中的“我”贯彻了哪些德育原则？（8 分）结合材料加以分析。（10 分）

31. 材料：

初中开学第一天，七年级（1）班班主任李老师到班级开班会，她在点名的过程中，看到了一个比较熟悉的名字。

“上官文俐？”

“到！”

“你是不是有个姐姐叫上官文伶？”

“是的。”

“我记得上官文伶，她是我前几年带过的学生，她学习很努力，成绩优秀，平时很有礼貌，大家都很喜欢她，我看你和她长得非常像，在各个方面你也应该像她一样优秀。”

两个月后，班主任推荐她参加学校的中学生创新竞赛，结果她取得了好成绩。得到这个好消息后，李老师对她说：“正如我想的那样，你不但爱学习，还很有创新意识。”在随后的日子里，上官文俐努力学习，团结同学，积极为班级服务，努力使自己成为李老师所期望的那样，像她姐姐一样优秀的学生。

问题：结合案例阐述教师期望的作用（10分）及其对教育的启示。（8分）

2021年上半年国家教师资格考试
教育知识与能力（中学）真题卷参考答案

一、单项选择题

1.【答案】C

【解析】本题考查凯洛夫《教育学》的地位。凯洛夫的《教育学》被公认为世界上第一部马克思主义的教育学著作，对新中国成立后乃至现在的教育都产生了很大的影响，是新中国建立初期，我国师范院校教育学课程普遍采用的教材。因此答案选C。

选项A：夸美纽斯的《大教学论》是教育学成为一门独立学科的标志。

选项B：赫尔巴特的《普通教育学》标志着教育学作为一门独立、规范的学科正式诞生。

选项D：马卡连柯的《论共产主义教育》阐述了他的教育思想，并没有成为我国师范院校的普遍教材。

【考点定位】教育基础知识和基本原理——教育学的产生与发展——教育学的发展——教育学的发展阶段——马克思主义教育学发展——凯洛夫的《教育学》

【难度】★★★

2.【答案】B

【解析】本题考查教育的个体发展功能。教育的个体发展功能是指教育对个体发展的影响和作用。它由教育活动的内部结构特征所决定，发生于教育活动内部，又称教育的本体功能。教育的个体发展功能表现为个体个性化功能、个体社会化功能等。因此答案选B。

【考点定位】教育基础知识和基本原理——教育与社会发展——教育的功能——按教育功能作用的对象划分——教育的个体发展功能

【难度】★★

3.【答案】A

【解析】本题考查维果斯基的最近发展区理论。维果斯基认为，儿童有两种发展水平：一是儿童的现有水平，即由一定的已经完成的发展系统所形成的儿童心理机能的发展水平。二是即将达到的发展水平。这两种水平之间的差异就是“最近发展区”，也就是说，儿童在有指导的情况下，借助成人帮助所能达到的解决问题的水平与独自解决问题所达到的水平之间的差异，实际上是两个邻近发展阶段间的过渡。题干中，“跳一跳，摘到桃”的意思是现有水平和“摘到桃”

之间是有差距的，这体现了两种水平的差异，符合维果斯基的最近发展区理论。因此答案选 A。

选项 B：范例教学理论是由瓦·根舍因提出的。

选项 C：合作教育学，其核心思想是强调教育的社会主义人道主义和个性民主化，要求用人道主义和个性民主化的原则来改造教育及教育中人与人之间的关系，培养个性和谐发展的人。

选项 D：教学过程最优化理论是由巴班斯基提出的。

【考点定位】中学生发展心理——中学生认知发展与教育——维果斯基的文化—历史发展理论与教育——教学和发展的关系——最近发展区

【难度】★★

4. **【答案】**C

【解析】本题考查实现人的全面发展的唯一途径。我国确立教育目的的理论依据是马克思关于人的全面发展学说。全面发展的人是指精神和身体、个体性和社会性得到普遍、充分而自由发展的人。教育与生产劳动相结合是实现人的全面发展的唯一方法。因此答案选 C。

【考点定位】教育基础知识和基本原理——教育目的——我国教育目的——我国确立教育目的的依据——我国确立教育目的的理论依据——实现人的全面发展的唯一途径

【难度】★

5. **【答案】**D

【解析】本题考查教育制度的概念。狭义的教育制度是指学校教育制度，简称学制，是一个国家各级各类学校的总体系，具体规定各级各类学校的性质、任务、入学条件、修业年限以及它们之间的关系。因此答案选 D。

【考点定位】教育基础知识和基本原理——教育制度——教育制度概述——教育制度的概念

【难度】★★

6. **【答案】**D

【解析】本题考查实习作业法。实习作业法，是指根据教学任务要求，指导学生运用所学知识在课上或课外进行实际操作，将知识运用于实践的教学方法。题干中，实地测算、地形测绘、植物栽培和动物饲养都是运用知识进行实际操作的实践过程，均属于实习作业法。因此答案选 D。

选项 A：实验法是指学生在教师的指导下，使用一定的仪器和设备，在一定条件下引起某些事物和现象产生变化，进行观察和分析，以获得知识和技能的方法。该方法常用于物理、化学、生物等自然学科的教学。

选项 B：参观法又称现场教学，是指教师根据教学目的和要求，组织学生对实物进行实地观察、研究，从而在实际中获得新知识或巩固、验证已学知识的方法。

选项 C：演示法是指通过展示实物、直观教具，进行示范性的实验，或采取现代化视听手段等指导学生获得知识或巩固知识的方法。

【考点定位】中学教学——教学原则和方法——中小学常用的教学方法——常见的教学方法——以实际训练为主的教学方法——实习作业法

【难度】★★★

7. 【答案】B

【解析】本题考查活动中心课程理论。活动中心课程理论即活动课程论，其代表人物为杜威。该理论主张：课程应以儿童的活动为中心；课程的组织应心理学化；课程要考虑到儿童的需要与兴趣。因此答案选 B。

选项 A：学科课程论代表人物有夸美纽斯和赫尔巴特。学科课程论主要观点：以学科的逻辑体系为中心，主张分科教学。

选项 C：要素主义的代表人物是巴格莱，属于学科课程论。

选项 D：永恒主义的代表人物是赫钦斯，属于学科课程论。

【考点定位】中学课程——课程概述——课程理论流派——活动中心课程理论

【难度】★

8. 【答案】B

【解析】本题考查教学过程是一种特殊的认识过程。教学过程是一种特殊的认识过程，学生认识的特殊性表现为间接性、引导性、简捷性、教育性。其中，间接性是指学生主要以掌握人类长期积累的科学文化知识为中介，间接地认识世界，所以学校教育中的教学过程以学习间接经验为主。因此答案选 B。

【考点定位】中学教学——教学过程——教学过程的本质——教学过程是一种特殊的认识过程

【难度】★

9. 【答案】C

【解析】本题考查思想性（教育性）和科学性相统一的教学原则。思想性（教育性）和科学性相统一原则是指要以马克思主义为指导，把现代先进科学的基础知识和基本技能传授给学生，同时要结合知识、技能中内在的德育因素，对学生进行政治教育、思想教育和道德品质教育。题干中，王老师讲授磷及其化合物的性质，保证了科学性；对学生进行“无神论”教育，是进行德育教育，保证了思想性。所以，王老师贯彻了科学性和思想性相统一原则。因此答案选 C。

选项 A：循序渐进原则是指教学要按照学科的逻辑系统和学生认知发展的顺序进行，使学生系统地掌握基础知识、基本技能，形成严密的逻辑思维能力。

选项 B：直观性原则是指教学中要通过学生观察所学事物或教师语言的形象描述，引导学生形成对所学事物、过程的清晰表象，丰富他们的感性认识，从而使他们能够正确理解书本知识和发展认识能力。

选项 D：启发性原则是指在教学中，教师要承认学生是学习的主体，注意调动他们的学习主动性，引导他们独立思考、积极探索，生动活泼地学习，自觉掌握科学知识，提高分析问题和解决问题的能力。

【考点定位】中学教学——教学原则和方法——教学原则——思想性（教育性）和科学性相统一原则

【难度】★★

10.【答案】A

【解析】本题考查体育的根本任务。体育的主要任务是增强学生的体质，使学生逐步掌握体育运动的基本知识和技能技巧，培养学生热爱党、热爱社会主义祖国、热爱集体、遵守革命纪律、勇敢顽强、努力进取、朝气蓬勃的革命精神。其中，增强学生体质是体育的根本任务。因此答案选 A。

【考点定位】教育基础知识和基本原理——教育目的——我国教育目的——全面发展教育——体育

【难度】★

11.【答案】A

【解析】本题考查德育方法中的实际锻炼法。实际锻炼法是指教育者组织学生参加各种实际活动，使学生在行为实践中接受磨炼和考验，以培养其优良思想品德的方法。题干中，孟子的“天将降大任于斯人也，必先苦其心志，劳其筋骨，饿其体肤，空乏其身，行拂乱其所为，所以动心忍性，增益其所不能”的意思是说：上天要把重要的使命下达在这样的人身上，一定要先使他的内心痛苦，使他的筋骨劳累，使他经受饥饿，以致肌肤消瘦，使他受贫困之苦，使他做的事颠倒错乱，总不如意，通过那些来使他的内心警觉，使他的性格坚定，增加他不具备的才能。这符合实际锻炼法。因此答案选 A。

选项 B：品德评价法是指教育者根据一定的要求和标准，对学生的思想品德进行肯定或否定的评价，促使其发扬优点，克服缺点，督促其不断进步的一种方法。它包括奖励、惩罚、评比和操行评定等方式。

选项 C：情感陶冶法是教育者有目的地创设良好的教育情境，使受教育者在道德和思想情感方面受到潜移默化的感染、熏陶的方法。情感陶冶法包括人格感化、环境陶冶、艺术陶冶等。

选项 D：榜样示范法是用榜样人物的高尚思想、模范行为、优异成就来影响学生的思想、情感和行为的方法。

【考点定位】中学德育——中学德育的原则、途径与方法——中学德育的途径与方法——中学德育的方法——常用的德育方法——实际锻炼法

【难度】★★

12.【答案】B

【解析】本题考查系列位置效应。近因效应是指最后呈现的材料最易回忆的现象。题干中，最后呈现的单词更容易被记住体现了近因效应。因此答案选 B。

选项 A：首因效应是指最先呈现的材料较易回忆的现象。

选项 C：前摄抑制是指先前学习的材料对后来学习的材料的回忆或再认产生的干扰。

选项 D：倒摄抑制是指后来学习的材料对先前学习的材料的回忆或再认产生的干扰。

【考点定位】中学生学习心理——认知过程——记忆——遗忘——遗忘的原因——干扰抑制说——系列位置效应

【难度】★

13.【答案】A

【解析】本题考查场独立型与场依存型的认知风格。场依存型的学生是“外部定向者”，对事物作出判断时，倾向于以外部参照（身外的客观事物）作为信息加工的依据，容易受周围人特别是权威人士的影响和干扰，善于察言观色。题干中，阳慧在解决问题的时候，常以老师、同学等外部人士的建议为参照，这体现的是场依存型的认知风格。因此答案选 A。

选项 B：场独立型的学生是“内部定向者”，对客观事物作出判断时，常常利用内在的参照（主体感觉），不易受外来因素的影响和干扰，独立对事物作出判断。

选项 C：继时型的学生在解决问题时，会一步一步地分析问题，每一个步骤只考虑一种假设，提出的假设在时间上有明显的前后顺序，第一种假设成立后再检验第二种假设，解决问题的过程像链条一样，一环扣一环，直到找到问题的答案。

选项 D：同时型的学生在解决问题时，会同时考虑多种假设，并兼顾解决问题的多种可能性。

【考点定位】中学生发展心理——中学生认知发展与教育——个别差异与因材施教——场独立型与场依存型

【难度】★★

14.【答案】A

【解析】本题考查行为改变基本方法中的强化法。强化法又称“操作条件疗法”，是指应用操作性条件反射原理，强调行为的改变是依据行为后果而定的，其目的在于矫正不良行为，训练与建立良好行为。具体操作方法为：每当学生出现所期望的心理与目标行为时，或者在一种符合要求的良好行为出现之后，采取奖励办法立刻强化，以增强此种行为出现的频率。题干中，赵敏主动提问时，老师就会及时给予表扬，强化这一行为，这属于行为强化法。因此答案选 A。

选项 B：精神分析法是指当事人在无拘束的会谈中领悟到心理异常的症结所在，并逐渐改变其行为模式，从而达到治疗目的的治疗方式。它是西方心理治疗的一大派系，最先由弗洛伊德根据其人格理论而创建。经典的精神分析治疗技术主要有三种：自由联想、移情和释梦。

选项 C：榜样示范法是指观察、模仿教师呈现的范例（榜样），是学生社会行为学习的重要方式。

选项 D：系统脱敏法的创立者是南非的精神病学家沃尔朴，系统脱敏法主要用于当事人在某一特定情境下产生的超出一般紧张的焦虑或恐怖状态。

【考点定位】中学生心理辅导——中学生心理辅导的方法——心理辅导的主要方法——行为改变的基本方法——强化法

【难度】★★

15.【答案】C

【解析】本题考查无意注意。无意注意也称不随意注意，是指事先没有预定目的，也不要求意志努力的注意。题干中，教室突然飞进来一只小鸟，吸引了学生的注意，这是事先没有预定目的的，也不要求意志努力的注意，属于无意注意。因此答案选 C。

选项 A：干扰项。

选项 B：有意后注意也称随意后注意，是一种有预定目的，但是不需要意志努力的注意。例如熟练地写字、骑车、在电脑键盘上打字，这些活动中的注意就是有意后注意。

选项 D：有意注意也称随意注意，是指有预定目的、需要作出一定意志努力的注意。

【考点定位】中学生学习心理——认知过程——注意——注意的分类——无意注意

【难度】★★

16.【答案】B

【解析】本题考查皮亚杰道德发展阶段论中权威阶段的特点。权威阶段（5 ~ 8 岁）又称他律道德阶段。处于该时期的儿童服从外部规则，接受权威指定的规范，把人们规定的准则看作固定的、不可变更的，而且只根据行为后果来判断对错。题干中，欣怡认为规则是绝对的、不可变更的，这体现了欣怡处在权威阶段。因此答案选 B。

选项 A：自我中心阶段（2 ~ 5 岁）又称前道德阶段。处于该时期的儿童还不能把自己同外在环境区别开来，而是把外在环境看作自身的延伸，规则对自身而言不具有约束力。

选项 C：可逆性阶段（8 ~ 11 岁）又称自律道德阶段。处于该时期的儿童既不单纯服从权威，也不机械遵守规则，而是要求平等，根据行为的动机来判断对错。

选项 D：处于公正阶段（11 岁以后）的儿童开始倾向于主持公正、平等，体验到公正、平等应该符合每个人的特殊情况。他们认为公正的奖惩不能是千篇一律的，应根据个人的具体情况进行。

【考点定位】中学德育——道德发展理论——皮亚杰道德发展阶段论——权威阶段

【难度】★★

17.【答案】D

【解析】本题考查班杜拉的自我效能感理论。效能期待是指一个人能成功地执行某种可以产生一定结果的行为的信念。题干中，李伟认为自己能够听懂才会去认真听课，这属于效能期待。因此答案选 D。

选项 A：结果期待是指一个人对某一特定的行为将造成某种结果的估计。

选项 BC：干扰项。

【考点定位】中学生学习心理——学习心理——学习动机——学习动机理论——自我效能感理论

【难度】★★★

18. **【答案】**B

【解析】本题考查教师的成长历程中的关注学生阶段。福勒和布朗根据教师的需要和教师在不同时期所关注的焦点问题，把教师的成长划分为关注生存、关注情境和关注学生三个阶段。关注学生阶段是指教师将更多地考虑学生的个别差异，认识到不同发展水平的学生有不同的需要，某些教学材料和方式不一定适合所有学生。自觉关注学生是衡量一个教师成长成熟的重要标志之一。题干中，张老师能考虑学生的不同需要，关注个体差异，这说明张老师处在关注学生阶段。因此答案选 B。

选项 A：关注生存阶段，处于这一阶段的一般是新教师，他们非常关注自己的生存适应性，最担心的是“学生喜欢我吗？”“同事们如何看我？”“领导是否觉得我干得不错？”等问题，导致有些新教师可能会把大量的时间花在如何处理好与学生的关系上。

选项 C：关注情境阶段，教师把关注的焦点投向了提高学生的成绩。在此阶段，教师关心的是如何教好每一堂课的内容，通常总是关心诸如班级的大小、时间的压力和备课材料是否充分等与教学情境有关的问题。

选项 D：关注结果阶段，不属于教师成长历程的阶段。

【考点定位】中学班级管理与教师心理——教师心理——教师成长心理——教师的成长历程——关注学生阶段

【难度】★

19. **【答案】**A

【解析】本题考查学习动机的一般分类。近景性动机是指在近期内激发个体行为，常与近期目标相联系。外部学习动机是指个体由外部诱因所引起的动机。题干中，只要晓东期末考试成绩优异，他的父母就奖励他一部手机。这里的期末考试是与近期目标相联系的，手机属于外部奖励，所以这一动机属于近景的外部动机。因此答案选 A。

远景性动机是指与长远目标相联系的动机。内部学习动机是指由个体内在的需要引起的动机。所以选项 BCD 不符合题意。

【考点定位】中学生学习心理——学习心理——学习动机——学习动机的分类——学习动机的一般分类

【难度】★★

20.【答案】B

【解析】本题考查想象分类中的无意想象。无意想象也称不随意想象，是指没有预定目的，不自觉地产生的想象。它是人们的意识减弱时，在某种刺激的作用下，不由自主地想象某种事物的过程，例如梦、白日梦等。题干中，伟华看到天空的浮云，自然而然地浮现出骏马、恐龙等动物形象，这属于无意想象。因此答案选 B。

选项 A：有意想象也称随意想象，是指按一定目的、自觉进行的想象。根据想象的内容、新颖程度及形成方式的不同，有意想象可分为再造想象、创造想象和幻想。

选项 C：再造想象是指根据言语的描述或图样的示意，在人脑中形成相应的新形象的过程。

选项 D：创造想象是指在创造活动中，根据一定的目的、任务，在人脑中独立地创造出新形象的过程。

【考点定位】中学生学习心理——认知过程——表象与想象——想象的分类——无意想象

【难度】★★★

21.【答案】D

【解析】本题考查学习策略中的复述策略。复述策略是指在工作记忆中为了保持信息，运用内部语言在大脑中重现学习材料或刺激，以便将注意力维持在学习材料之上的策略。复述策略包括：无意识记和有意识记，排除相互干扰，整体识记和分段识记，多种感官参与，复习形式多样化，画线和圈点标注等。题干中，学生一遍一遍地重复背诵单词属于复述策略。因此答案选 D。

选项 A：监控策略是指在认知活动的实际过程中，根据认知目标及时评价、反馈自己认知活动的结果与不足，正确估计自己达到认知目标的程度、水平。监控策略包括阅读时对注意加以跟踪，对材料进行自我提问，考试时监控自己的速度和时间等。

选项 B：组织策略是指整合所学新知识之间、新旧知识之间的内在联系，形成新的知识结构的策略。组织策略包括列提纲，利用图形和表格，归类策略等。

选项 C：计划策略是指根据认知活动的特定目标，在认知活动开始之前计划完成任务所涉及的各种活动、预计结果、选择策略、设想解决问题的方法，并预估其有效性等。计划策略包括设置学习目标；浏览学习材料，产生待回答的问题，分析完成任务的方法等。

【考点定位】中学生学习心理——学习心理——学习策略——学习策略的分类——认知策略——复述策略

【难度】★★

二、辨析题

22.【参考答案】

题干说法错误。教学评价是指以教学目标为依据，通过一定的标准和手段，对教学活动及其结果给予价值上的判断，即对教学活动及其结果进行测量、分析和评定的过程。教学评价包括对教学过程及其结果的评价，贯穿于教学全过程（教学前、教学中、教学后都可以进行评价），不仅仅是在某一学段结束后。教学评价还包括对教学中的教师、学生、教学内容、教学方法、教学环境等要素的评价，也不仅仅是对学生学业成绩的评价。综上，题干说法错误。

【考点定位】中学教学——教学评价——教学评价的概念

【难度】★★★

23.**【参考答案】**

题干说法错误。教育具有自身规律，具有相对独立性，但这并不意味着教育不受社会发展的制约。生产力发展水平决定教育的发展水平，决定教育事业发展的速度和规模，制约人才的培养规格和教育结构，制约教学的内容、方法、组织形式与手段；社会政治经济制度决定教育的性质、教育的宗旨与目的、教育的领导权、受教育权以及教育内容和教育管理体制；文化也会影响教育的目的、内容、方法等。所以，教育会受到社会发展的制约。综上，题干说法错误。

【考点定位】教育基础知识和基本原理——教育的产生与发展——教育的属性——教育的社会属性——相对独立性

【难度】★★★

24.**【参考答案】**

题干说法错误。根据迁移发生的方向，迁移分为顺向迁移和逆向迁移。其中，逆向迁移是指后继学习对先前学习产生的影响。根据迁移的性质和结果，迁移分为正迁移和负迁移，其中，负迁移是指两种学习之间相互干扰、阻碍，即一种学习对另一种学习产生消极影响。后续学习对先前学习产生的影响是逆向迁移，不是负迁移。综上，题干说法错误。

【考点定位】中学生学习心理——学习心理——学习迁移——迁移的分类——逆向迁移、负迁移

【难度】★★★

25.**【参考答案】**

题干说法正确。气质是指心理活动表现在强度、速度、稳定性、灵活性等方面的心理特征，通常被称为秉性、脾气、性情。它是人心理活动的动力特征的表现，依赖于人的生理素质或身体特点，是先天形成的，由遗传决定。综上，题干说法正确。

【考点定位】中学生发展心理——中学生的人格发展——人格的结构——气质

【难度】★★★

三、简答题

26.**【参考答案】**

（1）备课——上课前的准备工作，是教好课的前提。

（2）上课——教学工作的中心环节。

（3）课外作业的布置与批改。

（4）课外辅导。

（5）学生学业成绩的评价。

【考点定位】中学教学——教学组织形式和教学工作基本环节——教学工作的基本环节

【难度】★★★

27.**【参考答案】**

（1）确定班集体的发展目标。

（2）建立得力的班集体核心。

（3）建立班集体的正常秩序。

（4）组织形式多样的教育活动。

（5）培养正确的集体舆论与良好的班风。

【考点定位】中学班级管理与教师心理——班级管理与班主任工作——班集体的形成与发展——培养班集体的方法

【难度】★★★

28.**【参考答案】**

（1）知识观：建构主义强调知识的动态性。

① 知识并不是对现实的准确表征，它只是个体对客观世界的一种尝试性的解释或假设，并不与客观世界直接对应。

② 知识要根据具体问题情境进行再创造。

③ 知识的理解过程是每个学生基于自己的经验背景而建构起来的。

（2）学生观：建构主义强调学生经验世界的丰富性和差异性。

（3）学习观：建构主义强调学生的主动建构性、社会互动性和情境性。

【考点定位】中学生学习心理——学习理论——建构主义学习理论

【难度】★★★

29.**【参考答案】**

（1）创设有利于产生创造性的适宜环境：

① 创设宽松的心理环境。

② 给学生留有充分选择的余地。

③ 改革考试制度与考试内容。

（2）注重创造性个性的塑造：

① 保护学生的好奇心。

② 解除个体对答错问题的恐惧心理。

③ 鼓励独立性和创新精神。

④ 重视非逻辑思维。

⑤ 给学生提供具有创造性的榜样。

（3）开设培养创造性的课程，进行创造性思维训练，常用的方法有以下几种：

① 发散思维训练。

② 推测与假设训练。

③ 自我设计训练。

④ 头脑风暴训练。

【考点定位】中学生学习心理——认知过程——思维——创造性思维与培养——创造性的培养

【难度】★★★

四、材料分析题

30.**【参考答案】**

材料中的“我”贯彻了教育影响的一致性与连贯性、平行教育、依靠积极因素克服消极因素以及因材施教的德育原则。

第一，教育影响的一致性与连贯性原则是指教育者进行德育时，应当有目的、有计划地把来自各方面对学生的教育影响加以组织、调节、整合，使其互相配合、协调一致、前后连贯地进行，以保障学生的品德能按教育目的的要求发展。材料中，“我”针对王伟的问题定期家访，争取和家长合作解决问题，这体现了教育影响的一致性与连贯性原则。

第二，平行教育原则是指在德育过程中，既要发挥集体的教育力量，通过集体教育个别学生；同时又要通过对个别学生的教育影响集体，发挥个别教育的辐射效应，将集体教育与个别教育有机地结合起来。材料中，“我”开展班会，号召班级的其他学生帮助王伟，利用班集体的力量去影响他，这体现了平行教育原则。

第三，依靠积极因素克服消极因素原则是指在德育工作中，教育者要善于依靠、发扬学生自身的积极因素，调动学生自我教育的积极性，克服消极因素，实现品德发展内部矛盾的转化。材料中，“我”积极发现王伟的优点，发掘王伟的特长，鼓励他去做自己擅长的事，最后他不再沉迷于网络游戏，这体现了依靠积极因素克服消极因素的原则。

第四，因材施教原则是指教育者进行德育时，要从学生品德发展的实际出发，根据学生的年龄特征和个性差异进行不同的教育，使每个学生的品德都能得到更好的发展。材料中，“我”针对王伟的情况，找到王伟的闪光点，进而根据他的特长安排他去做自己擅长的事，因材施教，激发他的学习兴趣，这体现了因材施教原则。

综上所述，材料中“我”的做法正确贯彻了德育原则，值得我们学习。

【考点定位】中学德育——中学德育的原则、途径与方法——中学德育的原则

【难度】★★★★

31.**【参考答案】**

（1）教师期望效应，又称“罗森塔尔效应”或“皮格马利翁效应”，是指教师的期望或明或暗地被传送给学生，学生会按照教师所期望的方向来塑造自己的行为习惯。材料中，李老师希望上官文俐能像她姐姐一样优秀，并推荐她参加创新竞赛，结果她确实取得了好成绩。随后，上官文俐努力学习，团结同学，积极为班级服务，努力使自己成为李老师所期望的那样，像她姐姐一样优秀的学生。正是李老师给了上官文俐期望，她才有了动力，在之后的日子里更加努力，这体现了教师期望的作用。

（2）第一，教师的期待要面向全体学生。

第二，教师要关注学生个别差异，对学生有合理期待。

第三，教师要适当运用奖励和期待。

第四，在评价学生时要注意公平。

第五，教师提出的目标和任务要有一定难度，用发展的眼光看待学生。

【考点定位】中学班级管理与教师心理——教师心理——教师的心理特征——教师的行为特征——教师期望效应

【难度】★★★★★

高顿教育
GOLDEN EDUCATION

姓名 ________ 准考证号 ________

2020 年下半年国家教师资格考试
教育知识与能力（中学）真题卷及参考答案

（科目代码：302/302A）

2020年下半年国家教师资格考试

教育知识与能力（中学）真题卷

注意事项：

1. 考试时间为120分钟，满分为150分。

2. 请按规定在答题卡上填涂、作答。在试卷上作答无效，不予评分。

一、单项选择题（在每小题列出的四个备选项中只有一个是符合题目要求的，请用2B铅笔把答题卡上对应题目的答案字母按要求涂黑。错选、多选或未选均无分。本大题共21小题，每小题2分，共42分）

1. 世界上最早专门论述教育的文献是（　）。

A.《学记》　　B.《论语》

C.《论演说家的教育》　　D.《理想国》

2. 对儿童青少年的成长发展起主导作用的因素是（　）。

A. 遗传素质　　B. 环境

C. 教育　　D. 个体的主观能动性

3. 我国当前大力发展高等职业教育的举措反映了哪一因素对教育的影响？（　）

A. 生产力　　B. 政治经济制度

C. 文化　　D. 人口

4. 在学制发展过程中，有些国家规定学生在小学和初中阶段接受统一的基础教育，初中以后可以接受普通教育或职业教育。这些国家的学制类型属于（　）。

A. 单轨学制　　B. 双轨学制　　C. 多轨学制　　D. 分支型学制

5. 卢梭从自然教育观出发，提出培养自然人的教育目的，这种教育目的观属于（　）。

A. 社会本位论　　B. 个人本位论　　C. 宗教本位论　　D. 自然本位论

6. 设置综合实践活动课程是我国基础教育课程结构方面的重大改革。作为一门必修课，其开设的范围是（　）。

A. 从幼儿园到初中　　B. 从小学到初中

C. 从初中到高中　　D. 从小学到高中

7. 要充分发挥课程在学校教育中的作用，就必须编制好三个文本。这三个文本是（　）。

A. 课程计划、课程目标、课程内容　　B. 课程计划、课程标准、教科书

C. 课程方案、课程标准、课程内容　　D. 课程方案、课程实施、课程评价

8. 20 世纪后半叶美国出现了一种教学组织形式，在世界各国产生了较大影响，其特点是把大班上课、小班讨论和个人自学按一定比例结合起来。这种教学组织形式是（　）。

A. 特朗普制　　B. 道尔顿制

C. 文纳特卡制　　D. 贝尔一兰卡斯特制

9. 新课程改革以来，不少中学把“档案袋评价”作为评价学生的方式之一。这种评价属于（　）。

A. 诊断性评价　　B. 形成性评价　　C. 终结性评价　　D. 标准性评价

10. 班主任田老师在“每月一星”活动中，将表现好、进步大的学生的照片贴在“明星墙”上以示奖励。王老师运用的德育方法是（　）。

A. 说服教育法　　B. 实际锻炼法　　C. 品德评价法　　D. 情感陶冶法

11. 子路对教育的作用不以为然，说：南山有竹，人不去管它，照样长得直；砍来当箭，照样能穿透犀牛皮。孔子对他说：若是将砍来的竹子刮光，装上箭头，磨得很利，岂不射得更深吗？子路接受了孔子的教诲，成了孔门的学生。孔子的做法体现了哪一德育原则？（　）

A. 教育影响的一致性、连贯性原则　　B. 理论联系实际原则

C. 长善救失原则　　D. 疏导原则

12. 建华在听课过程中会不由自主地玩手机或做小动作。这种现象属于（　）。

A. 注意集中　　B. 注意分散　　C. 注意分配　　D. 注意转移

13. 张老师在教学中经常用奖励来激发学生的学习动机，培养学生良好的学习习惯。张老师的这种做法符合（　）。

A. 人本主义学习观　　B. 行为主义学习观

C. 认知主义学习观　　D. 建构主义学习观

14. 晓磊为了获得老师或家长的表扬而努力学习。根据奥苏伯尔的理论，晓磊的学习动机属于（　）。

A. 认知内驱力　　B. 自我提高内驱力　　C. 附属内驱力　　D. 生理性内驱力

15. 梦佳理解了“物质决定意识，意识反作用于物质”的涵义。按照皮亚杰的认知发展阶段理论，梦佳的思维发展水平处于（　）。

A. 感知运动阶段　　B. 前运算阶段

C. 具体运算阶段　　D. 形式运算阶段

16. 晓军上中学后，自尊心越来越强，自我评价越来越客观、全面，自我控制能力明显提高。这反映的是晓军自我意识哪一方面的发展？（　）

A. 生理自我　　B. 心理自我　　C. 社会自我　　D. 物质自我

17. 高三学生志强认为做事应达到尽善尽美，因此他对自己要求很高，常常因偶尔的考试成绩不理

想而情绪低落，心理辅导教师通过纠正其不合理信念来调整他的情绪，该教师采用的心理辅导方法是（　）。

A. 理性情绪疗法　　B. 系统脱敏法

C. 阳性强化法　　D. 来访者中心疗法

18. 如果一个家长想用玩游戏来强化孩子认真完成作业的行为，最合理的安排应该是让孩子（　）。

A. 玩游戏后再做作业　　B. 自己规定游戏时间

C. 边玩游戏边做作业　　D. 完成作业后玩游戏

19. 晓旭认为服从、听话的孩子就是好孩子，于是她对老师和家长绝对遵从，期望得到他们的赞许。根据科尔伯格的道德发展理论，她的道德发展处于（　）。

A. 社会契约取向阶段　　B. 相对功利取向阶段

C. 寻求认可取向阶段　　D. 遵守法规取向阶段

20. 数学课上，学生由于惧怕教师而出现了紧张、拘谨、反应被动、心不在焉等现象。这种课堂气氛属于（　）。

A. 积极型　　B. 对抗型　　C. 消极型　　D. 失控型

21. 王老师在教学工作中善于采用各种教学策略，取得了很好的教学效果。这反映了王老师的哪一方面能力突出？（　）

A. 教学操作　　B. 教学归因　　C. 教学迁移　　D. 教学反思

二、辨析题（判断正误，并说明理由。本大题共 4 小题，每小题 8 分，共 32 分）

22. 大猴教小猴爬树也是教育。

23. 对学生进行思想品德教育只是思想品德老师的工作。

24. 顺向迁移就是正迁移。

25. 思维定势对解决问题有积极影响也有消极影响。

三、简答题（根据要求，回答问题。共 4 道题，每题 10 分，共 40 分）

26. 简述教育的文化功能。

27. 简述班主任的主要工作。

28. 简述个体能力发展的差异性。

29. 教师职业倦怠的主要特征。

四、材料分析题（阅读材料，并回答问题。共 2 道题，每题 18 分，共 36 分）

30. 材料：

周老师教高一（5）班的数学时，发现学生的知识基础差别较大，于是，她决定对基础不同的学生提出不同的任务和要求，对于学习基础较好的 6 名学生，周老师特别要求他们到图书馆查找和阅读相关内容的书籍。经过自学，他们不但完成了规定的作业，还选做了一些难度更大的习题。对于其他学生，周老师分别给他们布置了难易程度不同的习题。在课堂教学中，周老师通过创设情境、多媒体教学、小组讨论等多种方式调动学生们的积极性和主动性，激发他们对所学内容的兴趣，同时提出问题让学生深入思考。当学生遇到困惑时，周老师耐心地加以辅导，让学生自己动脑、动手，找到解决问题的办法。同学们通过解决问题，获得了知识，很好地完成了学习任务。

问题：周老师贯彻了哪些教学原则？（8 分）请结合材料对这些教学原则加以分析。（10 分）

31. 材料：

下面是一位学生给老师的求助信。

许老师，您好！

我在初中时学习成绩一直很好，可上高中以来学习成绩却不是很理想，尤其是近几次考试都没考好，这让我很沮丧，越来越不自信。现在一提到考试，我就浑身不自在，怀疑自己到底能不能提高成绩。在平时学习中，我都能很好地理解知识、完成作业，老师和同学们也认为我的能力较强，常常推荐我参加一些学习竞赛，但我都推辞了，觉得自己能力不够，不能胜任。有时候我会不由自主地想：我能行吗？我还能考好吗？我是不是再也考不出好成绩了？老师，我特别希望改变我目前的状态，在以后的考试中能取得好成绩，不辜负老师和同学们对我的信任，因此希望得到您的帮助。谢谢！

学生：海波

3 月 31 日

问题：请根据自我效能感理论分析这位学生存在的问题及产生的原因。（10 分）如果你是许老师，应该如何帮助这位学生？（8 分）

2020年下半年国家教师资格考试

教育知识与能力（中学）真题卷参考答案

一、单项选择题

1. 【答案】A

【解析】本题考查《学记》中的教育思想。《学记》是中国也是世界上最早论述教育问题的著作。因此答案选A。

选项B:《论语》是记录孔子及其弟子言论的著作。

选项C:《论演说家的教育》(又称《雄辩术原理》)，作者是昆体良，是西方最早的教育著作，也是世界上第一部研究教学法的书。

选项D:《理想国》是柏拉图的著作。

【考点定位】教育基础知识和基本原理——教育学的产生与发展——教育学的发展——教育学的萌芽阶段——中国——《学记》中的教育思想

【难度】★

2. 【答案】C

【解析】本题考查影响人身心发展因素中的学校教育。影响人身心发展的因素包括遗传、环境、学校教育和个体的主观能动性。其中，学校教育在人的发展中起主导作用。因此答案选C。

选项A：遗传素质是人的发展的生理前提，为人的发展提供了可能性。

选项B：环境为个体的发展提供了多种可能，使遗传提供的发展可能性变成现实。

选项D：个体的主观能动性是促进个体发展的决定性因素。

【考点定位】教育基础知识和基本原理——教育与人的发展——影响人身心发展的因素——学校教育

【难度】★

3. 【答案】A

【解析】本题考查教育与社会生产力的关系。生产力对教育的制约作用体现在以下几个方面：(1)生产力的发展水平决定教育事业发展的速度和规模。(2)生产力的发展水平制约人才的培养规格和教育结构。(3)生产力的发展水平制约教学的内容、方法、组织形式与手段。题干中，我国当前大力发展高等职业技术教育，是由于当前我国的生产力发展水平需要高等技术人才，这体现了生产力的发展水平制约人才的培养规格和教育结构。因此答案选 A。

选项 B：政治经济制度的性质决定着教育的性质、教育的宗旨与目的、教育的领导权、受教育权以及教育内容和教育管理体制。

选项 C：文化对教育具有价值定向作用，文化还影响教育目的的确立、教育的内容与水平、教育教学方法的应用以及教育环境与教育模式。

选项 D：人口数量制约着教育发展的规模，人口质量影响教育的质量，人口结构影响教育结构。

【考点定位】教育基础知识和基本原理——教育与社会发展——教育与社会生产力

【难度】★★★

4. **【答案】**D

【解析】本题考查分支型学制。学校教育制度的类型包括双轨学制、单轨学制和分支型学制。分支型学制的结构是：在初等教育阶段强调共同的基础性教育（小学、初中阶段），到中等教育阶段分职业教育和普通教育两个分支。题干中，先接受基础教育，后分为普通教育或职业教育的学制属于分支型学制。因此答案选 D。

选项 A：单轨学制是自下而上的，其结构是小学、中学、大学。其特点是所有的学生在同样的学校系统中学习。

选项 B：双轨学制的学校系统分为两轨：一轨是自上而下，是为资产阶级子女设立的，其结构是大学（后来也包括其他高等学校）、中学（包括中学预科班），具有较强的学术性；另一轨是自下而上，是为劳动人民子女设立的，是为培养劳动者服务的，其结构是小学（后来是小学和初中）、职业学校。双轨学制有两个平行的系列，这两轨既不相通，也不相接。

选项 C：干扰项。

【考点定位】教育基础知识和基本原理——教育制度——学校教育制度的类型——分支型学制

【难度】★★

5. **【答案】**B

【解析】本题考查个人本位的教育目的价值取向。个人本位论从个体本能出发，强调教育要服从人的成长规律和满足人的需要；注重教育对个人的价值；主张教育的目的是培养“自然人”，发展人的个性，增进人的价值，促使个人自我实现。题干中，卢梭提出培养自然人体现的便是个人本位论。因此答案选 B。

选项 A：社会本位论从社会发展需要出发，注重教育的社会价值；主张教育的目的是培养合格公民和社会成员；认为教育是国家的事业，评价教育要看其对社会的发展贡献的指标。

选项 C：宗教本位论主张使人在宗教的影响下，以皈依上帝为生活理想，把人培养成虔诚的宗教人士。

选项 D：干扰项。

【考点定位】教育基础知识和基本原理——教育目的——教育目的概述——有关教育目的的理论——个人本位论

【难度】★★★

6. 【答案】D

【解析】本题考查新课程改革的课程结构中的综合实践活动。我国基础教育课程改革要求从小学至高中设置综合实践活动课程并作为必修课程，其内容包括信息技术教育、研究性学习、社区服务与社会实践、劳动与技术教育。题干中的表述所涉及的是综合实践活动课程的开设范围，也就是从小学到高中。因此答案选 D。

【考点定位】中学课程——基础教育课程改革——新课程改革的课程结构——从小学至高中设置综合实践活动课程并作为必修课程

【难度】★

7. 【答案】B

【解析】本题考查课程内容的文本表现形式。课程内容的文本表现形式包括课程计划、课程标准、教材。课程计划（原称教学计划）是指国家根据一定的教育目的和培养目标制订的有关学校教育和教学工作的指导性文件。课程标准是课程计划的具体化，是课程计划中每门学科以纲要的形式编定的、有关学科教学内容的指导性文件。教材是教师和学生据以进行教学活动的材料，包括教科书、讲义、讲授提纲、参考书、活动指导书以及各种视听材料。其中，教科书和讲义是教材的主体部分。因此答案选 B。

【考点定位】中学课程——课程组织——课程内容——课程内容的文本表现形式

【难度】★

8. 【答案】A

【解析】本题考查特朗普制的教学组织形式。特朗普制又称“灵活的课程表”，把大班上课、小班讨论和个人独立研究三种教学形式结合起来。大班是所有学生一起上课；小班是把大班的学生分为 20 人左右的小组，研究和讨论大班授课材料；个别教学是由学生独立完成作业。题干中表述的内容属于特朗普制。因此答案选 A。

选项 B：道尔顿制是指教师不再通过上课向学生系统地讲授教材，而只为学生分别指定自学参考书目、布置作业，由学生自学和独立完成作业，有疑难才请教师辅导。

选项 C：文纳特卡制由教育家华虚朋提出，将课程分为两部分：（1）指定作业。（2）团体活动与创造性活动。

选项 D：贝尔—兰卡斯特制，亦称“导生制”“相互教学制度”。教师上课时先选择一些年龄较大或较优秀的学生进行教学，然后由这些学生做“导生”，每个导生负责把自己刚学的内容教给一组学生。

【考点定位】中学教学——教学组织形式和教学工作基本环节——教学组织形式——常见的教学组织形式——特朗普制

【难度】★

9.【答案】B

【解析】本题考查形成性评价。根据实施功能的不同，教学评价可分为诊断性评价、形成性评价和终结性评价。形成性评价是指在教学过程中，对学生的知识掌握和能力发展的比较经常而及时的测评与反馈。题干中，档案袋评价就是指随时记录学生平时表现，属于形成性评价。因此答案选 B。

选项 A：诊断性评价是指在学期教学开始或单元教学开始时，对学生现有的知识水平、能力发展的评价。

选项 C：终结性评价是指在一个大的学习阶段，如一个学期或一门学科终结时对学生学习的成果进行比较正规的、制度化的考查、考试及其成绩的全面评定。

选项 D：干扰项。

【考点定位】中学教学——教学评价——教学评价的分类——根据实施功能分类——形成性评价

【难度】★★★

10.【答案】C

【解析】本题考查德育方法中的品德评价法。品德评价法是指教育者根据一定的要求和标准，对学生的思想品德进行肯定或否定的评价，促使其发扬优点，克服缺点，督促其不断进步的一种方法。它包括奖励、惩罚、评比、操行评定等方式。题干中，田老师把照片贴在“明星墙”上以示奖励，运用的便是品德评价法。因此答案选 C。

选项 A：说服教育法是指借助语言和事实，通过摆事实、讲道理，以影响受教育者的思想意识，使其明辨是非，提高思想认识的方法。

选项 B：实际锻炼法是指教育者组织学生参加各种实际活动，使学生在行为实践中接受磨炼和考验，以培养其优良思想品德的方法。实际锻炼法包括两种形式：常规训练和实践锻炼。

选项 D：情感陶冶法是指教育者有目的地创设良好的教育情境，使受教育者在道德和思想情感方面受到潜移默化的感染、熏陶的方法。情感陶冶法包括人格感化、环境陶冶、艺术陶冶等。

【考点定位】中学德育——中学德育的原则、途径与方法——中学德育的途径与方法——中学德育的方法——常用的德育方法——品德评价法

【难度】★★★

11.【答案】D

【解析】本题考查德育原则中的疏导原则。疏导原则是指教育者进行德育时要循循善诱，以理服人，从提高学生认识入手，调动学生的主动性，使他们积极向上。题干中，孔子通过讲道理引

导学生认识教育的作用，这一做法体现的是疏导原则。因此答案选 D。

选项 A：教育影响的一致性与连贯性原则是指教育者进行德育时，应当有目的、有计划地把来自各方面对学生的教育影响加以组织、调节、整合，使其互相配合、协调一致、前后连贯地进行，以保障学生的品德能按教育目的的要求发展。

选项 B：理论联系实际原则是指既要重视思想道德的理论教育，又要重视组织学生参加实践锻炼，把提高认识和行为养成结合起来，使学生做到言行一致、表里如一。

选项 C：依靠积极因素克服消极因素的原则，又称长善救失原则，是指德育工作中，教育者要善于依靠、发扬学生自身的积极因素，调动学生自我教育的积极性，克服消极因素，实现品德发展内部矛盾的转化。

【考点定位】中学德育——中学德育的原则、途径与方法——中学德育的原则——疏导原则

【难度】★★★

12. **【答案】**B

【解析】本题考查注意的分散。注意的品质包括注意的广度、注意的稳定性、注意的分配和注意的转移。注意稳定的相反状态是注意的分散，是指注意离开了当前应当完成的任务而被无关的事物所吸引。题干中，建华在听课过程中被无关事物吸引，会玩手机或做小动作，这属于注意的分散。因此答案选 B。

选项 A：注意集中是指心理活动停留在被选择的对象上的强度和紧张度。

选项 C：注意的分配是指在同一时间内把注意指向两种或两种以上的对象或活动。

选项 D：注意的转移是指主体根据新的任务，主动地把注意从一个对象转移到另一个对象或由一种活动转移到另一种活动的现象。

【考点定位】中学生学习心理——认知过程——注意——注意的品质——注意的稳定性——注意的分散

【难度】★★

13. **【答案】**B

【解析】本题考查行为主义学习理论。行为主义学习观认为学习过程是指有机体在一定条件下形成刺激与反应的联系从而获得新经验的过程。题干中，张老师用奖励来激发学生的学习动机，这符合行为主义学习观。因此答案选 B。

选项 A：人本主义学习观从全人教育的视角阐释了学习者整个人的成长历程，以发展人性；注重启发学习者的经验和创造潜能，引导其结合认知与经验，肯定自我，进而自我实现。

选项 C：认知主义学习观认为学习不是在外部环境的支配下被动地形成刺激—反应联结，而是主动地在头脑内部构建认知结构；学习不是通过练习与强化形成反应习惯，而是通过顿悟与理解获得期待；当有机体当前的学习依赖于他原有的认知结构和当前的刺激情境时，学习受主体

的预期引导，而不是受习惯支配。

选项 D：建构主义学习观强调学习的主动建构性、社会互动性和情境性。

【考点定位】中学生学习心理——学习理论——行为主义学习理论

【难度】★★

14.**【答案】**C

【解析】本题考查附属内驱力。奥苏贝尔认为，学校情境中的成就动机至少应包括三方面的内驱力，即认知内驱力、自我提高内驱力、附属内驱力。其中，附属内驱力是指学生为了保持家长和教师等的赞许或认可而努力学习的一种需要。它是一种外部的动机。题干中，晓磊为了获得老师或家长的表扬而努力学习，这属于附属内驱力。因此答案选 C。

选项 A：认知内驱力即学生渴望了解和理解，要求掌握知识，以及系统地阐述问题并解决问题的一种倾向。一般来说，这种内驱力多半是从好奇的倾向中派生出来的。

选项 B：自我提高内驱力是指个体要求凭自己胜任工作的才能和工作成就而赢得相应地位的愿望。自我提高内驱力把成就看作赢得地位与自尊心的根源，它显然是一种外部的动机。

选项 D：生理内驱力激活生理行为，如饥渴、休息、睡眠、性等。

【考点定位】中学生学习心理——学习心理——学习动机——学习动机的分类——奥苏贝尔成就动机的分类——附属内驱力

【难度】★

15.**【答案】**D

【解析】本题考查皮亚杰的认知发展阶段理论中的形式运算阶段。皮亚杰把儿童的认知发展划分为四个阶段：感知运动阶段、前运算阶段、具体运算阶段、形式运算阶段。其中，形式运算阶段（11 ~ 16 岁）的主要特点有：（1）能够根据逻辑推理、归纳或演绎方式来解决问题。（2）能够理解符号意义、隐喻和直喻，能作一定的概括。（3）思维具有可逆性、补偿性和灵活性。题干中，梦佳可以理解抽象概念以及逻辑关系，这说明梦佳处于形式运算阶段。因此答案选 D。

选项 A：感知运动阶段（0 ~ 2 岁）的主要特点有：（1）通过探索感知与运动之间的关系来获得动作经验。（2）低级的行为图式。（3）获得了客体永恒性（9 ~ 12 个月）。

选项 B：前运算阶段（2 ~ 7 岁）的主要特点有：（1）“万物有灵论”。（2）一切以自我为中心。（3）思维具有不可逆性、刻板性。（4）没有守恒概念。（5）做出判断时只能运用一个标准或维度。

选项 C：具体运算阶段（7 ~ 11 岁）的主要特点有：（1）守恒观念的形成（守恒性）。（2）思维运算必须有具体的事物支持，可以进行简单抽象思维。（3）理解原则和规则，但只能刻板遵守规则，不敢改变。（4）思维具有可逆性。

【考点定位】中学生发展心理——中学生认知发展与教育——皮亚杰的认知发展阶段理论——皮

亚杰的认知发展阶段——形式运算阶段

【难度】★★

16.【答案】B

【解析】本题考查自我意识的发展中的心理自我。个体自我意识的发展经历了从生理自我到社会自我，再到心理自我的过程。心理自我是从青春期开始发展和形成的。这时，青少年开始形成自觉地按照一定的行动目标和社会准则来评价自己的心理品质和能力。青春期是自我意识发展的第二个飞跃期。题干中，晓军的自尊心越来越强，自我评价越来越客观、全面，自我控制能力明显提高，这体现的是心理自我的发展。因此答案选 B。

选项 A：生理自我是自我意识的原始形态。它始于儿童 1 周岁，到 3 周岁左右基本成熟（自我意识发展的第一个飞跃期）。

选项 C：儿童在 3 岁之后，自我意识的发展进入社会自我阶段，到少年期达到成熟。这时，儿童能够从原来相信别人的评价而转向自我评价，对行为的判断能力也逐步发展，对具体行为的评价水平也发展到一种概括程度的评价。

选项 D：干扰项。

【考点定位】中学生发展心理——中学生的人格发展——人格的结构——自我调控系统（自我意识）——自我意识的发展——心理自我

【难度】★★

17.【答案】A

【解析】本题考查理性—情绪疗法。理性—情绪疗法也称合理情绪疗法，这种方法旨在通过纯理性分析和逻辑思辨的途径，改变求助者的非理性信念，以帮助其解决情绪和行为上的问题。该方法认为人的情绪是由人的思想决定的，合理的观念营造健康的情绪，不合理的观念导致负向的、不稳定的情绪，即人的行为的 ABC 理论。题干中，心理辅导教师通过纠正志强的不合理信念来调整他的情绪，采用的是理性—情绪疗法。因此答案选 A。

选项 B：系统脱敏法的创立者是南非的精神病学家沃尔普。系统脱敏法主要用于当事人在某一特定情境下产生的超出一般紧张的焦虑或恐怖状态。

选项 C：阳性强化法是指应用操作性条件反射原理，强调行为的改变是依据行为后果而定的，其目的在于矫正不良行为，训练与建立良好行为。

选项 D：来访者中心疗法通过为来访者创造无条件支持与鼓励的氛围，使来访者能够深化自我认识、发现自我潜能并且回归本我，是由美国心理学家罗杰斯创立的。

【考点定位】中学生心理辅导——中学生心理辅导的方法——心理辅导的主要方法——合理情绪疗法（理性—情绪疗法）

【难度】★★

18.【答案】D

【解析】本题考查强化法。强化法又称“操作条件疗法”，是指应用操作性条件反射原理，强调行为的改变是依据行为后果而定的，其目的在于矫正不良行为，训练与建立良好行为。具体操作方法：每当学生出现所期望的心理与目标行为时，或者在一种符合要求的良好行为出现之后，采取奖励办法立刻强化，以增强此种行为出现的频率。题干中，家长想用玩游戏来强化孩子认真完成作业的行为，最合理的安排应该是在孩子出现完成作业的行为后，再给予奖励。因此答案选 D。

【考点定位】中学生心理辅导——中学生心理辅导的方法——心理辅导的主要方法——行为改变的基本方法——强化法

【难度】★★

19.【答案】C

【解析】本题考查科尔伯格的道德发展阶段论中的寻求认可取向阶段。科尔伯格将儿童道德发展水平分为三水平六阶段。处于寻求认可取向阶段的儿童，个体的道德价值以人际关系的和谐为导向，顺从传统的要求，符合大家的意见，谋求大家的赞赏和认可，总是考虑他人和社会对“好孩子”的要求，并总是尽量按这种要求去思考。他们认为好的行为是使人喜欢或被人赞赏的行为。题干中，晓旭认为听话的孩子就是好孩子，期望得到赞许，这证明晓旭处于寻求认可取向阶段。因此答案选 C。

选项 A：处于社会契约取向阶段的人认为法律和规范是大家商定的，是一种社会契约。他们看重法律的效力，认为法律可以帮助人维持公正。但同时认为契约和法律的规定并不是绝对的，可以应大多数人的要求而改变。在强调按契约和法律的规定享受权利的同时，认识到个人应尽义务和责任的重要性。

选项 B：处于相对功利取向阶段的儿童的道德价值来自对自己需要的满足。他们不再把规则看成是绝对的、固定不变的，评定行为的好坏主要看是否符合自己的利益。

选项 D：处于遵守法规取向阶段的儿童，其道德价值以服从权威为导向。他们服从社会规范，遵守公共秩序，尊重法律的权威，以法制观念判断是非，知法懂法，认为准则和法律是维护社会秩序的。因此，应当遵循权威和有关规范去行动。

【考点定位】中学德育——道德发展理论——科尔伯格的道德发展阶段论——习俗水平——寻求认可取向阶段

【难度】★★★

20.【答案】C

【解析】本题考查消极的课堂气氛。我国学者将课堂气氛划分为积极的、消极的和对抗的三种类型。消极的课堂气氛常常以学生的紧张拘谨、心不在焉、反应迟钝为基本特征。在消极气氛的课堂学习过程中，学生容易情绪压抑、无精打采、注意力分散、小动作多，有的甚至打瞌睡；对教师的要求，学生一般采取应付态度，很少主动发言；有时学生害怕上课或提心吊胆地上课。题干中，学生由于惧怕老师，表现紧张，反应被动，这属于消极的课堂气氛。因此答案选 C。

选项 A：积极型的课堂气氛是恬静与活跃、热烈与深沉、宽松与严格的有机统一。课堂纪律良好，学生注意力高度集中，思维活跃，师生双方都有饱满的热情，学生课堂发言踊跃。在积极的课堂气氛下，学生保持冷静的头脑，注意听取同学的发言，并紧张而又深刻地思考。师生关系融洽，配合默契，课堂气氛宽松而不涣散、严谨而不紧张。

选项 B：对抗型的课堂气氛实质上是一种失控的课堂气氛。教师失去了对课堂的驾驭和控制能力，学生在课堂学习过程中，各行其是，因此教师有时不得不停止讲课而维持秩序。

选项 D：干扰项。

【考点定位】中学班级管理与教师心理——课堂管理——课堂气氛——课堂气氛的类型和特征——消极的课堂气氛

【难度】★★

21. **【答案】**A

【解析】本题考查教师的教学操作能力。教师的教学能力包括教学认知能力、教学设计能力、教学操作能力和教学监控能力。其中，教学操作能力主要是指教师在实现教学目标的过程中解决具体教学问题的能力，是教师在教学中使用教学策略的能力。题干中，王老师在教学工作中善于采用各种教学策略，这反映了王老师教学操作能力突出。因此答案选 A。

选项 B：教学归因是指教师对学生学习结果的原因的解释和推测，这种解释和推测所获得的观念必然影响其自身的教学行为。

选项 C：干扰项。

选项 D：教学反思是指教师借助行动研究，不断探讨与解决教学目的、教学工具和自身方面的问题，不断提升教学实践的合理性，不断提高教学效益和科研能力，促进教师专业化的过程。

【考点定位】中学班级管理与教师心理——教师心理——教师的心理特征——教师的认知特征——教学能力——教学操作能力

【难度】★★

二、辨析题

22. **【参考答案】**

题干说法错误。教育是一种有目的地培养人的社会活动，是人类所特有的社会现象。动物界没有教育，所以大猴教小猴爬树不是教育。综上，题干说法错误。

【考点定位】教育基础知识和基本原理——教育的产生与发展——教育的属性——教育的本质属

性——教育是一种有目的地培养人的社会活动

【难度】★★

23.【参考答案】

题干说法错误。对学生进行思想品德教育不仅仅是思想品德老师的工作。对学生进行思想品德教育的途径是广泛的，包括思想品德课与其他学科教学、社会实践活动、课外活动、校外活动、共青团及少先队组织的活动、校会、班会、周会、晨会、时事政策学习和班主任工作等。所以，对学生进行思想品德教育，不仅是思想品德老师的工作，也是其他学科教师、班主任、活动组织者等人的工作。综上，题干说法错误。

【考点定位】中学德育——中学德育的原则、途径与方法——中学德育的途径与方法——中学德育的途径

【难度】★★

24.【参考答案】

题干说法错误。根据迁移发生的方向，迁移分为顺向迁移和逆向迁移。其中，顺向迁移是指先前学习对后继学习产生的影响。根据迁移的性质和结果，迁移分为正迁移和负迁移。其中，正迁移是指一种学习对另一种学习起到积极的促进作用。所以，顺向迁移可以是正迁移也可以是负迁移，题干混淆了顺向迁移与正迁移。综上，题干说法错误。

【考点定位】中学生学习心理——学习心理——学习迁移——迁移的分类——顺向迁移、正迁移

【难度】★★

25.【参考答案】

题干说法正确。思维定势是指重复先前的操作所引起的一种心理准备状态。在环境不变的条件下，定势使人们能够应用已掌握的方法迅速解决问题，这时，思维定势对问题解决具有积极影响。而在情境发生变化时，它则会妨碍人们采用新的方法，束缚创造性思维，这时，思维定势对问题解决具有消极影响。因此，思维定势对解决问题既有积极影响也有消极影响。综上，题干说法正确。

【考点定位】中学生学习心理——认知过程——问题解决——影响问题解决的主要因素——思维定势与功能固着

【难度】★★

三、简答题

26.【参考答案】

（1）传递和保存文化的功能（即教育的文化传承功能）。

教育传递着文化，它使新一代能迅捷、经济、高效地继承人类创造的精神文化财富的精华，迅速成长为具有鉴赏、创造文化能力的“文化人”。

（2）传播、交流与丰富文化的功能。

教育通过传播文化，使不同国家和民族的文化相互交流、相互交融，促进文化的优化和发展。

（3）选择、提升文化的功能。

教育对文化进行筛选，把经“过滤”了的文化传递给下一代，以促进文化的进步和发展。教育对文化的选择，意味着价值的取舍和认知意向的改变，也是为了文化自身的发展与进步。

（4）更新、创造文化的功能。

教育通过创造新的思想与观念，发展社会科学技术，以及培养富有创新精神的人，对社会文化进行创造与更新。

【考点定位】教育基础知识和基本原理——教育与社会发展——教育与文化——教育的文化功能

【难度】★★★

27.**【参考答案】**

（1）班主任的常规工作：

① 了解和研究学生。

② 组织和培养班集体。

③ 建立学生成长档案。

④ 组织班会和课外活动。

⑤ 协调各种教育影响。

⑥ 操行评定。

⑦ 写好班主任工作计划与总结。

（2）个别教育工作：根据学生特点，对优等生、中等生和后进生进行个别教育。

【考点定位】中学班级管理与教师心理——班级管理与班主任工作——班主任的工作内容及方法

【难度】★★★

28.**【参考答案】**

能力的个体差异表现在以下四个方面：

（1）能力发展水平的差异。

（2）能力表现早晚的差异。

（3）能力的结构差异。

（4）能力的性别差异。

【考点定位】中学生发展心理——中学生的能力发展——能力差异

【难度】★★★

29.**【参考答案】**

马勒斯等人认为职业倦怠主要表现在三个方面：

（1）情绪耗竭。情绪耗竭主要表现在生理耗竭和心理耗竭两个方面。如极度的慢性疲劳、力不从心、丧失工作热情、情绪波动大等。

（2）去个性化。去个性化即刻意在自身和工作对象间保持距离，对工作对象和环境采取冷漠和忽视的态度。教师以一种消极的、否定的态度和情感对待学生。

（3）个人成就感低。个人成就感低表现为消极地评价自己，贬低自己工作的意义和价值。

【考点定位】中学班级管理与教师心理——教师心理——教师的心理健康——常见的教师心理健康问题——职业倦怠

【难度】★★★

四、材料分析题

30.**【参考答案】**

（1）周老师贯彻的教学原则有直观性原则、启发性原则、因材施教原则、量力性原则。

（2）① 周老师贯彻了直观性原则。直观性原则是指教学中要通过学生观察所学事物或教师语言的形象描述，引导学生形成对所学事物、过程的清晰表象，丰富他们的感性认识，从而使他们能够正确理解书本知识和发展认识能力。材料中，周老师通过创设情境、多媒体教学等方式，丰富学生的感性认识，从而使他们理解知识，这体现了直观性原则。

② 周老师贯彻了启发性原则。启发性原则是指在教学中，教师要承认学生是学习的主体，注意调动他们的学习主动性，引导他们独立思考、积极探索，生动活泼地学习，自觉掌握科学知识，提高分析问题和解决问题的能力。材料中，周老师用多种方式调动学生们的积极性和主动性，激发他们对所学内容的兴趣，同时提出问题让学生深入思考，让学生自己动脑、动手，找到解决问题的办法，这体现了启发性原则。

③ 周老师贯彻了因材施教原则。因材施教原则是指教师要从学生的实际情况、个别差异出发，有的放矢地进行教学，使每个学生都能扬长避短，获得最佳发展。材料中，周老师对基础不同的学生提出不同的任务和要求，考虑到了学生的实际情况和个别差异，这体现了因材施教原则。

④ 周老师贯彻了量力性原则。量力性原则是指教学的内容、方法、分量和进度要适合学生的身心发展，使他们能够接受，但又要有一定的难度，需要他们经过努力才能掌握，以促进学生的身心发展。材料中，周老师对基础不同的学生提出不同的任务和要求，分别给他们布置了难易程度不同的习题，这体现了量力性原则。

【考点定位】中学教学——教学原则和方法——教学原则

【难度】★★★★

31.**【参考答案】**

（1）海波同学存在的问题是自我效能感低。

自我效能感是指个人对自己是否具有通过努力成功完成某种活动的能力所持有的主观判断与信念。材料中，海波同学自上高中以来学习成绩不是很理想，尤其是近几次考试都没考好，这让他很沮丧，越来越不自信，怀疑自己到底能不能提高成绩，觉得自己能力不够，这说明他自我效能感比较低。

影响自我效能感形成的因素主要包括：个人自身行为的成败经验、替代性经验、言语劝说、情绪唤醒等。其中，个人自身行为的成败经验是影响自我效能感的最主要的因素。一般来说，成功经验会提高效能期待，反复的失败会降低效能期待。材料中，海波同学自上高中以来学习成绩不是很理想，尤其是近几次考试都没考好，有了失败的经验，所以个人自身行为的失败经验是海波同学自我效能感低的主要原因。另外，有时候他会不由自主地想：我能行吗？我还能考好吗？我是不是再也考不出好成绩了？这说明言语劝说也是影响自我效能感的因素。

（2）①了解和满足学生的需要，促使学习动机的产生。

学生的学习动机产生于需要，需要是学生学习积极性的源泉。教师要培养学生的学习动机，就应当研究学生的需要，尤其是学生的心理需要。因此，教师要善于选择适当的强化物来满足学生的合理需要，矫正其不合理需要，促使他们学习动机的产生。

②重视立志教育，对学生进行成就动机训练。

通过立志教育，增强学生的责任感与使命感，启发学生自觉、勤奋地学习。

③帮助学生确立正确的自我概念，获得自我效能感。

自我效能感是一种主观判断，它与个体的自我概念有密切的关系。培养学生的自我效能感，应从培养正确的自我概念入手。

④培养学生努力导致成功的归因观。

只要相信成功与努力之间有必然的联系，人就不容易表现出消极行为，不容易产生无力感，这样有助于培养学生的学习动机。

【考点定位】中学生学习心理——学习心理——学习动机——学习动机理论——自我效能感理论

【难度】★★★★

姓名 __________ 准考证号 __________

2019 年下半年国家教师资格考试
教育知识与能力（中学）真题卷及参考答案

（科目代码：302/302A）

2019年下半年国家教师资格考试

教育知识与能力（中学）真题卷

注意事项：

1. 考试时间为120分钟，满分为150分。

2. 请按规定在答题卡上填涂、作答。在试卷上作答无效，不予评分。

一、单项选择题（在每小题列出的四个备选项中只有一个是符合题目要求的，请用2B铅笔把答题卡上对应题目的答案字母按要求涂黑。错选、多选或未选均无分。本大题共21小题，每小题2分，共42分）

1. 撰写于我国战国末期，被认为世界上最早专门论述教育问题的文献是（　）。

A.《学记》　B.《论语》　C.《大学》　D.《中庸》

2. “近朱者赤，近墨者黑”反映了下列哪一因素对人的发展的影响？（　）

A. 遗传　B. 环境　C. 教育　D. 个体活动

3. 近年来我国对农村中小学的布局结构进行了调整。这主要反映了下列哪一因素对教育的影响？（　）

A. 政治制度　B. 经济制度　C. 人口变化　D. 文化传统

4. 2015年修订的《中华人民共和国教育法》中明确规定，我国教育的性质和方向是（　）。

A. 教育必须为社会主义现代化建设服务，为社会生活服务

B. 教育必须为社会主义现代化建设服务，为人民服务

C. 教育必须为社会主义物质文明建设服务，为精神文明建设服务

D. 教育必须为社会主义建设服务，为人的发展服务

5. 我国唐代中央官学设有“六学二馆”，其入学条件中明文规定不同级别官员的子孙进入不同的学校。这主要体现了我国封建社会教育制度的哪一特征？（　）

A. 继承性　B. 等级性　C. 历史性　D. 民族性

6. 我国古代教育内容中的“六艺”、欧洲古代教育内容中的“七艺”和工业革命以后出现的物理、化学等课程属于（　）。

A. 学科课程　B. 活动课程　C. 综合课程　D. 融合课程

7. 2001年，我国颁布的《基础教育课程改革纲要（试行）》明确规定，我国基础教育课程实行（　）。

A. 国家一级管理　　B. 国家、地方二级管理

C. 国家、地方、学校三级管理　　D. 国家、地方、学校、教研室四级管理

8. 近代教育史上曾出现过形式教育论和实质教育论的论争，其根本分歧是（　）。

A. 以学习直接经验为主还是以学习间接经验为主

B. 以理论教学为主还是以实践教学为主

C. 以学科教学为主还是以活动教学为主

D. 以传授知识为主还是以培养能力为主

9. 班主任王老师在对学生评价的过程中，详细记录了学生学习、品德、体育锻炼等各方面的日常表现，较客观地反映了学生的进步与成长。王老师的这种评价方式属于（　）。

A. 形成性评价　　B. 终结性评价　　C. 诊断性评价　　D. 标准性评价

10. 某中学在“每月一星”的活动中，将表现好、进步快的学生的照片贴在了“明星墙”上，以示奖励，并号召大家向他们学习。这种做法体现出的德育方法是（　）。

A. 说服教育　　B. 情感陶冶　　C. 实际锻炼　　D. 榜样示范

11. “动之以情，晓之以理，导之以行，持之以恒”的做法主要反映了哪一德育过程规律？（　）

A. 德育过程是具有多种开端的对学生知、情、意、行的培养提高过程

B. 德育过程是促进学生思想内部矛盾斗争的过程

C. 德育过程是组织学生活动与交往，统一多方面教育影响的过程

D. 德育过程是长期的、反复的、逐步提高的过程

12. 课堂上，同学们的注意被突然飞进教室的一只小鸟所吸引。这种注意属于（　）。

A. 无意注意　　B. 无意后注意　　C. 有意注意　　D. 有意后注意

13. 晓斌认为自己学习成绩好全是刻苦努力的结果。根据韦纳的归因理论，晓斌的归因属于（　）。

A. 稳定的内部归因　　B. 稳定的外部归因

C. 可控的内部归因　　D. 可控的外部归因

14. 根据耶克斯—多德森定律，学生解决困难和复杂的任务时，哪种动机水平最有利？（　）

A. 中等偏下水平　　B. 中等水平　　C. 中等偏上水平　　D. 高水平

15. 林菁擅长记忆物理定律、数学公式和化学方程式。这表明他的哪种记忆好？（　）

A. 形象记忆　　B. 情绪记忆　　C. 逻辑记忆　　D. 动作记忆

16. 张丽在进行道德判断时，能够超越某种规章制度，更多考虑道德的本质，而非具体的原则。根据科尔伯格的道德发展阶段论，其道德发展处于哪一阶段？（　）

A. 社会契约　　B. 相对功利　　C. 遵守法规　　D. 普遍伦理

17. 韩老师常常说方琼勤奋努力，孙彤细致严谨，李冰诚实可信。韩老师描述的这些心理特征属于（　）。

A. 能力　　B. 性格　　C. 气质　　D. 情绪

18. 刚进入高一，赵峰就总想“我考不上大学该怎么办”。他明知离高考还远着呢，这么早想这个事

根本没必要，但就是控制不住，以至于影响了正常学习。他的主要心理问题是（　）。

A. 强迫观念　　B. 强迫行为　　C. 恐惧观念　　D. 恐惧行为

19. 谢晶在全校大会上受到表扬，兴奋不已。会议结束后，当听到几个同学议论“她有什么了不起，你看她长得那个样”时，她又很快陷入极度苦恼之中。谢晶的表现典型地反映了中学生情绪的哪种特点？（　）

A. 两极性　　B. 不平衡性　　C. 阶段性　　D. 爆发性

20. 根据富勒等人的教师发展阶段论，衡量教师发展成熟的重要标志是能否自觉关注（　）。

A. 生存　　B. 情境　　C. 未来　　D. 学生

21. 王健在课堂上玩手机，老师没有直接提出批评，而是表扬了认真听讲的冯军，王健看了看冯军，也开始认真听讲了。该老师使用的课堂管理方法是（　）。

A. 直接干预　　B. 替代强化　　C. 团体警觉　　D. 处理转换

二、辨析题（判断正误，并说明理由。本大题共 4 小题，每小题 8 分，共 32 分）

22. 教材编写的直接依据是课程计划。

23. 遗传在人的发展中起决定作用。

24. 问题解决不受情绪影响。

25. 心理健康的标准是相对的。

三、简答题（根据要求，回答问题。共 4 道题，每题 10 分，共 40 分）

26. 一堂好课的基本标准有哪些？

27. 简述学校美育的基本任务。

28. 简述元认知策略的种类。

29. 简述品德的心理结构。

四、材料分析题（阅读材料，并回答问题。共 2 道题，每题 18 分，共 36 分）

30. 材料：

王晓是我班一名对学习缺乏兴趣的学生，当其他同学在课堂上求知若渴地学习时，他却经常开小差，时而做出古怪的动作，发出干扰的声音，时而在教材上临摹插图，毫不在乎老师的批评。在多次苦口婆心劝说无效后，我决定换个思路。经过细心观察，我发现他在班上没有一个朋友，谁也不爱理他。课间，他四处溜达无所事事，偶尔乘人不备拍打一个同学的背后迅速逃离。通过这一幕，我看到了他自暴自弃的背后对友情的渴望。

为了转变王晓在同学心中的不良形象，我创造时机对他表扬。这种积极的评价果然有效。他的书写从“狂草”变“潦草”，作文从数行到一页，学习有了较明显的进步。过了一段时间，我发现他的一篇作文有些新意，就帮他输入电脑并加以润色，在班级网页上展示，结果被同学们热烈“点赞”；他绘画有基础，我请美术老师私下指点他，他的画也上了学校的展板。同学们开始对王晓另眼相看，他也找回了一些自信。

在此基础上，我策划开展“伸出手、不抛弃”的班级活动，先在班干部中讨论了与王晓交友的行动计划。班干部动起来了，更多的同学参与进来，关注他、帮助他、跟他交流，找他玩的同学渐渐多起来了，被他欺负而打小报告的同学逐渐少了，他为引发他人关注的恶作剧也逐渐没有了。王晓终于融入了这个班集体，成为班上积极的一员，我们班也因此获得了“包容友善先进班集体”的称号。

问题：材料中这位老师贯彻了哪些德育原则？（8 分）请结合材料加以分析。（10 分）

31. 材料：

晓宁平时没有复习的习惯，还有一周就要期末考试了，他开始着急起来，并暗自发誓要考出好成绩。他觉得只要自己努力，反复背诵就一定能取得好成绩，所以，只要有时间他就去背——背外语单词，背课文，背语法，背数学、物理公式和化学方程式等。晓宁也不会合理安排时间，连课间休息也不放过，从晚上背到深夜，早晨四五点钟就起床接着背，以致到了头昏脑涨的地步。他从没有哪次考试像这次考试一样下这么大的功夫，自以为一定能考出好成绩。然而，结果完全出乎他的意料，各门功课成绩都很不理想。晓宁很失望，百思不得其解，到底什么地方出了问题？

问题：简述学生应该如何有效进行复习。（12 分）请指出晓宁复习中存在的主要问题。（6 分）

2019年下半年国家教师资格考试
教育知识与能力（中学）真题卷参考答案

一、单项选择题

1.【答案】A

【解析】本题考查《学记》的地位。《学记》不仅是中国古代也是世界上最早论述教育问题的著作。因此答案选A。

选项B:《论语》主要记录孔子和其弟子的言论，包括政治、军事、道德教育等内容。

选项C:《大学》相传是由曾子编著，是一部中国古代讨论教育理论的重要著作。

选项D:《中庸》相传是由子思编著，成书于战国时期，是中国古代论述人生修养境界的一部道德哲学专著，是儒家经典之一。

【考点定位】教育基础知识和基本原理——教育学的产生与发展——教育学的发展——教育学的萌芽阶段——中国——《学记》

【难度】★

2.【答案】B

【解析】本题考查影响人身心发展的因素中的环境。影响人身心发展的因素主要包括遗传、环境、学校教育和个体的主观能动性。其中，环境泛指个体生活中影响个体身心发展的一切外部因素，包括自然环境和社会环境。题干中，“近朱者赤，近墨者黑”的意思是靠近朱砂的变红，靠近墨的变黑，比喻接近好人可以使人变好，接近坏人可以使人变坏，这反映的是环境对人的影响。因此答案选B。

选项A：遗传是指人从上代继承下来的生理解剖上的特点，如机体的结构、形态、感官和神经系统等的特点。遗传素质是人的发展的生理前提，为人的发展提供了可能性。

选项C：学校教育是有目的、有计划、有组织地培养人的活动。学校教育在人的身心发展中起主导作用。

选项D：个体活动体现的是个体的主观能动性。主观能动性是推动人身心发展的内在动力，个体的实践活动是个体发展的决定性因素。

【考点定位】教育基础知识和基本原理——教育与人的发展——影响人身心发展的因素——环境

【难度】★★

3. 【答案】C

【解析】本题考查教育与人口的关系。教育的发展受到政治经济制度、生产力、文化、人口、科技等社会因素的影响。其中，人口对教育发展的影响和制约体现在四个方面：（1）人口数量制约着教育发展的规模。（2）人口质量影响着教育的质量。（3）人口结构影响教育结构。人口结构包括人口的自然结构与社会结构。人口的自然结构是指人口的年龄、性别等方面；人口的社会结构是指人口的阶级、文化、职业、地域、民族等方面。人口结构会影响各级各类学校在学校教育系统中的比例。题干中，学校布局结构是指学校的空间分布。我国农村中小学调整布局结构的根本原因是农村地区学龄人口数量的不断减少，这体现的是人口的地域分布，影响了学校的布局。因此答案选C。

选项AB：政治经济制度对教育的制约作用体现在五个方面：（1）社会政治经济制度的性质决定教育的性质。（2）社会政治经济制度决定教育的宗旨与目的。（3）社会政治经济制度决定教育的领导权。（4）社会政治经济制度决定受教育权。（5）社会政治经济制度决定教育内容和教育管理体制。

选项D：文化对教育的影响与制约作用体现在五个方面：（1）文化对教育具有价值定向作用。（2）文化影响教育目的的确立。（3）文化影响教育的内容与水平。（4）文化影响教育教学方法的应用。（5）文化模式影响教育环境与教育模式。

【考点定位】教育基础知识和基本原理——教育与社会发展——教育与人口

【难度】★★★

4. 【答案】B

【解析】本题考查我国的教育方针。《中华人民共和国教育法》第五条明确规定了我国教育的性质和方向，“教育必须为社会主义现代化建设服务、为人民服务，必须与生产劳动和社会实践相结合，培养德、智、体、美等方面全面发展的社会主义建设者和接班人。”因此答案选B。

【考点定位】教育基础知识和基本原理——教育目的——我国的教育方针

【难度】★★

5. 【答案】B

【解析】本题考查我国古代教育的等级性。古代学校教育适应古代经济与政治的发展，具有阶级性；封建社会的学校还具有等级性。我国古代教育的等级性是指在有受教育权的古代统治阶级内部，官职不同的人的子弟，分别上不同级别的学校，受教育的程度有所不一。例如，唐代时期中央官学设置的“六学二馆”中，崇文馆、弘文馆只允许皇亲国戚子弟入学，国子学只允许三品以上官员子弟入学，太学只允许五品以上官员子弟入学，四门学只允许七品以上官员子弟入学，等等，体现了封建社会教育的等级性特征。因此答案选B。

选项A：教育的继承性是指某一历史时期的教育与先前社会的教育的相承关系。一种社会的教育是在先前社会的教育的基础上建立起来的。

选项 C：历史性是指在人类社会的不同时期，由于生产力发展水平不同、生产关系和政治制度不同，教育具有不同的性质和特点、内容和形式。

选项 D：民族性是指民族传统与特点在教育上的反映。如各民族基础教育大都使用本民族语言教学，教育内容大量保留民族文化传统，学生思想道德品质受到民族意识、民族自尊心等民族共同心理特征的影响。教育的民族性所体现的是适合时代发展的民族的优秀传统与特点。

【考点定位】教育基础知识和基本原理——教育的产生与发展——教育的发展——古代社会的教育——古代教育的总体特征——等级性

【难度】★★

6. **【答案】**A

【解析】本题考查学科课程。根据内容属性，课程分为学科课程与活动课程。其中，学科课程主张分科设置课程，即从学科知识整体中选取关联密切的内容组成一门学科，分科组织教学，强调间接经验。题干中，“六艺”指的是“礼、乐、射、御、书、数”；“七艺”指的是“文法、修辞、辩证法、算术、几何、天文、音乐”。“六艺”“七艺”以及物理、化学等课程都是分科设置，强调间接经验，属于学科课程。因此答案选 A。

选项 B：活动课程，又称经验课程，主张从儿童的兴趣和经验出发，以儿童活动为中心设计课程，强调直接经验。

选项 C：综合课程主张把两门或两门以上学科的内容合并起来组成课程；强调学科之间的关联性、统一性和内在联系；是基于各门学科内在联系编制而成的课程；是针对分科课程而言的。

选项 D：融合课程属于综合课程基本形式的一种，是组合若干相关学科成为一门新学科。

【考点定位】中学课程——课程概述——课程的类型——学科课程

【难度】★★

7. **【答案】**C

【解析】本题考查新课程改革具体目标中的课程管理制度。《基础教育课程改革纲要（试行）》中明确规定：“改变课程管理过于集中的状况，实行国家、地方、学校三级课程管理，增强课程对地方、学校及学生的适应性。”因此答案选 C。

【考点定位】中学课程——基础教育课程改革——新课程改革的具体目标——实行三级课程管理制度

【难度】★

8. **【答案】**D

【解析】本题考查形式教育与实质教育。关于教学任务，历史上有两种截然相反的观点：形式教育论与实质教育论。形式教育论认为，教学的主要任务在于通过开设希腊文、拉丁文、逻辑、文法、数学等学科发展学生的智力，至于学科内容的实用意义则是无关紧要的；实质教育论认为，教学的主要任务在于传授学生对生活有用的知识，至于学生的智力则无须进行特别的培养和训练。所以，形式教育论和实质教育论的根本分歧在于教学是以培养能力为主，还是以传授知识为主。因此答案选D。

【考点定位】中学教学——教学概述——教学的任务——形式教育与实质教育

【难度】★★

9.【答案】A

【解析】本题考查形成性评价。根据实施功能不同，教学评价分为诊断性评价、形成性评价和总结性评价。其中，形成性评价是指在教学过程中，对学生的知识掌握和能力发展的比较经常而及时的测评与反馈。题干中，王老师在教学过程中记录学生的学习、品德、体育等各方面的日常表现来反映学生的进步与成长，这属于形成性评价。因此答案选A。

选项B：终结性评价是在一个大的学习阶段，如一个学期或一门学科终结时对学生学习的成果进行比较正规的、制度化的考查、考试及其成绩的全面评定。

选项C：诊断性评价是在学期教学开始或单元教学开始时，对学生现有的知识水平、能力发展的评价。

选项D：干扰项。

【考点定位】中学教学——教学评价——教学评价的分类——根据实施功能分类——形成性评价

【难度】★★

10.【答案】D

【解析】本题考查德育方法中的榜样示范法。常用的德育方法包括：说服教育法、榜样示范法、情感陶冶法、实际锻炼法、品德评价法、道德修养法等。其中，榜样示范法是指用榜样人物的高尚思想、模范行为、优异成就来影响学生的思想、情感和行为的方法。题干中，教师贴出优秀学生的照片，并号召大家向优秀学生学习，这一行为体现了教师想要用正面榜样的积极行为来影响学生。因此答案选D。

选项A：说服教育法是指借助语言和事实，通过摆事实、讲道理，以影响受教育者的思想意识，使其明辨是非，提高思想认识的方法。

选项B：情感陶冶法是指教育者有目的地创设良好的教育情境，使受教育者在道德和思想情感方面受到潜移默化的感染、熏陶的方法。

选项C：实际锻炼法是指教育者组织学生参加各种实际活动，使学生在行为实践中接受磨炼和考验，以培养其优良思想品德的方法。

【考点定位】中学德育——中学德育的原则、途径与方法——中学德育的途径与方法——中学德

育的方法——常用的德育方法——榜样示范法

【难度】★★

11.【答案】A

【解析】本题考查促使学生的知、情、意、行互动发展的德育规律。德育过程的基本规律主要包括四个方面：①德育过程是促使学生的知、情、意、行互动发展的过程。②德育过程是组织学生的活动和交往，统一多方面教育影响的过程。③德育过程是促进学生的思想品德内部矛盾积极转化的过程。④德育过程是一个长期、反复、逐步提高的过程。题干中，“晓之以理”对应提高学生道德认识，“动之以情”对应陶冶学生道德情感，“持之以恒”对应锻炼学生道德意志，“导之以行”对应培养学生道德行为，这些做法反映了对学生的知、情、意、行的培养提高过程的规律。因此答案选 A。

选项 B：德育过程是促进学生思想内部矛盾斗争的过程。德育过程具有一系列复杂的矛盾。这些矛盾的斗争、转化与发展，推动了德育过程的进展，推动了青少年学生品德的发展。

选项 C：德育过程是组织学生的活动和交往、统一多方面教育影响的过程。活动和交往是德育过程的基础；学生在活动和交往中受到多方面的影响。

选项 D：德育过程是一个长期、反复、逐步提高的过程。个体品德的形成与发展不是一蹴而就的，而是长期积累，从量变到质变的结果。个体品德发展不是直线上升的，而是会经历一个迂回曲折，甚至暂时倒退的过程。

【考点定位】中学德育——中学德育过程——德育过程的基本规律——德育过程是促使学生的知、情、意、行互动发展的过程

【难度】★

12.【答案】A

【解析】本题考查无意注意。根据有无目的和意志努力，注意可以分为无意注意、有意注意和有意后注意三种。其中无意注意也称不随意注意，是指事先没有目的，也不需要意志努力的注意。题干中，同学们的注意被突然飞进教室的一只小鸟所吸引，这就是事先没有目的的，也不需要意志努力的注意，属于无意注意。因此答案选 A。

选项 B：无意后注意为干扰项。

选项 C：有意注意也称随意注意，是指有预定目的、需要一定意志努力的注意。

选项 D：有意后注意也称随意后注意，是指有预定目的，但不需要意志努力的注意。

【考点定位】中学生学习心理——认知过程——注意——注意的分类——无意注意

【难度】★★

13.【答案】C

【解析】本题考查韦纳成败归因理论的三维度六因素。韦纳将人经历过的事情的成败归结于六种

原因，即能力、努力程度、工作难度、运气、身心状况、外界环境。这六种原因按照各自的性质分别纳入三个维度：内部归因和外部归因、稳定性归因和不稳定性归因、可控性归因和不可控性归因，即三维度六因素论。其中，努力程度属于内部的、不稳定的、可控的归因。题干中，晓斌把学习成绩好归因为努力，这属于可控的内部归因。因此答案选 C。

选项 A：稳定的内部归因是能力。

选项 B：稳定的外部归因是工作难度。

选项 D：干扰项。

【考点定位】中学生学习心理——学习心理——学习动机——学习动机理论——成败归因理论——三维度六因素

【难度】★★

14. **【答案】**A

【解析】本题考查耶克斯—多德森定律。心理学家耶克斯和多德森的研究表明，各种活动都存在一个最佳的动机水平。动机不足或过分强烈都会导致学习效率下降。此外，动机的最佳水平还随任务性质的不同而不同：在学习较复杂的问题时，动机强度的最佳水平点会低些；在学习任务比较简单时，动机强度的最佳水平点会高些。题干中，学生在解决困难和复杂的任务时，动机强度的最佳水平会低些，处于中等偏下水平。因此答案选 A。

选项 B：在学习一般难度的任务时，动机强度处于中等水平工作效率最高。

选项 C：在学习任务比较简单时，动机强度的最佳水平点会高些，处于中等偏上水平。

选项 D：无论何种难度的任务，动机不足或过分强烈都会导致工作效率下降。

【考点定位】中学生学习心理——学习心理——学习动机——学习动机与学习效率的关系——耶克斯—多德森定律

【难度】★★

15. **【答案】**C

【解析】本题考查逻辑记忆。根据记忆的内容和经验的对象，记忆可分为形象记忆、逻辑记忆、情绪记忆和动作记忆。其中，逻辑记忆是指以对概念、公式、规律等各种有组织的事物为内容的记忆。题干中，记忆物理定律、数学公式和化学方程式属于逻辑记忆。因此答案选 C。

选项 A：形象记忆是指对感知过的事物具体形象的记忆，包括视觉记忆和听觉记忆等。

选项 B：情绪记忆是指以个体曾经体验过的情绪或情感为内容的记忆。

选项 D：动作记忆是指对身体的运动状态和动作技能的记忆。

【考点定位】中学生学习心理——认知过程——记忆——记忆的主要类型——根据记忆的内容和经验的对象——逻辑记忆

【难度】★★

16.【答案】D

【解析】本题考查科尔伯格的道德发展阶段论中的普遍原则的道德定向阶段。科尔伯格将儿童道德发展水平分为三水平六阶段。其中，普遍伦理的道德定向阶段是进行道德判断的最高阶段，表现为能以公正、平等、尊严这些最一般的原则为标准进行思考。题干中，张丽在进行道德判断时，能够超越某种规章制度，更多考虑道德的本质，说明张丽可以以公正、平等、尊严这些原则为标准来进行思考，这表明张丽处于普遍伦理阶段。因此答案选 D。

选项 A：社会契约定向阶段的人认为法律和规范是大家商定的，是一种社会契约。他们看重法律的效力，认为法律可以帮助人维持公正，但同时认为契约和法律的规定并不是绝对的，可以应大多数人的要求而改变。

选项 B：相对功利定向阶段，儿童的道德价值来自对自己需要的满足，他们不再把规则看成绝对的、固定不变的，评定行为的好坏主要看是否符合自己的利益。

选项 C：遵守法规定向阶段的儿童，其道德价值以服从权威为导向，他们服从社会规范，遵守公共秩序，尊重法律的权威，以法制观念判断是非，知法懂法。

【考点定位】中学德育——道德发展理论——科尔伯格的道德发展阶段论——后习俗水平——普遍原则的道德定向阶段

【难度】★★★

17.【答案】B

【解析】本题考查性格的态度特征。性格的结构特征包括性格的态度特征、意志特征、情绪特征和理智特征。其中，性格的态度特征是指个体对现实生活各个方面的态度中表现出来的一般特征，如个体是谦虚或自负、利他或利己、粗心或细心、创造或墨守成规等。题干中，学生勤奋努力、细致严谨、诚实可信，这些都是性格的态度特征的表现。因此答案选 B。

选项 A：能力是指顺利完成某种活动所必需的，并直接影响活动效率的个性心理特征。

选项 C：气质是指心理活动表现在强度、速度、稳定性、灵活性等方面的心理特征。

选项 D：情绪一般是指个体在其需要是否得到满足的情境中直接产生的心理体验和相应的反应。

【考点定位】中学生发展心理——中学生的人格发展——人格的结构——性格——性格的结构特征——性格的态度特征

【难度】★★★

18.【答案】A

【解析】本题考查强迫症。强迫症包括强迫观念和强迫行为。其中，强迫观念是指当事人身不由己地思考他不想考虑的事情。题干中，赵峰总是控制不住地想“我考不上大学该怎么办”，这属于强迫观念的表现。因此答案选 A。

选项 B：强迫行为是指当事人反复去做他不希望执行的动作，如果不这样想、不这样做，他就会感到极端焦虑。

选项 CD：干扰项。

【考点定位】中学生心理辅导——中学生的心理健康——中学生常见的心理健康问题——强迫症

【难度】★

19.【答案】A

【解析】本题考查中学生情绪两极性的特点。中学生情绪发展的特点包括情绪体验的迅速、强烈性；不稳定性和两极性交替；外露性和内隐性（掩饰性）并存；体验的时间延长，出现心境化的特点。其中，两极性是指情绪很容易从一个极端剧烈地转向另一个极端。题干中，谢晶的情绪从兴奋不已到陷入苦恼，属于两个极端，这反映了情绪的两极性。因此答案选 A。

【考点定位】中学生发展心理——中学生情绪与意志的发展——情绪——中学生情绪的发展与培养——中学生情绪发展的特点——两极性

【难度】★★

20.【答案】D

【解析】本题考查教师成长历程中的关注学生阶段。教师的成长划分为关注生存、关注情境和关注学生三个阶段。在关注学生阶段，教师将更多地考虑学生的个别差异，认识到不同发展水平的学生有不同的需要。自觉关注学生是衡量一个教师成长成熟的重要标志之一。因此答案选 D。

选项 A：处于关注生存阶段的教师一般是新教师，他们非常关注自己的生存适应性。

选项 B：处于关注情境阶段的教师把关注的焦点投向了提高学生的成绩，教师关心的是如何教好每一堂课的内容。

选项 C：干扰项。

【考点定位】中学班级管理与教师心理——教师心理——教师成长心理——教师成长的历程——关注学生阶段

【难度】★

21.【答案】B

【解析】本题考查课堂问题行为的处置和矫正。替代强化是指观察者因看到榜样的行为被强化而受到强化。题干中，教师表扬了认真听讲的冯军，王健看到后也开始认真听讲，王健是因看到冯军的行为被强化而从中受到强化，这属于替代强化。因此答案选 B。

选项 A：直接干预是指当课堂不良行为显得严重或者不受控制时，教师需要采取更为直接的干预措施，使学生认识到自己的错误。

选项 C：团体警觉是指在讲授和讨论期间，教师用来维持所有学生注意力的提问策略。

选项 D：处理转换是指教师处理活动间的转换，从一个活动转向另一个活动。

【考点定位】中学班级管理与教师心理——课堂管理——课堂问题行为及其应对——课堂问题行为的处置和矫正

【难度】★★

二、辨析题

22.**【参考答案】**

题干说法错误。教材编写的直接依据是课程标准。课程内容的文本表现形式包括课程计划、课程标准和教材。课程计划是指根据教育目的和不同类型学校的教育任务，由国家教育主管部门制定的有关教学和教育工作的指导性文件。课程标准是课程计划的具体化，是指课程计划中每门学科以纲要的形式编定的、有关学科教学内容的指导性文件。课程标准是教材编写、教学、评价和考试命题的依据，是编写教科书和教师进行教学的直接依据。综上，题干说法错误。

【考点定位】中学课程——课程组织——课程内容——课程内容的文本表现形式——课程标准

【难度】★★

23.**【参考答案】**

题干说法错误。影响人身心发展的因素包括遗传、环境、学校教育和个体的主观能动性。遗传是指人从上代继承下来的生理解剖上的特点，如机体的结构、形态、感官和神经系统等的特点。遗传素质是人的发展的生理前提，为人的发展提供了可能性。在人的发展中起决定作用的是个体的主观能动性。综上，题干说法错误。

【考点定位】教育基础知识和基本原理——教育与人的发展——影响人身心发展的因素——遗传、个体的主观能动性

【难度】★★

24.**【参考答案】**

题干说法错误。问题解决是指为了从问题的初始状态到达目标状态，而采取一系列具有目标指向性的认知操作的过程。影响问题解决的主要因素包括问题情境、思维定势与功能固着、已有的知识经验——迁移、原型启发、情绪与动机等。情绪对问题解决有一定的影响，肯定、积极的情绪状态有利于问题的解决，而否定、消极的情绪状态则会阻碍问题的解决。综上，题干说法错误。

【考点定位】中学生学习心理——认知过程——问题解决——影响问题解决的主要因素——情绪与动机

【难度】★★

25.【参考答案】

题干说法正确。心理健康的标准包括：①智力正常。②情绪适中。③意志品质健全。④人格稳定协调。⑤自我意识正确。⑥人际关系和谐。⑦社会适应良好。⑧心理特点符合年龄特征。但是心理健康是相对的，而非绝对的。一个人心理是否健康与一个人是否有不健康的心理和行为并非完全是一回事。判断一个人的心理健康状况，不能简单地根据一时一事下结论。心理健康是较长一段时间内持续的心理状态，一个人偶尔出现一些不健康的心理和行为，并非意味着这个人就是心理不健康（或心理变态），只能视具体情况而定。综上，题干说法正确。

【考点定位】中学生心理辅导——中学生的心理健康——心理健康概述——心理健康的特性——心理健康是相对的

中学生心理辅导——中学生的心理健康——心理健康的标准

【难度】★★

三、简答题

26.【参考答案】

一堂好课没有绝对的标准，但有一些基本的要求。

（1）目的明确。

（2）内容正确。

（3）方法得当。

（4）结构合理。

（5）语言艺术。

（6）气氛热烈。

（7）板书有序。

（8）态度从容。

（9）充分发挥学生的主体性是一堂好课根本性的要求。

【考点定位】中学教学——教学组织形式和教学工作基本环节——教学工作的基本环节——上课——上好课的具体要求

【难度】★★★

27.【参考答案】

美育的基本任务有：

（1）向学生传授基本的美学知识。

（2）培养学生正确的审美观点。

（3）培养学生的审美能力。

（4）培养学生创造美的能力。

（5）培养学生内在美与外在美的统一。

【考点定位】教育基础知识和基本原理——教育目的——我国教育目的——全面发展教育——美育——美育的基本任务

【难度】★★★

28.**【参考答案】**

元认知策略包括计划策略、监控策略和调节策略。

（1）计划策略是指根据认知活动的特定目标，在一项认知活动之前计划各种活动，预计结果、选择策略，想出各种解决问题的方法，并预估其有效性。计划策略包括设置学习目标、浏览学习材料、产生待回答的问题以及分析完成任务的方法。

（2）监控策略是指在认知活动的实际过程中，根据认知目标及时评价、反馈自己认知活动的结果与不足，正确估计自己达到认知目标的程度、水平。监控策略包括阅读时对注意加以跟踪、对材料进行自我提问、考试时监视自己的速度和时间等。

（3）调节策略是指根据对认知活动结果的检查，如发现问题，则采取相应的补救措施，根据对认知策略的效果的检查，及时修正、调整认知策略。

【考点定位】中学生学习心理——学习心理——学习策略——学习策略的分类——元认知策略

【难度】★★★

29.**【参考答案】**

（1）道德认识：是指对道德行为准则及其执行意义的认识，是个体品德的核心部分，是学生品德形成的基础。

（2）道德情感：是指根据道德观念来评价他人或自己行为时产生的内心体验，是产生品德行为的内部动力，是品德实现转化的催化剂。

（3）道德意志：是指个体自觉地调节道德行为，克服困难，以实现道德目标的心理过程，是调节道德行为的精神力量。

（4）道德行为：是指实现道德动机的行为意向及外部表现，是道德认识、道德情感、道德意志的集中体现，是衡量品德的重要标志。

【考点定位】中学德育——中学生品德心理与发展——品德概述——品德的心理结构

【难度】★★★

四、材料分析题

30.**【参考答案】**

（1）材料中，这位老师贯彻了因材施教原则，依靠积极因素克服消极因素原则，集体教育与个别教育相结合原则。

（2）① 因材施教原则是指教育者进行德育时，要从学生品德发展的实际出发，根据学生的年龄特征和个性差异进行不同的教育，使每个学生的品德都能得到更好的发展。材料中，老师在多次苦口婆心劝说无效后，转变思路，细心观察王晓的特点，根据他的特点有针对性地进行教育，这体现了因材施教原则。

② 依靠积极因素克服消极因素的原则是指德育工作中，教育者要善于依靠、发扬学生自身的积极因素，调动学生自我教育的积极性，克服消极因素，实现品德发展内部矛盾的转化。材料中，老师发现王晓写的作文中的新意，于是帮他润色，最后作文被同学们强烈“点赞”；发现王晓有美术天赋，于是让他的画登上展板。老师通过发扬王晓的特长，帮助他克服了自身的不足，这体现了依靠积极因素克服消极因素的原则。

③ 集体教育与个别教育相结合原则是指进行德育有赖于学生的社会交往、共同活动，注意依靠学生集体，通过社会交往和集体活动进行教育，充分发挥学生集体在教育中的巨大作用。材料中，老师根据王晓的特点开展班级活动，让同学帮助他、关注他，加强他与同学的沟通与交流，这体现了集体教育与个别教育相结合的原则。

【考点定位】中学德育——中学德育的原则、途径与方法——中学德育的原则

【难度】★★★★

31.**【参考答案】**

（1）① 复习的时间。

及时复习。所谓及时复习，是指在初期大量遗忘开始之前进行复习。

合理分配时间。

② 复习的方法。

做到分散复习与集中复习相结合。一般而言，分散复习效果优于集中复习，因为分散复习可以降低疲劳度，减少前摄抑制和倒摄抑制的影响。

反复阅读与试图回忆相结合。

复习方法要多样化。

运用多种感官进行复习。

③ 复习的次数。

复习内容的数量要适当，一次复习内容的数量不宜过多。

适当过度学习。过度学习 50%，即学习的熟练程度达到 150% 的学习。

（2）材料中晓宁的复习主要存在以下几个问题：

① 没有及时复习。材料中，晓宁平时没有复习的习惯，不符合艾宾浩斯的遗忘规律。

② 没有合理分配时间。材料中，晓宁平时不努力，快要考试时才着急，考前临时抱佛脚，不会

合理安排时间，在应该休息、睡眠的时间也都在背诵。

③ 没有将分散复习与集中复习相结合。材料中，晓宁平时没有复习习惯，到了考试才着急背诵，只采用了集中复习的方法，这种复习方法会增加疲劳感，复习效果较差。

④ 没有将反复阅读与试图回忆相结合。材料中，晓宁只采用了反复背诵的方法，缺少深层加工。只有机械识记缺少意义识记，复习效果较差。

⑤ 复习方法太过单一，没有运用多种感官参与复习。材料中，晓宁只采用背诵的方式，容易产生疲劳，复习效果欠佳。

【考点定位】中学生学习心理——认知过程——记忆——应用记忆规律促进学生的有效学习——提高记忆能力的方法——复习的方法

【难度】★★★★

姓名 __________ 准考证号 __________

2019 年上半年国家教师资格考试
教育知识与能力（中学）真题卷及参考答案

（科目代码：302/302A）

2019年上半年国家教师资格考试
教育知识与能力（中学）真题卷

注意事项：

1. 考试时间为120分钟，满分为150分。

2. 请按规定在答题卡上填涂、作答。在试卷上作答无效，不予评分。

一、单项选择题（在每小题列出的四个备选项中只有一个是符合题目要求的，请用2B铅笔把答题卡上对应题目的答案字母按要求涂黑。错选、多选或未选均无分。本大题共21小题，每小题2分，共42分）

1. 传统教育派代表人物赫尔巴特主张的“三中心”是指（　）。

A. 教师中心、教材中心和课堂中心

B. 儿童中心、经验中心和活动中心

C. 管理中心、活动中心和教学中心

D. 管理中心、服务中心和教学中心

2. 苏联教育家赞科夫倡导的是（　）。

A. 发现学习理论　　B. 教学过程最优化理论

C. 教学与发展理论　　D. 范例教学理论

3. 18世纪法国思想家卢梭认为，“儿童的自然”决定教育目的。这种教育目的的价值取向属于（　）。

A. 个人本位论　　B. 社会本位论　　C. 国家本位论　　D. 生活本位论

4. 教育具有自身发展的规律，在某些方面不一定会随着社会的改变而改变，这反映了教育的哪一特征？（　）

A. 阶级性　　B. 生产性　　C. 目的性　　D. 相对独立性

5. 人的发展既体现出量的积累，又体现出质的飞跃。当某些代表新质要素的量积累到一定程度时，就会导致质的飞跃，出现新的年龄特征。这表明人的发展具有（　）。

A. 顺序性　　B. 不平衡性　　C. 阶段性　　D. 个别差异性

6. 在现代学制的发展过程中，西欧19世纪形成了“双轨”的学制，这里的“双轨”（　）。

A. 衔接且对应　　B. 衔接但不对应

C. 不衔接也不对应　　D. 不衔接但对应

7. 有人认为教育投资是有效的生产性投资，这种观点主要反映了教育的哪种功能？（　）

A. 政治功能　B. 经济功能　C. 文化功能　D. 生态功能

8. 当前我国中学开设的数学、语文、英语等课程属于（　）。

A. 学科课程　B. 活动课程　C. 经验课程　D. 社会课程

9. 我国《基础教育课程改革纲要（试行）》规定，在课程设置上，高中阶段（　）。

A. 以综合课程为主　B. 以分科课程为主

C. 以实践活动课程为主　D. 设置分科与综合相结合的课程

10. “一把钥匙开一把锁”体现的德育原则是（　）。

A. 理论联系实际　B. 长善救失

C. 教育影响的一致性　D. 因材施教

11. 学校德育工作中经常采用的表扬与批评，奖励与处分的德育方法属于（　）。

A. 说服教育法　B. 品德评价法　C. 榜样示范法　D. 品德陶冶法

12. 学生课前预习，带着不懂的问题去上课，以便更有针对性地注意听讲。这种注意方式属于（　）。

A. 有意注意　B. 无意注意　C. 无意后注意　D. 有意后注意

13. 艾宾浩斯遗忘曲线表明，遗忘的速度不是均衡的，呈现的趋势是（　）。

A. 先慢后快　B. 匀速加快　C. 先快后慢　D. 匀速减慢

14. 晓春上课时把老师讲解的内容用自己的语言写在课本上，以促进对知识的理解，他采取的学习策略是（　）。

A. 复述策略　B. 组织策略　C. 计划策略　D. 精加工策略

15. 钱老师上课时经常先提出问题让大家思考一会儿，然后再叫学生回答，以使学生的心理活动更好地维持在教学活动中。钱老师所采用的课堂管理方式是（　）。

A. 团体警觉　B. 替代强化　C. 最小干预　D. 处理转换

16. 方华情绪快而强，容易冲动，常常是爆发式的，并伴随有明显外部表现。她的气质类型属于（　）。

A. 胆汁质　B. 多血质　C. 黏液质　D. 抑郁质

17. 张老师在设置教学目标时，既考虑学生现有的知识水平，也考虑他们在老师指导下可以达到的水平。维果斯基将这两种水平之间的差距称为（　）。

A. 教学支架　B. 最近发展区　C. 先行组织者　D. 自我差异性

18. 郭阳同学近来总是不由自主地重复洗手，即便是洗了几遍仍然认为没洗干净。明知没有必要，却不能控制自己，这说明他可能患了（　）。

A. 抑郁症　B. 焦虑症　C. 强迫症　D. 恐惧症

19. 皮格马利翁效应的主要启示是，教师对学生应该（　）。

A. 鼓励合作学习　　B. 给予积极期望

C. 提出纪律要求　　D. 引导发现学习

20. “学习过程就是尝试错误的过程”这一观点属于哪种学习理论？（　）

A. 行为主义　　B. 认知主义　　C. 人本主义　　D. 建构主义

21. 李老师对自己的教学能力十分自信，认为自己能教好学生。这主要反映了他的哪种心理特征？（　）

A. 教学责任感　　B. 教学幸福感　　C. 教学理智感　　D. 教学效能感

二、辨析题（判断正误，并说明理由。本大题共 4 小题，每小题 8 分，共 32 分）

22. 教育在人的身心发展中起决定作用。

23. 教学的任务就是向学生传授知识。

24. 学习动机与学习效果成正比。

25. 品德形成受情感影响。

三、**简答题**（根据要求，回答问题。共 4 道题，每题 10 分，共 40 分）

26. 简述我国当前教育方针的基本内容。

27. 教学过程有哪些基本规律？

28. 简述知觉的基本特征。

29. 简述发散思维的基本特征。

四、材料分析题（阅读材料，并回答问题。共 2 道题，每题 18 分，共 36 分）

30. 材料：

我是初二（3）班的班主任，有一天，我收到班上学习较差同学的一封信，信上说："XX，您知道吗？我一直想拿一个奖状回家，让爸妈高兴，那样，他们就会带我去旅游了……"看了信，我内心久久不能平静，我扪心自问：我深入学生的心灵深处了吗？我关心他们的渴望了吗？……反思中，我萌生了一个念头……午间，我请来了班上学习后进的学生。我手里拿着一本书，一支钢笔，一个足球，一张奖状。我问他们："如果要你们选择一样的话，你们想要哪样？"想不到大家都选择了奖状。于是，我说："那好，如果你们想要奖状，你们可以根据自己的特长，想想自己在哪方面努力就可以得到它，请你们写下来。"开始他们有些茫然，在我的一再鼓励和启发下，他们各自写下了自己的长处。接下来的日子里，这些同学发挥自己的长处，努力表现自己。果然，"每月一评"发奖那天，他们各自得到了"讲故事能手""环保卫士""劳动标兵""体育健将""电脑高手"等奖状，他们终于在同学中抬起头来了。为了提高奖状的"含金量"，使他们下个月能取得"月明星"的称号，我对他们提出进一步的要求："讲故事能手"要写一篇班上同学故事；"环保卫士"要在班会上做一次"减少雾霾从我做起"的发言；"劳动标兵"要为班上将展开的义务劳动制定一个活动计划；"体育健将"要给大家讲解一项体育运动的规则；"电脑高手"要给全班同学培训一次"电脑常用英语单词"。于是，这些原来不肯读书，不爱写作，不喜欢学英语，不愿思考的学生都动起来了……各科老师发现，他们学习比以前认真多了，成绩也有了较大的提高。

问题：该班主任老师贯彻了哪些主要的德育原则？结合材料加以分析。（8 分）该班主任老师采用了哪些主要的德育方法？结合材料加以分析。（10 分）

31. 材料：

初三学生晓辉近期很苦恼，感觉常常不能很好地控制自己的情绪。他觉得自己的情绪来得快，变得也快。在学校，取得好成绩时就非常高兴，遇到一点挫折又极度苦恼；与同学交往经常为一点儿小事发脾气，导致同学关系紧张；回到家里，只要父母过问他的学习，他就很抵触：“我都这么大了，还要你们管？”因此，与父母的关系也不融洽。他想改变这一切，可是每次出现状况时，老毛病就再次发作，他非常恨自己，每次发了脾气都后悔莫及，他不知该怎么办。

问题：材料中晓辉的表现反映了他情绪发展的哪些特点（8 分）作为教师，请你针对晓辉的问题提出指导建议。（10 分）

2019年上半年国家教师资格考试
教育知识与能力（中学）真题卷参考答案

一、单项选择题

1. **【答案】** A

【解析】 本题考查教育学创立阶段代表人物赫尔巴特的观点。赫尔巴特是传统教育代表人物，强调教师的权威作用，强调教师的中心地位，形成了传统教育教师中心、教材中心、课堂中心的特点。因此答案选A。

选项B：儿童中心、经验中心和活动中心是现代教育代表人物杜威的观点。

选项CD：干扰项。

【考点定位】 教育基础知识和基本原理——教育学的产生与发展——教育学的发展——教育学的创立阶段——创立阶段代表人物——赫尔巴特

【难度】 ★

2. **【答案】** C

【解析】 本题考查教育家赞可夫的观点。赞可夫在著作《教学与发展》中，提出发展性教学理论，该理论的五条教学原则是高难度、高速度、理论知识起主导作用、理解学习过程、使所有学生包括差生都得到一般发展。因此答案选C。

选项A：发现学习理论是布鲁纳的观点。

选项B：教学过程最优化理论是巴班斯基的观点。

选项D：范例教学理论是瓦•根舍因的观点。

【考点定位】 教育基础知识和基本原理——教育学的产生与发展——教育学的发展——教育学的发展阶段——现代教育理论的发展——赞可夫

【难度】 ★

3. **【答案】** A

【解析】 本题考查有关教育目的的理论中的个人本位论。有关教育目的的理论通常包括宗教本位论、社会本位论、个人本位论、教育无目的论等。个人本位论从个体本能出发，强调教育要服从人的成长规律和满足人的需要；注重教育对个人的价值；主张教育的目的是培养“自然人”，发展人的个性，增进人的价值，促使个人自我实现。题干中，卢梭认为“儿童的自然”决定教育目的，强调遵循儿童自然发展的规律，这属于个人本位论。因此答案选 A。

选项 B：社会本位论从社会发展需要出发，注重教育的社会价值；主张教育的目的是培养合格公民和社会成员；认为教育是国家的事业，评价教育要看其对社会的发展贡献的指标。

选项 C：干扰项。

选项 D：生活本位论把教育目的与受教育者的生活紧密联系在一起，他们或以为教育要为未来的生活做准备，或以为教育即是生活本身，注重的是使受教育者怎样生活。生活本位论的突出代表是斯宾塞和杜威。

【考点定位】 教育基础知识和基本原理——教育目的——教育目的概述——有关教育目的的理论——个人本位论

【难度】 ★

4\. **【答案】** D

【解析】 本题考查教育的相对独立性。教育的社会属性包括永恒性、历史性、相对独立性等。其中，相对独立性是指教育虽然会受到政治经济的影响，但是也有其自身发展的规律。具体体现在以下几个方面：（1）继承性。（2）自身质的规定性。（3）教育与政治经济发展不平衡，可能超前，也可能滞后。题干中，关于教育具有自身发展规律的表述反映了教育的相对独立性。因此答案选 D。

选项 A：阶级性属于我国古代社会的教育特点，是指古代被统治阶级的子弟和古代统治阶级的子弟受教育权不同，古代被统治阶级的子弟没有受教育权，古代统治阶级的子弟有受教育权，强调的是一部分人有权接受教育，另一部分人无权接受教育。

选项 B：生产性是指教育是培养和发展人的活动，所以在一定意义上具有生产性。

选项 C：目的性是教育本质属性的体现，教育是指有目的地培养人的社会活动。

【考点定位】 教育基础知识和基本原理——教育的产生与发展——教育的属性——教育的社会属性——相对独立性

【难度】 ★★

5\. **【答案】** C

【解析】 本题考查个体身心发展规律中的阶段性。个体身心发展的一般规律包括顺序性、阶段性、不平衡性、互补性和个别差异性。其中，阶段性是指人的发展变化既体现出量的积累，又表现出质的飞跃。当某些量积累到一定程度时，就会导致质的飞跃。故题干中的表述体现了阶段性。因此答案选 C。

选项 A：顺序性是指人的发展具有一定的顺序性，既不能逾越，也不能逆向发展。它是指一个由低级到高级、由简单到复杂、由量变到质变的连续不断的发展过程。

选项 B：不平衡性是指个体的发展并不总是按相同的速度直线前进的，它表现在两个方面：一是同一机能在发展的不同时期有不同的发展速率；二是不同系统的发展速度、起始时间、达到的成熟水平是不同的。

选项 D：个别差异性在不同层次上存在。从群体的角度看，个别差异性表现为男女性别的差异，其次，个别差异表现在身心的所有构成方面。

【考点定位】教育基础知识和基本原理——教育与人的发展——个体身心发展的一般规律——个体身心发展的阶段性

【难度】★★

6. 【答案】C

【解析】本题考查双轨学制。双轨学制学校系统分为两轨：一轨是自上而下，是为资产阶级子女设立的，其结构是大学（后来也包括其他高等学校）、中学（包括中学预科班），具有较强的学术性；另一轨是自下而上，是为劳动人民子女设立的，是为培养劳动者服务的，其结构是小学（后来是小学和初中）、职业学校。双轨学制有两个平行的系列，这两轨既不相通，也不相接。因此答案选 C。

【考点定位】教育基础知识和基本原理——教育制度——学校教育制度的类型——双轨学制

【难度】★★

7. 【答案】B

【解析】本题考查教育的经济功能。教育的经济功能主要表现在以下几方面：（1）教育是劳动力再生产的基本途径。（2）教育是科学知识再生产的最有效形式。（3）教育是进行技术创新的一个重要手段。题干中的观点认为教育投资是有效的生产性投资，通过教育投资实现劳动力等的再生产，促进经济发展，该观点体现了教育的经济功能。因此答案选 B。

选项 A：教育的政治功能表现在以下几方面：（1）教育培养出政治经济制度所需要的人才。（2）教育是一种舆论力量。（3）教育促进政治民主化。（4）教育通过传播一定的社会政治意识形态，完成年轻一代的政治社会化。

选项 C：教育的文化功能表现在以下几方面：（1）传递和保存文化的功能。（2）传播、交流与丰富文化的功能。（3）选择、提升文化的功能。（4）更新、创造文化的功能。

选项 D：教育的生态功能就是教育对保护自然环境、促进可持续发展和建设生态文明所起的积极作用。

【考点定位】教育基础知识和基本原理——教育与社会发展——教育与社会生产力——教育的经济功能

【难度】★★

8. 【答案】A

【解析】本题考查课程的类型中的学科课程。根据内容属性，课程被分为学科课程与活动课程。

其中，学科课程主张分科设置课程，即从学科知识整体中选取关联密切的内容组成一门学科，分科组织教学。题干中，我国中学开设的数学、语文、英语等课程均属于学科课程。因此答案选 A。

选项 BC：活动课程也叫经验课程，主张从儿童的兴趣和经验出发，以儿童活动为中心设计课程。

选项 D：社会课程，主张围绕重大社会问题来组织课程内容。

【考点定位】中学课程——课程概述——课程的类型——学科课程

【难度】★★

9.**【答案】**B

【解析】本题考查新课程改革的课程结构中高中阶段课程的特点。《基础教育课程改革纲要（试行）》规定，整体设置九年一贯的义务教育课程，小学阶段以综合课程为主；初中阶段设置分科与综合相结合的课程；高中阶段以分科课程为主。因此答案选 B。

【考点定位】中学课程——基础教育课程改革——新课程改革的课程结构——高中阶段以分科课程为主

【难度】★

10.**【答案】**D

【解析】本题考查因材施教原则。因材施教原则是指教育者进行德育时，要从学生品德发展的实际出发，根据学生的年龄特征和个性差异进行不同的教育，使每个学生的品德都能得到更好的发展。题干中，“一把钥匙开一把锁”的意思是用不同的方法解决问题。根据学生不同的特点有针对性地进行教育，体现了因材施教原则。因此答案选 D。

选项 A：理论联系实际原则又称知行统一原则，是指既要重视思想道德的理论教育，又要重视组织学生参加实践锻炼，把提高认识和行为养成结合起来，使学生做到言行一致、表里如一。

选项 B：长善救失原则是指德育工作中，教育者要善于依靠、发扬学生自身的积极因素，调动学生自我教育的积极性，克服消极因素，实现品德发展内部矛盾的转化。

选项 C：教育影响的一致性原则是指教育者进行德育时，应当有目的、有计划地把来自各方面对学生的教育影响加以组织、调节、整合，使其互相配合、协调一致、前后连贯地进行，以保障学生的品德能按教育目的的要求发展。

【考点定位】中学德育——中学德育的原则、途径与方法——中学德育的原则——因材施教原则

【难度】★★

11.**【答案】**B

【解析】本题考查品德评价法。品德评价法是指教育者根据一定的要求和标准，对学生的思想品德进行肯定或否定的评价，促使其发扬优点，克服缺点，督促其不断进步的一种方法。它包括

奖励、惩罚、评比和操行评定等方式。题干中，采用表扬与批评，奖励与处分的德育方法属于品德评价法。因此答案选 B。

选项 A：说服教育法是指借助语言和事实，通过摆事实、讲道理，以影响受教育者的思想意识，使其明辨是非，提高其思想认识的方法。

选项 C：榜样示范法是指用榜样人物的高尚思想、模范行为、优异成就来影响学生的思想、情感和行为的方法。

选项 D：情感陶冶法是指教育者自觉创设良好的教育情境，使受教育者在道德和思想情感方面受到潜移默化的感染、熏陶的方法。

【考点定位】中学德育——中学德育的原则、途径与方法——中学德育的途径与方法——中学德育的方法——常用的德育方法——品德评价法

【难度】★★

12. **【答案】**A

【解析】本题考查有意注意。根据有无目的和意志努力，注意分为无意注意、有意注意和有意后注意三种。有意注意也称随意注意，是指有预定目的的、需要一定意志努力的注意，是人独有的。题干中，学生课前预习，带着问题来上课，这一行为是有预先目的的，也是需要意志努力的，属于有意注意。因此答案选 A。

选项 B：无意注意也称不随意注意，是指事先没有目的的，也不需要意志努力的注意。

选项 C：干扰项。

选项 D：有意后注意也称随意后注意，是指有预定目的的，但不需要意志努力的注意。

【考点定位】中学生学习心理——认知过程——注意——注意的分类——有意注意

【难度】★★

13. **【答案】**C

【解析】本题考查遗忘的规律。19 世纪末，德国心理学家艾宾浩斯通过实验，提出了著名的“遗忘曲线”。遗忘曲线表明：遗忘在学习之后立即发生，而且遗忘的进程是不均匀的，有先快后慢的特点。因此答案选 C。

【考点定位】中学生学习心理——认知过程——记忆——遗忘——遗忘的规律

【难度】★

14. **【答案】**D

【解析】本题考查精加工策略。学习策略包括认知策略、元认知策略和资源管理策略。认知策略包括复述策略、精加工策略和组织策略。其中，精加工策略是指把所学的新信息和已有的知识联系起来，以此来增加新信息的意义的策略。精加工策略的具体方法包括记忆术（位置记忆法、缩减与编歌诀、谐音联想法、视觉想象、语义联想、关键词法等），做笔记，提问，生成性学

习，联系实际生活，充分利用背景知识等。题干中，晓春用自己的语言来做笔记，这属于精加工策略。因此答案选 D。

选项 A：复述策略是指在工作记忆中为了保持信息，运用内部语言在大脑中重现学习材料或刺激，以便将注意力维持在学习材料之上的策略。

选项 B：组织策略是指整合所学新知识之间、新旧知识之间的内在联系，形成新的知识结构的策略。

选项 C：计划策略是指根据认知活动的特定目标，在一项认知活动之前计划各种活动，预计结果、选择策略，想出各种解决问题的方法，并预估其有效性。

【考点定位】中学生学习心理——学习心理——学习策略——学习策略的分类——认知策略——精加工策略

【难度】★★

15.【答案】A

【解析】本题考查团体警觉。团体警觉是指在讲授和讨论期间，教师用来维持所有学生注意力的提问策略。题干中，老师上课时先提出问题让大家思考，然后再让学生回答，使学生的注意力维持在教学活动中，这采用的是团体警觉的方式。因此答案选 A。

选项 B：替代强化是指观察者因看到榜样的行为被强化而受到强化。

选项 C：最小干预是指处理常规的课堂行为问题时，教师应当运用那些能够起作用、但是最简单的干预策略来纠正不适当行为。

选项 D：处理转换是指教师处理活动间的转换，从一个活动转向另一个活动。

【考点定位】中学班级管理与教师心理——课堂管理——课堂问题行为及其应对——课堂问题行为的处置和矫正——预防——团体警觉

【难度】★★

16.【答案】A

【解析】本题考查气质类型中的胆汁质。气质类型包括胆汁质、多血质、黏液质和抑郁质。胆汁质的特点是直率热情、精力旺盛、表里如一、刚强，但暴躁易怒，脾气急，易感情用事，好冲动。题干中，方华容易冲动，常常是爆发式的，这一气质类型为胆汁质。因此答案选 A。

选项 B：多血质特点：活泼好动，反应迅速，热爱交际，能说会道，适应性强，但稳定性差，缺少耐性，见异思迁；具有明显的外向倾向，粗枝大叶。

选项 C：黏液质特点：安静、稳重、踏实，反应性低，交际适度，自制力强（性格坚韧），话少，适于从事细心、程序化的学习，表现出内倾性，可塑性差；有些死板，缺乏生气。

选项 D：抑郁质特点：行为孤僻，不善交往，易多愁善感，反应迟缓，适应能力差，容易疲劳，性格具有明显的内倾性。

【考点定位】中学生发展心理——中学生的人格发展——人格的结构——气质——气质的类型——胆汁质

【难度】★★

17.【答案】B

【解析】本题考查维果斯基的最近发展区。维果斯基认为，儿童有两种发展水平：一是儿童的现有水平，即由一定的、已经完成的发展系统所形成的儿童心理机能的发展水平。二是即将达到的发展水平。这两种水平之间的差异就是“最近发展区”，也就是说，儿童在有指导的情况下，借助成人帮助所能达到的解决问题的水平与独自解决问题所达到的水平之间的差异，实际上是两个邻近发展阶段间的过渡。题干中，学生的现有知识水平与他们在老师指导下可以达到的水平之间的差距就是最近发展区。因此答案选 B。

选项 A：教学支架是指通过提供教学支持，帮助学生完成他们起初不能独立完成的学习任务，成功地通过最近发展区，并最终能够独立完成学习任务。

选项 C：先行组织者是先于学习任务本身呈现的一种引导性材料，它要比学习任务本身有较高的抽象、概括和综合水平，并且能够清晰地与认知结构中原有观念和新任务关联起来。

选项 D：干扰项。

【考点定位】中学生发展心理——中学生认知发展与教育——维果斯基的文化—历史发展理论与教育——教学和发展的关系——最近发展区

【难度】★★

18.【答案】C

【解析】本题考查强迫症。强迫症包括强迫观念和强迫行为。强迫观念是指当事人身不由已地思考他不想考虑的事情；强迫行为是指当事人反复去做他不希望执行的动作。如果不这样想、不这样做，他就会感到极端焦虑。题干中，重复洗手属于强迫行为。因此答案选 C。

选项 A：抑郁症是指以持久性的心境低落为特征的神经症。

选项 B：焦虑症是指个体不能达成目标或不能克服困难的威胁，致使自尊心、自信心受挫，或使失败感和内疚感增加，形成一种紧张不安、带有恐惧的情绪状态。

选项 D：恐惧症是指对特定的无实在危害的事物或场景的非理性惧怕。

【考点定位】中学生心理辅导——中学生的心理健康——中学生常见的心理健康问题——强迫症

【难度】★

19.【答案】B

【解析】本题考查皮格马利翁效应。皮格马利翁效应也叫罗森塔尔效应或期待效应，认为教师的期望或明或暗地被传送给学生，学生会按照教师所期望的方向来塑造自己的行为习惯。所以教师对学生应该给予积极期望。因此答案选 B。

【考点定位】中学班级管理与教师心理——教师心理——教师的心理特征——教师的行为特征——皮格马利翁效应

【难度】★

20.【答案】A

【解析】本题考查行为主义学习理论中的桑代克的尝试—错误说。桑代克认为，学习的过程是刺激与反应之间建立联结的过程，联结是通过“盲目尝试—逐步减少错误—再尝试”而形成的。题干中，“学习过程就是尝试错误的过程”体现的是桑代克的观点，属于行为主义。因此答案选 A。

选项 B：认知主义学习理论认为，学习不是在外部环境的支配下被动地形成 S–R 联结，而是主动地在头脑内部构建认知结构。

选项 C：人本主义学习理论从全人教育的视角阐释了学习者整个人的成长历程，以发展人性；注重启发学习者的经验和创造潜能，引导其结合认知与经验，肯定自我，进而自我实现。

选项 D：建构主义学习理论认为，学习不是由教师向学生传递知识，而是指学生建构自己知识的过程。

【考点定位】中学生学习心理——学习理论——行为主义学习理论——桑代克的尝试—错误说

【难度】★★

21.【答案】D

【解析】本题考查教师的教学效能感。根据班杜拉的自我效能感理论，可以把教师的教学效能感分为个人教学效能感和一般教育效能感两方面。其中，个人教学效能感是指教师认为自己能够有效地指导学生，相信自己具有教好学生的能力。题干中，李老师相信自己能教好学生，反映了李老师的教学效能感高。因此答案选 D。

【考点定位】中学班级管理与教师心理——教师心理——教师的教学效能感

【难度】★★

二、辨析题

22.【参考答案】

题干说法错误。影响人身心发展的因素主要包括遗传、环境、学校教育和个体的主观能动性。其中，学校教育在人的发展中起主导作用。个体的主观能动性是人的身心发展的动力，是促进个体发展的决定性因素。综上，题干说法错误。

【考点定位】教育基础知识和基本原理——教育与人的发展——影响人身心发展的因素——学校教育、个体的主观能动性

【难度】★★

23.【参考答案】

题干说法错误。我国现阶段的教学任务包括:（1）使学生掌握系统的现代科学基础知识和基本技能，这是我国教学的首要任务。（2）发展学生智能，特别是培养学生的能力和创造力。（3）发展学生体力，促进学生的身体健康。（4）培养学生科学的世界观、良好的思想品德、健康的审美情趣和良好的心理素质。所以，教学的任务不仅仅是向学生传授知识。综上，题干说法错误。

【考点定位】中学教学——教学概述——教学的任务——我国现阶段的教学任务

【难度】★★

24.【参考答案】

题干说法错误。耶克斯—多德森定律表明：动机强度与学习效果之间的关系并不是一种线性关系，而是倒 U 型曲线关系。中等强度的动机最有利于任务的完成，即动机强度处于中等水平时，工作效率最高。动机不足或过分强烈都会导致学习效率下降。所以，学习动机与学习效果并不成正比。综上，题干说法错误。

【考点定位】中学生学习心理——学习心理——学习动机——学习动机与学习效率的关系

【难度】★★

25.【参考答案】

题干说法正确。品德的心理结构包括四种基本心理成分：道德认识、道德情感、道德意志和道德行为。其中，道德情感是指根据道德观念来评价他人或自己行为时产生的内心体验，是产生品德行为的内部动力，是品德实现转化的催化剂。因此，品德形成受情感影响。综上，题干说法正确。

【考点定位】中学德育——中学生品德心理与发展——品德概述——品德的心理结构

【难度】★★

三、简答题

26.【参考答案】

教育方针是指国家或政党在一定历史阶段提出的教育工作发展的总方向，是教育基本政策的总概括。教育方针一般明确地指出教育的性质、教育目的、实现教育目的的基本途径等。其中，教育目的是其最重要的部分。

我国的教育方针：教育必须为社会主义现代化建设服务、为人民服务，必须与生产劳动和社会实践相结合，培养德、智、体、美等方面全面发展的社会主义建设者和接班人。

【考点定位】教育基础知识和基本原理——教育目的——我国的教育方针

【难度】★★★

27.【参考答案】

（1）直接经验与间接经验相统一的规律。学生以学习间接经验为主，学生学习间接经验要以直接经验为基础。

（2）掌握知识与发展能力相统一的规律。教学过程中既要重视知识的传授，又要重视能力的发展，并将二者辩证统一于教学活动之中。掌握知识是发展能力的基础，能力发展是掌握知识的必要条件。

（3）教师主导与学生主体相统一的规律。教学过程中既要充分注重教师的“教”，也要充分调动学生学习的积极性，使教师的主导作用与学生的主体地位有机结合，从而取得良好的教学效果。

（4）传授知识与思想教育相统一的规律。在教学过程中，教师在传授知识的同时，一定要注重对学生进行思想品德教育，并使二者有机结合起来，使学生在知识能力和思想品德等方面获得理想的发展与进步。

【考点定位】中学教学——教学过程——教学过程的基本规律

【难度】★★★

28.**【参考答案】**

知觉的基本特征包括：选择性、整体性、理解性、恒常性。

（1）选择性（对象性）

人在知觉过程中把知觉对象从背景中区分出来优先加以清晰地反映的特性就叫知觉的选择性。其中，被清楚地知觉到的客体叫对象，未被清楚地知觉到的客体叫背景。

（2）整体性

知觉的对象是由不同部分和属性组成的，但我们总是把客观事物作为整体来感知，即把客观事物的个别特性综合为整体来反映，这就是知觉的整体性。

（3）理解性

在知觉过程中，人们总是根据已有的知识经验来解释当前知觉的对象，并用语言来描述它，使它具有一定的意义，这就是知觉的理解性。

（4）恒常性

在不同的物理环境中，从不同的角度、不同的距离知觉某一熟知的物体时，虽然该知觉对象的物理属性（大小、形状、明度、颜色等）受环境情况的影响而有所改变，但是对它的知觉却保持相对稳定性，这就是知觉的恒常性。

【考点定位】中学生学习心理——认知过程——知觉——知觉的特性

【难度】★★★

29.**【参考答案】**

发散思维的基本特征包括流畅性、变通性、独创性。

（1）流畅性是指个人面对问题情景时，在规定的时间内产生不同观念的数量的多少。

（2）变通性即灵活性，是指个人面对问题情境时，不墨守成规，不钻牛角尖，能随机应变，触类旁通。

（3）独创性是指个人面对问题情境时，能独具匠心，想出不同寻常的、超越自己也超越前辈的方法，具有新奇性。

【考点定位】中学生学习心理——认知过程——思维——创造性思维与培养——创造性思维的特征

【难度】★★★

四、材料分析题

30.**【参考答案】**

（1）该班主任老师贯彻了因材施教原则、依靠积极因素克服消极因素的原则、尊重学生与严格要求学生相结合的原则。

① 因材施教原则是指教育者进行德育时，要从学生品德发展的实际出发，根据学生的年龄特征和个性差异进行不同的教育，使每个学生的品德都能得到更好的发展。材料中，该班主任在收到学生的信后，鼓励学生发挥自己的特长，分别得到了"讲故事能手""环保卫士""劳动标兵""体育健将""电脑高手"等奖状，这体现了因材施教原则。

② 依靠积极因素克服消极因素的原则（长善救失原则）是指德育工作中，教育者要善于依靠、发扬学生自身的积极因素，调动学生自我教育的积极性，克服消极因素，实现品德发展内部矛盾的转化。材料中，班主任对学生鼓励指导，使学生发现自身的长处，并通过引导发扬学生的特长，解决了学生不肯读书、不爱写作等问题，提高了成绩，这体现了长善救失原则。

③ 尊重学生与严格要求学生相结合的原则是指教育者进行德育时，要把对学生的思想和行为的严格要求与对他们个人的尊重和信赖结合起来，使教育者对学生的影响与要求易于转化为学生的品德。材料中，该班主任没有忽视学习较差的学生，而是去发现他们的长处，尊重他们的人格，同时又从实际情况出发，提出进一步的要求，如"讲故事能手"要写一篇班上同学故事；"体育健将"要给大家讲解一项体育运动的规则等，这体现了尊重学生与严格要求学生相结合的原则。

（2）该班主任老师采用了实际锻炼法、品德评价法、说服教育法、道德修养法等德育方法。

① 实际锻炼法。实际锻炼法是指教育者组织学生参加各种实际活动，在行为实践中使学生接受磨炼和考验，以培养其优良思想品德的方法。材料中，该班主任引导学生发挥自己的特长，表现自己，并对他们提出要求，如写班上同学故事，在班会上发言，策划活动计划，讲解体育运动规则等，通过活动促进学生发展，这体现了实际锻炼法。

② 品德评价法。品德评价法是指教育者根据一定的要求和标准，对学生的思想品德进行肯定或

否定的评价，促使其发扬优点，克服缺点，督促其不断进步的一种方法。它包括奖励、惩罚、评比和操行评定等方式。材料中，该班主任通过“每月一评”，给学生发“讲故事能手”“环保卫士”等奖状，使学生能取得“月明星”的称号，这体现了品德评价法。

③ 说服教育法。说服教育法是指借助语言和事实，通过摆事实、讲道理，以影响受教育者的思想意识，使其明辨是非，提高其思想认识的方法。材料中，该班主任通过与学生沟通交流，了解到学生对奖状的渴望，并引导学生去亲身实践获得奖状，提高成绩，这体现了说服教育法。

④ 道德修养法。道德修养法是指教师指导学生自觉主动地进行学习、自我反省，以实现思想转化及行为控制的一种方法。材料中，该班主任鼓励启发学生，通过发奖状使学生发挥自己的特长，引导学生自觉主动学习，提高成绩，这体现了道德修养法。

【考点定位】中学德育——中学德育的原则、途径与方法——中学德育的原则、中学德育的方法

【难度】★★★★

31.**【参考答案】**

（1）①晓辉的表现反映了中学生情绪体验的迅速、强烈性。青少年时期的情绪是强烈的，他们的情绪经常具有不可遏制性。中学生常常因为一点小事就欣喜若狂、手舞足蹈，或者唉声叹气、愁眉不展，有时彼此之间一言不合就火冒三丈、拔拳相向。材料中，晓辉与同学交往经常为一点儿小事发脾气，导致同学关系紧张，这体现了情绪体验强烈。

② 晓辉的表现反映了中学生情绪的不稳定性和两极性。中学生情绪不仅强烈，而且波动性大，两极性明显，很不稳定，情绪很容易从一个极端剧烈地转向另一个极端。材料中，晓辉觉得自己的情绪来得快，变得也快。他在学校，取得好成绩时就非常高兴，遇到一点挫折又极度苦恼。这种行为体现了中学生情绪的两极性。

③ 晓辉的表现反映了中学生出现反抗情绪与逆反心理。材料中，晓辉的父母只要过问他的学习，他就很抵触。

（2）① 指导晓辉敏锐地觉察情绪。敏锐地觉察情绪是指能够觉察、了解自己当时的主要情绪，并能予以命名，且大概知道各种感受的前因后果。

② 引导晓辉平和接纳自己的情绪状态。生命中的一切情绪印象都有它该有的意义，应以平和的心态接纳发生在生命中的一切。

③ 教授晓辉正确的调整情绪的方法。善于及时调整自己的不良心态，其中包括能够保持正确的理性认知，善于采用多种方式及时宣泄自己的情绪，在生活中遇到挫折时能够积极地自我暗示，使自己的情感升华。有效控制情绪的方法有宣泄、转移、调节认知、积极的自我暗示等。

④引导晓辉学会有效地表达情绪。学会正确表达、合理宣泄情绪，在恰当的时候以恰当的方式表达自己的情绪体验。

⑤ 促进晓辉保持和创造快乐的情绪。可以通过培养艺术类兴趣爱好、锻炼身体、创造愉快的生

活环境等方式来保持和创造自己积极快乐的情绪。

【考点定位】中学生发展心理——中学生情绪与意志的发展——情绪——中学生情绪的发展与培养——中学生情绪发展的特点、情绪调节的方法

【难度】★★★★

高顿教育 GOLDEN EDUCATION

姓名 ________ 准考证号 ________

2018 年下半年国家教师资格考试
教育知识与能力（中学）真题卷及参考答案

（科目代码：302/302A）

2018年下半年国家教师资格考试

教育知识与能力（中学）真题卷

注意事项：

1. 考试时间为120分钟，满分为150分。
2. 请按规定在答题卡上填涂、作答。在试卷上作答无效，不予评分。

一、单项选择题（在每小题列出的四个备选项中只有一个是符合题目要求的，请用2B铅笔把答题卡上对应题目的答案字母按要求涂黑。错选、多选或未选均无分。本大题共21小题，每小题2分，共42分）

1. 我国古代思想家墨子认为，人的发展犹如白布放进染缸，"染于苍则苍，染于黄则黄，所入者变，其色亦变"。墨子的这种观点属于（　）。

   A. 遗传决定论　B. 环境决定论　C. 教育主导论　D. 主体能动论

2. 旧的社会制度下，可能出现新教育的萌芽；新的社会制度下，也可能存在旧教育的延续。这种现象表明教育发展具有（　）。

   A. 相对独立性　B. 历史局限性　C. 社会制约性　D. 社会能动性

3. 提出了普及初等教育的思想，论述了班级授课制，被认为是近代最早的教育学著作的是（　）。

   A.《普通教育学》　B.《大教学论》　C.《教育论》　D.《教育漫话》

4. 我国近代教育史上，对封建教育制度所进行的废科举、兴学堂等改革始于（　）。

   A. 明朝末期　B. 清朝初期　C. 清朝末期　D. 民国初期

5. 为了大面积提高教学质量，苏联教育家巴班斯基将系统论的方法引入教育改革，提出的教育理论是（　）。

   A. 教学过程最优化理论　B. 最近发展区理论

   C. 建构主义教学理论　D. 范例教学理论

6. 班主任王老师经常通过立志、学习、反思、箴言、慎独等方式来培养学生良好的思想品德。这种德育方法是（　）。

   A. 说服教育法　B. 榜样示范法　C. 情感陶冶法　D. 自我修养法

7. 与群众体育、竞技体育相比，学校体育的突出特点是（　）。

A. 娱乐性与竞技性　　B. 普及性与文化性
C. 教育性与基础性　　D. 全体性与全面性

8. 在专家指导下，地处贵州东南的侗寨中学组织有关教师对面临传承危机的侗族织锦工艺进行课程开发，开设了具有民族特色的“侗族织锦”课程，该课程属于（　）。

A. 国家课程　　B. 地方课程　　C. 校本课程　　D. 社会课程

9. 为了更好地因材施教，新学期伊始，高一化学课上，李老师对所教班级学生的学习情况进行了摸底考试，初步了解学生已有的知识基础和有关能力。这种考试属于（　）。

A. 形成性评价　　B. 诊断性评价　　C. 总结性评价　　D. 相对性评价

10. 在教学过程中，教师主导作用发挥的主要标志是（　）。

A. 确保学生的独立地位　　B. 维持正常课堂秩序
C. 维护教师的中心地位　　D. 调动学生的积极性

11. 学校德育可以通过多种途径实施，但其中最基本的途径是（　）。

A. 思想政治课和其他学科教学　　B. 课外和校外活动
C. 班主任工作　　D. 共青团、少先队活动

12. 陈东看到自己最好的朋友因学习成绩优异受到校长的亲自嘉奖后，也开始加倍努力学习，力争取得优异成绩。这种强化属于（　）。

A. 直接强化　　B. 替代强化　　C. 自我强化　　D. 内部强化

13. 李哲爱好广泛，恰逢本周六晚既有足球赛，又有演唱会，他都想去看。由于时间冲突，他很矛盾。他面临的冲突是（　）。

A. 双趋式冲突　　B. 双避式冲突
C. 趋避式冲突　　D. 多重趋避式冲突

14. 杨老师在教学中对所讲的例题尽可能给出多种解法，同时也鼓励学生“一题多解”。杨老师的教学方式主要用来促进学生哪种思维的发展？（　）

A. 动作思维　　B. 直觉思维　　C. 辐合思维　　D. 发散思维

15. 韩波进入中学后，经常独自思考“我是谁？”“未来从事何种职业？”“在社会上处于什么样的地位？”等问题。根据埃里克森的人格发展阶段理论，韩波的人格发展处于（　）。

A. 主动对内疚阶段　　B. 同一性对角色混乱阶段
C. 自我整合对绝望阶段　　D. 自主对羞耻和疑虑阶段

16. 中学生晓涛时而温和，时而暴躁，时而欢乐，时而忧郁。这说明晓涛的情绪具有（　）。

A. 两极性　　B. 适应性　　C. 复合性　　D. 社会性

17. 张博近期经常失眠，食欲不振；不愿与同学和老师交往，对什么事情都不感兴趣，消极悲观；认为自己一无是处，未来没有希望。他存在的心理问题是（　）。

A. 强迫症　　B. 焦虑症　　C. 抑郁症　　D. 恐惧症

18. 高中生曲鸣喜欢写诗，前几天他的诗首次在报纸上发表，并得到了平生第一笔稿费，因此近期他做什么事都很愉快，曲鸣表现出的情绪状态属于（　）。

A. 心境　　B. 激情　　C. 应激　　D. 热情

19. 上学路上，徐燕看到一位同学正艰难地推着一位坐轮椅的老人上斜坡路，她非常感动。这种道德情感属于（　）。

A. 动作性道德情感体验　　B. 形象性道德情感体验

C. 想象性道德情感体验　　D. 伦理性道德情感体验

20. 刘老师在教学过程中善于引导学生掌握知识、积极思考、运用多种策略解决问题。这说明他的哪种教学能力比较突出？（　）

A. 教学认知能力　　B. 教学反思能力

C. 教学监控能力　　D. 教学操作能力

21. 朱老师很关心学生，但对学生很严格，常对学生提出各种要求和规定。大部分学生都喜欢朱老师，也能按他的要求去做。朱老师对班级的领导类型属于（　）。

A. 强硬专断型　　B. 放任自流型　　C. 仁慈专断型　　D. 民主平等型

二、辨析题（判断正误，并说明理由。本大题共 4 小题，每小题 8 分，共 32 分）

22. 教育对人发展的作用总是积极的。

23. 总体而言，学校课程内容主要由间接经验构成。

24. 根据皮亚杰的理论，在良好的外界环境作用下，学生的认知发展从前运算阶段直接跨越至形式运算阶段。

25. 学习材料的难度越大，越难以产生迁移。

三、简答题（根据要求，回答问题。共4道题，每题10分，共40分）

26. 简述教育的政治功能。

27. 简述贯彻科学性和思想性相统一教学原则的基本要求。

28. 简述弗洛伊德的人格发展阶段理论。

29. 简述促进知识获得和保持的方法。

四、材料分析题（阅读材料，并回答问题。共 2 道题，每题 18 分，共 36 分）

30. 材料：

我刚接手初二（3）班班主任工作时，班级风气较差。接手后的第一件事，就是组织培养班集体。我是这么做的：

第一，和全班同学讨论确定班集体的发展方向，最终确定了近期（两个月）、中期（一学年）和远期（毕业前）班集体的目标。近期，主要搞好课堂纪律，抓好班级建设；中期，争取成为学校优秀班集体；远期，力求全面提高学生的学习成绩和素质。我没有在第一次班会课上训话，而是对同学们表达了希望和信任，相信通过同学们的努力，大家一定能把班级建设成优秀班集体。同时，我深入到学生中间，争取大多数同学的支持并制定了《班级管理常规》，严格实行德育考核，奖惩结合，并定期向家长通报。两个月下来，班级风气明显好转，近期目标基本实现了……

第二，在重新组建班委会过程中，学生反映，生活委员翁丽常常在自习课上带头讲话，课间吵闹，造成不良影响。我和班委会讨论后决定撤换她。当宣布这一决定时，我看到她情绪低落。我没有简单地批评她，而是关心她，告诉她我这样做是为班级包括她在内的全体同学着想。经过几次推心置腹的谈话，她在各方面有了较大的提高。同时，在原班委会基础上，我根据各班委的特长进行了适当调整。

第三，组织了“学雷锋日”“环保日”“篮球赛”“社会调查”等一系列活动，在活动组织和实施中，逐渐形成了正确的舆论和良好的班风，激发了学生高度的集体荣誉感，培养了他们明辨是非、善恶、美丑的能力。

第四，针对后进生，我分别采取了个别谈心、道德谈话、个别辅导方式，在促进学生转变中起了较好的作用，同时也壮大了班集体。比如，我班赖明同学脾气暴躁，常仗着块头大与同学打架，与老师顶撞，但他特别擅长体育运动，尤其是篮球打得好，当时恰逢学校组织班级间的篮球赛，我意识到转化的机会来了。我让他研究如何排兵布阵，并请他做班级篮球队队长，他很感动。赛场上，赖明奋力拼搏，表现出色，我班取得了第一名的好成绩。我趁热打铁，又推荐他做体育委员，得到了全体同学的同意。在此基础上，我又找赖明谈话，希望他珍惜大家对他的信任。从此，他从班级“反叛者”变成了“主人翁”，直到初三以良好的成绩毕业。

问题：结合材料说明该班主任培养班集体的主要方法。（18 分）

31. 材料：

高一女生马英前几天向班主任廖老师倾诉了自己的烦恼，她感觉自己喜欢上了班里的男生周勇。上课时，她总是走神，不由自主地看周勇在干什么；下课后，她的目光总是跟随周勇的身影，如果看不到周勇，她就心神不定，书也看不进去。她对自己目前的状况非常忧虑，担心被父母、老师发现，担心自己的学习成绩会因此下降。她十分困扰，问廖老师自己该怎么办？

问题：请根据中学生异性交往特点分析材料中马英的问题。（10分）如果你是马英的班主任，你会给马英提出什么建议？（8分）

2018年下半年国家教师资格考试
教育知识与能力（中学）真题卷参考答案

一、单项选择题

1. 【答案】B

【解析】本题考查影响人身心发展的因素中的环境。影响人身心发展的主要因素有很多，但概括起来，主要是遗传、环境、教育、个体主观能动性等几个方面。其中，环境泛指个体生活中影响个体身心发展的一切外部因素，包括自然环境和社会环境。题干中，“染于苍则苍，染于黄则黄，所入者变，其色亦变”的意思是在青色染料里，（织物）就染成青色；在黄色染料里，（织物）就染成黄色。加到染缸里面的染料变了，织物的颜色也会跟着变化，这说明墨子认为外界环境对人有决定性作用。因此答案选B。

选项A：遗传决定论认为儿童发展是由先天不变的遗传决定的，认为儿童的智力和品质在生殖细胞的基因中就已被决定了，心理发展只不过是这些先天东西的自然展开，环境和教育仅起引发的作用，并不能改变人先天的本质。该理论的代表人物有高尔登、霍尔等。

选项C：教育主导论属于维果斯基的重要理论，该理论包含了最近发展区这一概念。

选项D：主体能动论强调个体主观能动性的作用。

【考点定位】教育基础知识和基本原理——教育与人的发展——影响人身心发展的因素——环境

【难度】★★

2. 【答案】A

【解析】本题考查教育的相对独立性。教育的属性分为本质属性和社会属性。其中，社会属性包含永恒性、历史性、相对独立性等。相对独立性是指教育虽然会受到政治经济的影响，但是也有其自身发展的规律。具体体现在以下几个方面：（1）继承性。（2）自身质的规定性。（3）教育与政治经济发展不平衡，可能超前，也可能滞后。题干表述的是社会经济制度可能会超前于教育的发展，社会经济制度也可能落后于教育的发展，这体现了教育的相对独立性中的不平衡性。因此答案选A。

选项B：历史局限性与时间、空间有关，是指教育发展受当时的社会、经济、政治等各方面因素的局限。

选项C：社会制约性是指社会是教育存在和发展的基础，教育的发展、变化要以社会的发展、变化为条件。主要表现在社会政治经济制度、生产力、文化、人口等对教育的制约。

选项 D：社会能动性主要是指人不像一般生物对周围环境的依赖呈消极、被动状态，而是能够按照自己的目的，在能动地改造环境和改造自我的过程中积极适应环境。

【考点定位】教育基础知识和基本原理——教育的产生与发展——教育的属性——教育的社会属性——相对独立性

【难度】★★

3. 【答案】B

【解析】本题考查夸美纽斯的《大教学论》。《大教学论》是教育学之父夸美纽斯的著作。《大教学论》是近代最早的教育学专著，提出了教育学的基本框架和基本内容，所以是教育学成为一门独立学科的标志，标志着教育学从哲学脱离出来。《大教学论》中倡导班级授课的教学组织形式，并且夸美纽斯从系统上论证了班级授课制的可行性。提出了“泛智教育”的思想，所谓泛智就是把广泛的教育知识传授给普通的人。因此答案选 B。

选项 A:《普通教育学》是德国教育家赫尔巴特的著作，它的出版标志着教育学作为一门规范、独立的学科正式诞生。

选项 C:《教育论》是英国教育家、社会学家、哲学家斯宾塞的主要教育著作。另外，《康德论教育》也被称为《教育论》，是德国著名哲学家康德的著作。

选项 D:《教育漫话》是英国教育家、哲学家洛克的著作，其中论述了“绅士教育”的思想。

【考点定位】教育基础知识和基本原理——教育学的产生与发展——教育学的发展——教育学的创立阶段——创立阶段代表人物——夸美纽斯《大教学论》

【难度】★

4. 【答案】C

【解析】本题考查清朝末年的“废科举、兴学堂”。1905 年 9 月 2 日，袁世凯、张之洞奏请立停科举，以便推广学堂，倡导实学。清政府决定自 1906 年开始，一律停止所有乡会试，各省岁科考试亦即停止，并令学务大臣迅速颁发各种教科书。因此，我国近代教育史上，对封建教育制度所进行的废科举、兴学堂等改革始于清朝末期。因此答案选 C。

【考点定位】教育基础知识和基本原理——教育制度——教育制度概述——教育制度在形式上的发展——制度化教育——中国近代制度化教育兴起的标志是清朝末年的“废科举、兴学堂”

【难度】★

5. 【答案】A

【解析】本题考查巴班斯基的教学过程最优化。巴班斯基系统地论述了教学过程最优化理论，要对学校教学进行整体优化。教学过程的最优化是指在一定的教学条件下寻求合理的教学方案，使教师和学生花最少的时间和精力获得最好的教学效果，使学生获得最好的发展。因此答案选 A。

选项 B：维果斯基提出“最近发展区”的概念，维果斯基认为，儿童有两种发展水平：一是儿童的现有水平，即由一定的已经完成的发展系统所形成的儿童心理机能的发展水平；二是即将达到的发展水平。这两种水平之间的差异就是“最近发展区”，也就是说儿童在有指导的情况下，借助成人帮助所能达到的解决问题的水平与独自解决问题所达到的水平之间的差异，实际上最近发展区是两个邻近发展阶段间的过渡状态。教学应着眼于学生的最近发展区，把潜在的发展水平变成现实的发展水平，并创造新的最近发展区。维果斯基特别提出：“教学应当走在发展的前面”。

选项 C：建构主义学习理论认为，学习是指学习者在与环境交互作用的过程中主动地建构内部心理表征的过程，所以建构主义强调的是一种动态的过程，其主要代表有皮亚杰、科尔伯格、斯滕伯格等。

选项 D：范例教学理论是指教师在教学中选择真正基础的本质的知识作为教学内容，通过范例内容的讲授，使学生能够在举一反三的过程中，发现同一类知识的规律，最终掌握教学内容的方法。范例教学理论由瓦 · 根舍因提出。

【考点定位】教育基础知识和基本原理——教育学的产生与发展——教育学的发展——教育学的发展阶段——现代教育理论的发展——巴班斯基的教学过程最优化

【难度】★

6. **【答案】**D

【解析】本题考查德育方法中的道德修养法。德育方法是指为达到德育目的，在德育过程中采用的教育者和受教育者相互作用的活动方式的总和。常用的德育方法包括：说服教育法、榜样示范法、情感陶冶法、实际锻炼法、品德评价法、道德修养法等。其中，道德修养法是指教师指导学生自觉主动地进行学习、自我反省，以实现思想转化及行为控制的方法，强调的是自己对自己的道德提升。题干中，王老师通过立志、学习、反思、箴言、慎独等方式来培养学生良好的思想品德，这属于指导学生自觉主动地进行自我学习、自我反省的自我修养法。因此答案选 D。

选项 A：说服教育法是指借助语言和事实，通过摆事实、讲道理，以影响受教育者的思想意识，使其明辨是非，提高思想认识的方法。

选项 B：榜样示范法主要是指用榜样人物的高尚思想、模范行为、优异成就来影响学生的思想、情感和行为的方法。

选项 C：情感陶冶法是指教育者有目的地创设良好的教育情境，使受教育者在道德和思想情感方面受到潜移默化的感染、熏陶的方法。

【考点定位】中学德育——中学德育的原则、途径与方法——中学德育的途径与方法——中学德

育的方法——常用的德育方法——道德修养法

【难度】★★★

7.【答案】C

【解析】本题考查学校体育的特点。全面发展教育由德育、智育、体育、美育和劳动技术教育构成。体育的主要任务是增强学生的体质，使学生逐步掌握体育运动的基本知识和技能技巧，培养学生热爱党、热爱社会主义祖国、热爱集体、遵守革命纪律、勇敢顽强、努力进取、朝气蓬勃的革命精神。其中，体育课是实现体育的主要形式。题干中，与群众体育、竞技体育相比，学校体育的突出特点是教育性和基础性。因此答案选 C。

【考点定位】教育基础知识和基本原理——教育目的——我国教育目的——全面发展教育——体育——学校体育的特点

【难度】★★★

8.【答案】C

【解析】本题考查课程类型中的校本课程。根据设计开发的主体不同，可以将课程分为国家课程、地方课程和校本课程。其中，校本课程是指学校在开设好国家课程和地方课程的前提下，以本校教师为主体开发的符合本校实际、适用本校学生需求、具有学校自身特点、以校为本的课程。校本课程的主导价值在于通过课程展示学校的办学宗旨和特色。题干中，该中学在专家指导下，组织教师开发了传承侗族织锦工艺的具有民族特色的“侗族织锦课程”，这属于以学校为基地进行开发的校本课程。因此答案选 C。

选项 A：国家课程是指由国家统一组织开发并在全国范围内实施的课程。国家课程的主导价值在于通过课程体现国家的教育意志。

选项 B：地方课程是指由地方组织开发并在本地实施的课程。地方课程的主导价值在于通过课程满足地方社会发展的现实需要。

选项 D：社会课程是指学习者在校外即在社会上接受教育的课程，与题干强调的课程设计和开发的主体是学校教师不符。

【考点定位】中学课程——课程概述——课程的类型——校本课程

【难度】★★★

9.【答案】B

【解析】本题考查教学评价分类中的诊断性评价。根据实施功能的不同，可以把教学评价的种类分为诊断性评价、形成性评价和总结性评价。其中，诊断性评价是指在学期教学开始或单元教学开始时，对学生现有的知识水平、能力发展的评价。例如，在新学期开始时的摸底考试。题干中，李老师在新学期伊始对所教班级学生的学习情况进行的摸底考试，属于为了解学生学习准备状况而进行的诊断性评价。因此答案选 B。

选项 A：形成性评价是指在教学过程中，对学生的知识掌握和能力发展的比较经常而及时的测评与反馈。

选项 C：总结性评价是指在一个大的学习阶段，如一个学期或一门学科终结时对学生学习的成果进行比较正规的、制度化的考查、考试及其成绩的全面评定。

选项 D：相对性评价是指一种用常模参照性测验对学生成绩进行评定的评价，它根据学生个人的成绩在该班学生成绩序列中或常模中所处的位置来评价他的成绩的等级次第，而不是考虑他是否达到了教学目的的要求。故相对性评价也称常模参照评价。

【考点定位】中学教学——教学评价——教学评价的分类——根据实施功能分类——诊断性评价

【难度】★★

10. **【答案】**D

【解析】本题考查教学过程的双边性规律。教师主导与学生主体相统一的规律是教学过程的基本规律之一。教师在教学过程中处于组织者的地位，应充分发挥教师的主导作用。学生在教学过程中处于学习主体的地位，应充分发挥学生的主体能动性。而教师的主导作用只有当学生本身积极参与教学过程时才能得到充分发挥。可见，在教学过程中，教师主导作用发挥的主要标志是调动学生的积极性。因此答案选 D。

【考点定位】中学教学——教学过程——教学过程的基本规律——教师主导与学生主体相统一的规律（双边性规律）

【难度】★★

11. **【答案】**A

【解析】本题考查德育途径中的思想品德课与其他学科教学。德育具有多种途径，包括：思想品德课与其他学科教学，社会实践活动，课外、校外活动，共青团及少先队组织的活动，校会、班会、周会、晨会，时事政策学习，班主任工作，等等。其中，思想品德课与其他学科教学是学校有目的、有计划、系统地对学生进行德育的基本途径。因此答案选 A。

【考点定位】中学德育——中学德育的原则、途径与方法——中学德育的途径——思想品德课与其他学科教学

【难度】★

12. **【答案】**B

【解析】本题考查班杜拉强化分类中的替代强化。美国心理学家班杜拉不满极端行为主义的观点，在吸取了认知学习理论的观点后，形成了具有特色的认知—行为主义模式，即观察（社会）学习理论。他把强化分为直接强化、替代强化、自我强化三类。其中，替代强化是指观察者因看到榜样的行为被强化而受到强化，强调的是别人强化另一人时被观察者看到。题干中，陈冬看到自己的好朋友因为学习成绩优异被校长嘉奖后，自己也开始加倍努力学习，这是一种因看

到榜样的行为被强化而受到的强化，属于替代强化。因此答案选 B。

选项 A：直接强化是指观察者因表现出观察行为而受到强化，强调的是别人强化自己。

选项 C：自我强化是指人能观察自己的行为，并根据自己的标准进行判断，由此强化或处罚自己，强调的是自己强化自己。

选项 D：内部强化是指学生的自我强化，即学生获得学习成功后，增强了他的自信心和学习动力。

【考点定位】中学生学习心理——学习理论——行为主义学习理论——班杜拉的观察（社会）学习理论——强化的分类——替代强化

【难度】★★

13.**【答案】**A

【解析】本题考查动机冲突中的双趋冲突。动机冲突可以分为双趋冲突、双避冲突、趋避冲突、多重趋避冲突。其中，双趋冲突是指个体面临两种或两种以上的具有吸引力的目标，而必须选择其一时产生的冲突。题干中，李哲既想去足球赛，又想去看演唱会，但是两者时间冲突只能选择其一，这时候他面临的冲突是双趋冲突。因此答案选 A。

选项 B：双避冲突是指当个体面临两种或两种以上力图回避的目标，而只能回避其一时产生的冲突。

选项 C：趋避冲突是指同一目标对个体既具有吸引力，又具有排斥力，而产生的冲突。

选项 D：多重趋避冲突是指面对两种或两种以上目标，每个目标都既具有吸引力，又具有排斥力，而产生的冲突。

【考点定位】中学生发展心理——中学生情绪与意志的发展——意志——意志行动的基本阶段——采取决定阶段（准备阶段）——动机冲突——双趋冲突

【难度】★★

14.**【答案】**D

【解析】本题考查发散思维。根据思维的指向性，可以将思维分为聚合思维和发散思维。其中发散思维又称求异思维、辐射思维，是指一种沿着各种不同的方向去思考，去探索新的远景，去追求多样性的思维。题干中，杨老师讲解题目的时候尽可能给出多种解法，也积极鼓励学生一题多解，通过多种途径寻求解决问题的方法，这种教学方式可以促进学生发散思维的发展。因此答案选 D。

选项 A：直观动作思维是指在思维过程中以具体、实际的动作作为支柱而进行的思维。强调的是边做边想，离开了感知活动或动作就不能进行，与题意不符。

选项 B：直觉思维是指未经逐步分析就迅速对问题答案做出合理的猜测、设想或突然领悟的思维，强调的是直觉领悟，与题意不符。

选项 C：辐合思维，也就是聚合思维，又称求同思维、集中思维，是指把问题所提供的各种信息聚合起来，得出一个正确的答案（或一个最好的解决方案），与题意不符。

【考点定位】中学生学习心理——认知过程——思维——思维的种类——发散思维

【难度】★★

15.【答案】B

【解析】本题考查埃里克森社会性发展理论中的同一性对角色混乱的冲突。根据埃里克森的理论，人格的发展过程被划分为八个阶段，分别是婴儿期、儿童早期、学前期、学龄期、青年期、成年早期、成年中期、成年晚期。其中，青年期主要是指 12 ~ 18 岁的人群，他们面对的冲突是同一性对角色混乱，人格发展任务是建立同一性，防止角色混乱。这一阶段发展障碍者的心理特征是生活无目的、无方向感，时而感到彷徨迷失。题干中，韩波经常思考的问题是与自我同一性相关的问题。因此答案选 B。

选项 A：主动对内疚是学前期的冲突，处于这一阶段的儿童年龄大约在 3 ~ 6、7 岁。

选项 C：完善对绝望是成年晚期的冲突，处于这一阶段的人群年龄在 60 岁以后。

选项 D：自主对羞耻是儿童早期的冲突，处于这一阶段的儿童年龄大约在 1.5 ~ 3 岁。

【考点定位】中学生发展心理——中学生的人格发展——人格发展理论——埃里克森社会性发展阶段理论——同一性对角色混乱

【难度】★★

16.【答案】A

【解析】本题考查中学生情绪两极性的特点。中学生情绪体验强烈，波动性大，两极性明显，很不稳定。两极性是指情绪很容易从一个极端剧烈地转向另一个极端。特别是在初中阶段，他们可能从对事物的强烈认同、肯定，忽然转向拒绝、否定；对他人强烈的爱，因某些看法、矛盾或冲突而忽然转化为强烈的恨。题干中，中学生晓涛时而温和，时而暴躁等说明晓涛的情绪具有两极性。因此答案选 A。

【考点定位】中学生发展心理——中学生情绪与意志的发展——情绪——中学生情绪的发展与培养——中学生情绪发展的特点——两极性

【难度】★★★

17.【答案】C

【解析】本题考查抑郁症。抑郁症是指以持久的心境低落为特征的神经症。抑郁症的表现：（1）情绪消极、悲观、颓废、淡漠、失去满足感和对生活的乐趣。（2）消极的认知倾向，低自尊、无能感，对未来没有期望。（3）动机缺乏、被动、缺乏热情。（4）肢体疲劳、失眠、食欲不振。抑郁症强调的是持久的心境低落。题干中，张博失眠、没有食欲、消极悲观等都属于抑郁症的表现。因此答案选 C。

选项 A：强迫症是指一组以强迫症状为主要临床表现的神经症。强迫症状主要包括强迫观念和强迫行为。强迫观念指当事人身不由已地思考他不想考虑的事情，强调的是控制不住地去想；强迫行为指当事人反复去做他不希望执行的动作，如果不这样想、不这样做，他就会感到极端焦虑。

选项 B：焦虑症又称焦虑性神经症，是神经症这一大类疾病中最常见的一种，以焦虑情绪体验为主要特征。焦虑症主要表现为无明确客观对象的紧张担心，坐立不安，还有植物神经功能失调症状，如心悸、手抖、出汗、尿频等，还包括运动性不安。

选项 D：恐惧症是指对特定的无实在危害的事物与场景的非理性惧怕。患有单纯恐惧症的人对一件具体的东西、动作或情境恐惧；患有广场恐惧症的人害怕大片的水域、空荡荡的街道；患有社交恐惧症的人害怕在社交场合讲话，担心自己会因双手发抖、脸红、声音发颤、口吃而暴露自己的焦虑，觉得自己说话不自然，因而不敢抬头，不敢正视对方的眼睛。

【考点定位】中学生心理辅导——中学生的心理健康——中学生常见的心理健康问题——抑郁症

【难度】★★★

18.【答案】A

【解析】本题考查心境。根据情绪发生的强度、持续性和紧张度可以把情绪状态划分为心境、激情和应激。其中，心境是指个体一种微弱、平静、持续时间较长而且带有感染作用的情绪状态。心境体验会使人的情绪在相当一段时间内染上同样的情绪色彩，它具有长期性、弥散性的特点。题干中，曲鸣近期做什么事情都很愉快，说明曲鸣以同样的情绪对待一切事物，这体现了弥散性。“近期”说明时间较长，体现了长期性，所以该情绪状态属于心境。因此答案选 A。

选项 B：激情是指一种爆发强烈而持续时间短暂的情绪状态。

选项 C：应激是指一种出乎意料的、紧迫情况下所引起个体急速而高度紧张的情绪状态。

选项 D：干扰项。

【考点定位】中学生发展心理——中学生情绪与意志的发展——情绪——情绪的分类——心境

【难度】★★

19.【答案】B

【解析】本题考查形象的道德情感。道德情感的表现形式有三种：（1）直觉的道德情感。（2）形象的道德情感。（3）伦理的道德情感。其中，形象的道德情感是指与具体的道德形象相联系的情感体验。它分为由直接感知的具体道德形象（如身边的榜样）所引起的情感体验，以及由想象某些具有道德意义的人或事而激起的情感体验。道德形象具有鲜明、生动的特点。题干中，主人公因为看到了别人助人为乐的形象而感到非常感动，这属于形象的道德情感。因此答案选 B。

选项 A：干扰项。

选项 C：想象的道德情感是指想象某些具有道德意义的人或事而激起的道德情感。

选项 D：伦理的道德情感是指以清楚地意识到道德概念、原理和原则为中介的情感体验。例如，爱国主义情感和集体主义情感就属于伦理的道德情感。

【考点定位】中学德育——中学生品德心理与发展——品德概述——品德的心理结构（特征）——道德情感——形象的道德情感

【难度】★★★

20.【答案】D

【解析】本题考查教师的教学操作能力。现代教师的教学能力可以归结为以下 4 种：（1）教学认知能力。（2）教学设计能力。（3）教学操作能力。（4）教学监控能力。其中，教学操作能力主要是指教师在实现教学目标的过程中解决具体教学问题的能力，强调的是解决问题。题干中，刘老师在教学过程中善于用多种策略解决问题，这说明他的教学操作能力比较突出。因此答案选 D。

选项 A：教学知识能力，也称教学认知能力，主要是指教师对教学目标、教学任务、学习者的特点、某一具体内容的教学方法与策略的选择以及教学情境的分析和判断能力。教学认知能力强调教师的知识储备，与题干强调的解决问题的能力不一致。

选项 B：教学反思能力是指教师对教育教学实践的再认识、再思考，并以此来总结经验教训，进一步提高教育教学水平的能力。教学反思能力强调总结经验，与题干强调的解决问题不一致。

选项 C：教学监控能力是指教师为了保证教学成功，达到预期的教学目标，而在教学的全过程中，将教学活动本身作为意识的对象，不断地对其进行积极、主动的计划、检查、评价、反馈、控制和调节的能力。教学监控能力强调在教学过程中的整个控制，与题干强调的解决问题不一致。

【考点定位】中学班级管理与教师心理——教师心理——教师的心理特征——教师的认知特征——教学能力——教学操作能力

【难度】★★★

21.【答案】C

【解析】本题考查仁慈专断型的教师领导方式。教师的领导方式分为仁慈专断型、放任自流型、民主平等型和强硬专断型四种。其中，仁慈专断型的教师不认为自己是专断独行的人，会表扬并关心学生，但在班级的工作标准上是以“我”为中心的。学生的典型反应是大部分人喜欢他，但看穿他这套办法的学生可能会恨他。学生在各方面依赖教师，屈从并缺乏个人的发展，强调的是对学生严慈相济。首先，题干中，朱老师对学生要求严格，并且提出各种要求和规定，属于专断型的描述。其次，虽然朱老师很关心学生，但对学生很严格，常对学生提出各种要求和规定，但大部分学生都喜欢他，也能按他的要求去做。综上，说明他对班级的领导类型属于仁慈专断型。因此答案选 C。

选项 A：强硬专断型教师的特征是对学生时时严加监视；要求学生立即无条件接受一切命令，遵守严厉的纪律；认为表扬可能会宠坏学生，所以很少给予表扬；认为没有教师监督，学生就不可能自觉学习。强硬专断型强调的是对学生只有严厉没有表扬，与题干不符，排除。

选项 B：放任自流型的教师与学生打交道时缺乏信心，或认为学生爱怎样就怎样，很难作出决定，没有明确目标，既不鼓励学生，也不反对学生。放任自流型强调的是无作为不干预，与题干不符，排除。

选项 D：民主平等型的教师会与集体共同制订计划和做出决定，在不损害集体的情况下，很乐意给学生以帮助和指导，尽可能鼓励集体的活动，给予客观的表扬与批评。民主平等型强调的是尊重与平等，与题干不符，排除。

【考点定位】中学班级管理与教师心理——教师心理——教师概述——教师领导方式——仁慈专断型

【难度】★★★

二、辨析题

22.**【参考答案】**

题干说法错误。教育对人发展的作用不一定总是积极的。教育功能按照作用的方向，可分为正向功能与负向功能。教育的正向功能（积极功能）是指教育对个体和社会产生了积极促进的作用。教育的负向功能（消极功能）是指教育对个体和社会产生了消极阻碍的作用。可见，教育对人发展的作用并不总是积极的。综上，题干说法错误。

【考点定位】教育基础知识和基本原理——教育与社会发展——教育的功能——正向功能、负向功能

【难度】★★

23.**【参考答案】**

题干说法正确。学生以学习间接经验为主，教学中学生主要是学习间接经验，并且是间接地去体验，能使学生用最短的时间、最高效率地掌握大量的、系统的科学文化基础知识。但是，学生学习间接经验要以直接经验为基础，要使人类的知识经验转化为学生真正理解掌握的知识，必须依靠个人以往积累的或现时获得的感性经验为基础，教师需充分利用学生已有经验，增加学生学习新知识所必须有的感性认识，以保证教学的顺利进行。总体而言，学校课程内容主要是由间接经验构成的。综上，题干说法正确。

【考点定位】中学教学——教学过程——教学过程的基本规律——间接性规律

【难度】★★

24.【参考答案】

题干说法错误。皮亚杰认为，认知发展不是一种数量上简单累积的过程，而是认知图式不断重建的过程。儿童认知的发展既是连续的，又是分阶段的，每个阶段都是前一阶段的自然延伸，也是后一阶段的必然前提，发展阶段既不能逾越，也不能逆转，思维总是朝着必经的途径向前发展。从认知图式的性质出发，皮亚杰把儿童的认知发展划分为四个阶段：感知运动阶段、前运算阶段、具体运算阶段、形式运算阶段。综上，根据皮亚杰的理论，在良好的外界环境作用下，学生的认知发展不可以从前运算阶段直接跨越至形式运算阶段。综上，题干说法错误。

【考点定位】中学生发展心理——中学生认知发展与教育——皮亚杰的认知发展阶段理论

【难度】★★

25.【参考答案】

题干说法错误。学习材料难度越大，并不一定越难产生迁移。影响迁移的主要因素有相似性、原有认知结构、学习心向与定势等。知识之间的相似性、可辨别性等会影响迁移，但难度对迁移无明确影响。当知识之间能够有实质性、非人为联系时，就可以进行有意义学习，产生迁移。学习材料难度越大，并不一定越难产生迁移。综上，题干说法错误。

【考点定位】中学生学习心理——学习心理——学习迁移——影响迁移的主要因素

【难度】★★

三、简答题

26.【参考答案】

教育的政治功能：

（1）教育培养出政治经济制度所需要的人才。

（2）教育是一种舆论力量。

（3）教育促进政治民主化。

（4）教育通过传播一定的社会政治意识形态，完成年轻一代的政治社会化。

【考点定位】教育基础知识和基本原理——教育与社会发展——教育与社会政治经济制度——教育的政治功能

【难度】★★★

27.【参考答案】

（1）确保教学的科学性。

（2）发掘教材的思想性，注意在教学中对学生进行品德教育。

（3）重视补充有价值的资料、事例和录像。

（4）教师要不断提高自己的专业水平和思想修养。

【考点定位】中学教学——教学原则和方法——教学原则——思想性（教育性）和科学性相统一原则

【难度】★★★

28.【参考答案】

弗洛伊德的人格发展阶段论把个体的心理发展分为五个阶段：

（1）口唇期（0 ~ 1 岁）

性的本能集中表现在口唇部位。这个年龄阶段的婴儿通过吮吸、咀嚼等口部活动来获得快感。刚生下来的婴儿就懂得吸乳，乳头摩擦口唇黏膜引起快感，口唇区域成为快感区。在口唇期，自我形成。

（2）肛门期（1 ~ 3 岁）

这一时期，幼儿由于排泄解除压力而产生快感，肛门一带成为快感中心。儿童的任务就是学会控制生理排泄过程，使它们的功能符合社会的要求。弗洛伊德认为，儿童大小便排泄训练对其未来的人格形成会产生重要的影响。

（3）性器期（3 ~ 6 岁）

这一时期快感集中在生殖器上，性器官成为儿童获得快感的区域。儿童开始能够分辨两性，并对异性父母产生依恋。男孩出现恋母情结，女孩出现恋父情结。这种冲突所产生的焦虑使儿童从同性父母身上内化了一些性别角色的特征和道德准则。

（4）潜伏期（6 ~ 11 岁）

这一时期，儿童的里比多冲动处于潜伏期，他们的兴趣转向外部世界，诸如学习、体育、艺术、游戏等。团体活动时男女界限划分得非常清楚，在游戏中以同性为伴，甚至男女同学间不相往来。随着儿童在学校学习中获得了更多解决问题的能力并内化了更多的社会价值观，他们的自我和超我继续发展。这是一个相对平静的时期。

（5）生殖期（11 ~ 20 岁）

这是人格发展的最后阶段，个体的性兴趣转向异性，异性恋的行为明显。这时个体最重要的任务是摆脱父母的束缚，寻找同龄伙伴，成为社会中一个独立的成员，开始自己的独立生活。这时候，青少年必须学会如何在社会规范所接受的范围内表达自己的冲动。如果发展健康，成熟的性本能可以通过婚姻和生育子女而获得满足。

【考点定位】中学生发展心理——中学生的人格发展——人格发展理论——弗洛伊德人格发展理论

【难度】★★★

29.【参考答案】

（1）明确记忆目的，增强学习的主动性。

（2）理解材料的意义，少用机械记忆。

（3）对材料进行精加工，促进深度理解。

（4）运用组块化学习策略，合理组织材料。

（5）运用多重编码方式，提高信息加工处理的质量。

（6）注重复习方法，防止知识遗忘。

【考点定位】中学生学习心理——认知过程——记忆——应用记忆规律促进学生的有效学习——提高记忆能力的方法

【难度】★★★

四、材料分析题

30.**【参考答案】**

（1）确定班集体的发展目标。材料中，班主任与同学们共同最终确定了近期（两个月），中期（一学年）和远期（毕业前）班集体的目标。

（2）建立得力的班集体核心队伍。材料中，班主任在原班委会基础上，根据各班委的特长进行了适当的岗位调整。

（3）建立班集体的正常秩序。材料中，班主任深入学生中间，争取大多数同学的支持，并制定了《班级管理常规》，严格运行德育考核，奖惩结合，并定期向家长汇报，建立了良好的班集体秩序。

（4）组织形式多样的教育活动。材料中，班主任组织了“学雷锋日”“环保日”“篮球赛”“社会调查”等一系列班级活动，既有主题活动，又有实践活动，灵活多样。

（5）培养正确的集体舆论与良好的班风。材料中，班主任通过制定班级常规、组织一系列集体活动，逐渐形成了良好的集体荣誉感，培养了他们明辨是非、善恶、美丑的能力。

（6）通过个别教育工作指导学生，尤其是后进生。材料中，班主任找来后进生，通过个别谈心、道德谈话、个别辅导等方式促进学生转变。

【考点定位】中学班级管理与教师心理——班级管理与班主任工作——班集体的形成与发展——培养班集体的方法

【难度】★★★★

31.**【参考答案】**

（1）根据中学生异性交往特点，材料中马英存在的问题如下：

① 交往方式的隐蔽性。步入青春期之后，中学生在性生理上的发育引起了性意识的迅猛觉醒，他们认为对性充满了神秘感，对性表现出好奇心，从而渴望对其进行探寻和尝试。然而由于受传统“男女授受不亲”观念的影响，加之很多老师和家长对异性交往存在着不少偏见和误解，中学生的

异性交往一般是瞒着家长、背着老师和熟人，采取“地下”方式进行的。材料中马英对自己目前的状况非常忧虑，担心被父母、老师发现，把自己的心事藏于心底。说明马英的异性交往方式具有隐蔽性。

② 交往动机的多样性。中学生异性交往的动机可谓多种多样，但绝大多数时候，并不是以谈恋爱为目的。材料中马英的目光总是跟随周勇的身影，感觉自己喜欢上了这个男生，究其原因可能是对异性交往充满好奇，难以区分友情和爱情。

③ 交往欲望趋向强烈。在异性交往方面，中学生的欲望表现得愈益强烈。这是一种正常现象。而马英对于异性交往太过紧张，感到忧虑、困扰，体现了对异性交往认知的不足。

（2）如果我是马英的班主任，我会告诉马英对异性的关注和吸引是生理、心理发展的正常现象，消除她对异性交往的不安和紧张，并引导她积极顺应青春期的巨大的身心变化，引导她进行健康、适度而充分的交往。

① 正确认识青少年学生的异性交往。青少年学生心理萌发的异性吸引是性心理和性生理走向成熟的必然结果，是一种正常的表现。

② 把握青少年学生异性交往的原则。教师在指导中学生进行正常交往时，要告诫和建议学生把握好“自然”与“适度”两个原则。

③ 指导青少年学生异性交往的方法。克服羞怯、真实坦诚。

④ 引导青少年学生区分友谊与爱情。引导马英调整心态，正确看待与同学的正常交往，把精力重点放到学习上，为其指明方向，树立理想。

【考点定位】中学生发展心理——中学生性心理与异性交往——中学生异性交往的特点、正确处理异性交往

【难度】★★★★★

高顿教育 GOLDEN EDUCATION

姓名 __________ 准考证号 __________

2018年上半年国家教师资格考试
教育知识与能力（中学）真题卷及参考答案

（科目代码：302/302A）

2018年上半年国家教师资格考试

教育知识与能力（中学）真题卷

注意事项：

1. 考试时间为120分钟，满分为150分。

2. 请按规定在答题卡上填涂、作答。在试卷上作答无效，不予评分。

一、单项选择题（在每小题列出的四个备选项中只有一个是符合题目要求的，请用2B铅笔把答题卡上对应题目的答案字母按要求涂黑。错选、多选或未选均无分。本大题共21小题，每小题2分，共42分）

1. 在科学分类中，首次将教育学作为一门独立的学科划分出来的学者是（　）。

A. 卢梭　　B. 培根　　C. 康德　　D. 洛克

2. 人类历史上最早专门论述教育问题的著作是（　）。

A.《学记》　　B.《孟子》　　C.《论语》　　D.《中庸》

3. 教育具有自身的特点和规律，对政治经济制度和生产力有能动作用。这说明教育具有（　）。

A. 历史性　　B. 阶级性　　C. 社会生产性　　D. 相对独立性

4. 科学技术知识的再生产有多种途径，其中最重要的途径是（　）。

A. 社会生活　　B. 科学实验　　C. 生产劳动　　D. 学校教育

5. “再生产科学所必要的劳动时间，同最初生产科学所需要的劳动时间是无法相比的，例如学生在一个小时内就能学会二项式定理。”这表明教学活动具有（　）。

A. 引导性　　B. 简捷性　　C. 直接性　　D. 实践性

6. 发达国家大多已普及12年义务教育，而发展中国家一般仅普及9年义务教育。这说明从根本上制约教育发展规模和速度的社会因素是（　）。

A. 政治经济制度　　B. 生产力发展水平

C. 人口数量和质量　　D. 社会意识形态

7. 我国学校德育包括的三个基本组成部分是（　）。

A. 思想教育、品德教育和纪律教育　　B. 政治教育、道德教育和公民教育

C. 道德教育、政治教育和思想教育　　D. 道德教育、政治教育和纪律教育

8. 张校长特别重视学校文化建设，提出“让学校的每一面墙都开口说话”，以此来促进学生品德的

发展。张校长强调的德育方法是（　）。

A. 陶冶法　　B. 示范法　　C. 锻炼法　　D. 说服法

9. 美国学者罗杰斯认为，人皆具有先天的优良潜能，教育的作用在于使之实现。由此，他提出了“以学生为中心”“让学生自发学习”的教学模式。该模式称为（　）。

A. 指导性教学　　B. 情境教学　　C. 非指导性教学　　D. 程序教学

10. 学校课程有多种类型，其中最有利于学生系统掌握人类所取得的经验和科学认识的课程是（　）。

A. 学科课程　　B. 经验课程　　C. 活动课程　　D. 隐性课程

11. 以一定的课程观为指导，制定课程标准、选择和组织课程内容、预设学习活动方式的活动是（　）。

A. 课程评价　　B. 课程实施　　C. 课程组织　　D. 课程设计

12. 维果斯基认为评价人类发展应该从四个层面进行，除了微观、个体和社会历史，第四个层面是（　）。

A. 文化层面　　B. 系统层面　　C. 技术层面　　D. 规范层面

13. 当人们听到一种自己觉得可怕的声音时，往往会感到发冷，甚至起鸡皮疙瘩。这种现象称为（　）。

A. 适应　　B. 对比　　C. 联觉　　D. 后像

14. 隐蔽图形测验中，要求被试在较复杂的图形中（见图1中的右图）把隐蔽在其中的简单图形分离出来（见图1中的左图）。有些被试能排除背景因素的干扰，从复杂图形中迅速、容易地分离出（知觉到）指定的简单图形。这些被试的认知方式为（　）。

图1

A. 整体型　　B. 序列型

C. 场独立型　　D. 场依存型

15. 学习了三角形和长方形的面积公式之后，再学习梯形的面积公式就比较顺利。这种迁移属于（　）。

A. 零迁移　　B. 逆向迁移　　C. 负迁移　　D. 正迁移

16. 在心理学实验中，为了使小狗能够区分开圆形光圈和椭圆形光圈，研究者只在圆形光圈出现时才给予食物强化，而在呈现椭圆形光圈时不给予强化，那么小狗便可以学会只对圆形光圈做出反应而不理会椭圆形光圈。该过程称为（　）。

A. 刺激分化　　B. 刺激泛化　　C. 刺激获得　　D. 刺激消退

17. 初一学生许明努力学习就是想获得亲朋好友的赞扬。根据奥苏贝尔的相关理论，驱动许明行为的是（　）。

A. 认知内驱力　　B. 附属内驱力

C. 自我提高内驱力　　D. 成就内驱力

18. 沙赫特—辛格的情绪理论认为，对情绪产生起决定作用的因素是（　）。

A. 环境　　B. 生理　　C. 刺激　　D. 认知

19. 在对学生李刚网络成瘾的干预中，老师要求李刚在手腕上套一根橡皮筋，一旦感觉自己想上网就用力拉橡皮筋弹自己。这位老师所要求的方法称为（　）。

A. 强化干预法　　B. 厌恶干预法　　C. 转移注意法　　D. 延迟满足法

20. 在一次心理健康培训班教学测验中，关于学校心理辅导的一般目标，学员们的答案不一，共有四种。其中，正确的是（　）。

A. 学会调适和寻求发展　　B. 学会调节和学会适应

C. 学会调适和寻求健康　　D. 适应学习和适应社会

21. 江金当了一段时间教师后，感到自己完全能够适应教学的基本要求，此时他把关注的焦点投向了如何提高学生成绩、教好每一堂课。按照福勒的教师成长阶段论，江金处于（　）。

A. 关注生存阶段　　B. 关注学生阶段

C. 关注情境阶段　　D. 关注自我阶段

二、辨析题（判断正误，并说明理由。本大题共 4 小题，每小题 8 分，共 32 分）

22. 教育具有历史继承性。

23. 教学是学校实现教育目的的基本途径。

24. 注意的分配就是注意的分散。

25. 学生知识越多，说明学生能力越强。

三、简答题（根据要求，回答问题。共 4 道题，每题 10 分，共 40 分）

26. 简述教材编写的基本要求。

27. 简述班主任应具备的基本条件。

28. 学习动机的定义与功能是什么？

29. 加涅将学习结果分为哪几类？

四、材料分析题（阅读材料，并回答问题。共 2 道题，每题 18 分，共 36 分）

30. 材料：

开学不久，班主任贾老师发现明朗同学不喜欢学习，上课不认真听讲，经常做小动作，不按时完成作业。贾老师经过一段时间的了解，发现明朗虽然有不少缺点，但也有优点，需要肯定和鼓励。于是，贾老师找他谈话说："你有缺点，但也有优点，可能你自己还没有发现。这样吧，我限你在两天内找到自己的优点，如实向我汇报，不然我可就要批评你了。"第三天，明朗找到贾老师，很不好意思地说："老师，我心肠好，力气大，毕业后想当兵。"贾老师说："这就是了不起的长处。你心肠好，乐于助人，到哪里都需要这种人，你力气大，想当兵，保家卫国，是很光荣的事。你的理想很实在，不过当兵同样需要学习科学文化知识，需要真才实学。"听了老师的话，明朗脸上露出了微笑。从此，明朗严格要求自己，认真学习，养成了良好的习惯，各方面都有了很大的进步。

问题：

结合材料，谈谈贾老师主要遵循了哪一德育原则？（6 分）贯彻这一原则有哪些基本要求？（12 分）

31. 材料：

下面是有关中学生的几个生活情境：

情景 1：一天放学后，高一学生张欣因送生病的同学回家，回家时间比平时迟了一个多小时。当张欣一推开家门时，着急的妈妈便过去说了她几句，话里没有任何指责的意思，只是嘱咐女儿不要回来太晚了。但是，张欣顿时暴跳如雷。“你不相信我！”她叫道，“你们总是告诉我该做什么，你们根本就不相信我！”她的情绪非常激动，头也不回地走出家门。

情景 2：初二学生王芳非常喜欢好朋友丽丽，在她眼里，丽丽简直就是个完美的人，她不容同学说丽丽的坏话。可是有一天，当王芳听说好朋友丽丽把自己告诉她的秘密告诉了别人，便匆匆找到了丽丽，对着她大声呵斥，指责她是一个骗子，再也不信任她了。

情景 3：初三数学模拟考试试卷发下来，岳勇取得了他上初三以来最好的成绩，他非常高兴，兴奋不已，真想大声欢呼。但当他得知本次考试中大多数同学都考得不好时，他控制了自己内心的激动，表现出若无其事的样子。

问题：

结合材料，分析中学生的情绪发展的主要特点。（9 分）如何指导中学生进行有效的情绪调节。（9 分）

2018年上半年国家教师资格考试

教育知识与能力（中学）真题卷参考答案

一、单项选择题

1. 【答案】B

【解析】本题考查教育家培根的观点。1623年，培根发表《论科学的价值和发展》一书，在书中首次指出应该把教育学作为一门独立的学科从学科分类中提出来。因此答案选B。

选项A：卢梭的代表作是《爱弥儿》，提倡自然主义教育思想。

选项C：康德是最早在大学里讲授教育学的学者。

选项D：洛克提出了著名的“白板说”，提倡绅士教育。

【考点定位】教育基础知识和基本原理——教育学的产生与发展——教育学的发展——教育学的创立阶段——创立阶段代表人物——培根

【难度】★

2. 【答案】A

【解析】本题考查《学记》。《学记》相传由孟子的弟子乐正克编著，成书于战国末期。其内容通篇涉及教育教学的原则、教育教学的方法等教育问题。《学记》是我国也是世界上最早专门论述教育、教学问题的文献。因此答案选A。

选项B:《孟子》相传由孟子及其弟子编著，成书于战国中期，内容主要记录孟子及其弟子的政治、教育、哲学、伦理等思想观点和政治活动。

选项C:《论语》相传由孔子的弟子及再传弟子编著，成书于战国前期，内容主要记录孔子及其弟子的言行。

选项D:《中庸》相传由子思编著，成书于战国时期，内容主要阐述了儒家的人生哲学和修养问题。

【考点定位】教育基础知识和基本原理——教育学的产生与发展——教育学的发展——教育学的萌芽阶段——中国——《学记》

【难度】★

3. 【答案】D

【解析】本题考查教育的相对独立性。教育的相对独立性是指教育虽然会受到政治经济的影响，但是也有其自身发展的规律。教育的相对独立性表现在以下三方面:(1)教育具有继承性。(2)教育具有自身质的规定性。(3)教育与政治经济发展不平衡，可能超前，也可能滞后。题干的表述表达了教育具有自身发展规律。因此答案选D。

选项A：历史性是指教育在人类社会的不同时期，由于生产力发展水平不同、生产关系和政治制度不同，教育也就具有不同的性质和特点、内容和形式。

选项B：阶级性属于我国古代社会的教育特点，是指古代被统治阶级的子弟和古代统治阶级的子弟受教育权不同，古代被统治阶级的子弟没有受教育权，古代统治阶级的子弟有受教育权。阶级性强调的是一部分人有权接受教育，另一部分人无权接受教育。

选项C：生产性是指教育是培养和发展人的活动，所以在一定意义上具有生产性。

【考点定位】教育基础知识和基本原理——教育的产生与发展——教育的属性——教育的社会属性——相对独立性

【难度】★★

4. **【答案】**D

【解析】本题考查教育的经济功能。教育对经济的促进作用表现在:(1)教育是劳动力再生产的基本途径。(2)教育是科学知识再生产的最有效形式。(3)教育是进行技术创新的一个重要手段。学校教育通过有目的、有计划、有组织地培养人，高效能地扩大科学知识的再生产，而且教育还担负着发展科学，产生新的科学知识、技术的任务，尤其以高等教育最为显著。因此答案选D。

【考点定位】教育基础知识和基本原理——教育与社会发展——教育与社会生产力——教育的经济功能

【难度】★★

5. **【答案】**B

【解析】本题考查教学过程本质中的简捷性。教学过程的特殊性表现在：间接性、引导性、教育性、简捷性。其中，简捷性是指教学走的是一条认识的捷径，是一种科学文化知识的再生产。题干中，学生一小时内就能学会二项式定理，这说明了知识掌握的简捷性。因此答案选B。

【考点定位】中学教学——教学过程——教学过程的本质——教学过程是一种特殊的认识过程——简捷性

【难度】★★

6. **【答案】**B

【解析】本题考查教育与社会生产力的关系。生产力对教育的制约作用表现在：生产力的发展水平决定教育事业的发展规模和速度；生产力的发展水平制约着人才培养的规格和教育结构；生产力的发展水平制约教学的内容、方法、组织形式与手段。因此答案选B。

选项 A：政治经济制度决定教育的宗旨与目的，决定教育的领导权，决定受教育权，决定教育的性质，决定教育内容和教育管理体制。

选项 C：人口数量影响教育发展的规模与教育投入；人口质量影响教育的质量。

选项 D：社会意识形态影响着教育观点，影响着教育内容。

【考点定位】教育基础知识和基本原理——教育与社会发展——教育与社会生产力

【难度】★

7. **【答案】**C

【解析】本题考查德育的基本内容。学校德育包括的三个基本组成部分是道德教育、政治教育和思想教育。因此答案选 C。

【考点定位】中学德育——德育工作——德育的基本内容

【难度】★

8. **【答案】**A

【解析】本题考查德育方法中的情感陶冶法。情感陶冶法是指教育者有目的地创设良好的教育情境，使受教育者在道德和思想情感方面受到潜移默化的感染、熏陶的方法。题干中，“让学校的每一面墙都开口说话”体现的是让学校里的环境发挥教育作用，在潜移默化中教育学生。因此答案选 A。

选项 B：榜样示范法主要是指用榜样人物的高尚思想、模范行为、优异成就来影响学生的思想、情感和行为的方法。

选项 C：实际锻炼法是指教育者组织学生参加各种实际活动，使学生在行为实践中接受磨炼和考验，以培养其优良思想品德的方法。

选项 D：说服教育法是指借助语言和事实，通过摆事实、讲道理，影响受教育者的思想意识，使其明辨是非，提高思想认识的方法。

【考点定位】中学德育——中学德育的原则、途径与方法——中学德育的途径与方法——中学德育的方法——常用的德育方法——情感陶冶法

【难度】★★

9. **【答案】**C

【解析】本题考查罗杰斯的非指导性教学模式。罗杰斯提出，有用的知识是学生自己发现的。教师的任务不是教学生学习知识，也不是教学生如何学习，而是为学生提供各种学习的资源，提供一种促进学习的气氛，让学生自己决定如何学习。因此，罗杰斯主张废除“教师”这一角色，代之以学习的“促进者”，并提出非指导性教学模式。因此答案选 C。

选项 A：干扰项。

选项 B：情境教学是指在应用知识的具体情境中进行知识教学的一种教学策略。

选项 D：程序教学是指使用程序教材并以个人自学形式进行的教学，以课本或教学机器的形式向学生呈现程序化的教材，使学生按规定的程序自学教材内容。程序教学的代表人物是斯金纳。

【考点定位】中学生学习心理——学习理论——人本主义学习理论——罗杰斯的学习理论——学生中心的教学观——非指导性教学模式

【难度】★★

10.【答案】A

【解析】本题考查课程类型中的学科课程。根据内容属性划分，课程可以分为学科课程与活动课程。其中，学科课程在内容上强调间接经验，主张分科设置课程即从学科知识整体中选取关联密切的内容组成一门学科，分科组织教学。学科课程是最有利于学生在短时间内系统掌握人类所取得的经验和科学认识的课程。因此答案选 A。

选项 BC：活动课程又称经验课程或儿童中心课程，主张从儿童的兴趣和经验出发，以儿童活动为中心设置课程。

选项 D：隐性课程是指学校情景中以间接的、内隐的方式呈现的课程。

【考点定位】中学课程——课程概述——课程的类型——学科课程

【难度】★★

11.【答案】D

【解析】本题考查课程设计的概念。课程设计是指以一定的课程观为指导，制订课程标准、选择和组织课程内容、预设学习活动方式的活动，是对课程目标、课程经验和预设活动方式的具体化过程。因此答案选 D。

选项 A：课程评价是指检查课程的目标、编订和实施是否实现了教育目的，实现的程度如何，以判定课程设计的效果，并据此做出改进课程的决策。

选项 B：课程实施是指把课程计划付诸实践的过程，是达到预期的课程目标的基本途径。

选项 C：课程组织即对课程内容的组织与安排。

【考点定位】中学课程——课程组织——课程设计的概念

【难度】★

12.【答案】B

【解析】本题考查维果斯基的文化—历史发展理论。维果斯基的社会文化观强调了社会和文化对智力发展的影响。他提出，我们应该从与儿童生活环境相互作用的四个紧密联系的层面来评价发展，即微观发生发展、个体发生发展、种系发生发展和社会历史发展。因此答案选 B。

【考点定位】中学生发展心理——中学生认知发展与教育——维果斯基的文化—历史发展理论与教育——文化—历史发展理论

【难度】★★★★

13.【答案】C

【解析】本题考查感觉规律中的联觉。联觉是指一个刺激不仅引起一种感觉，同时还引起另一种感觉的现象。题干中，人们听到可怕的声音后发冷，说明这一声音刺激带来了两种感觉，一种是听觉，另外一种是肤觉。因此答案选 C。

选项 A：感觉适应是指由于刺激物持续作用于同一感受器，使感受性发生变化的现象。

选项 B：感觉对比是指不同刺激作用于同一感觉器官，使感受性发生变化的现象。

选项 D：感觉后像是指在刺激作用停止后暂时保留感觉的现象。

【考点定位】中学生学习心理——认知过程——感觉——感觉的一般规律——感觉的相互作用——联觉

【难度】★★

14.【答案】C

【解析】本题考查认知风格中的场独立型与场依存型。场独立型的学生是“内部定向者”，对客观事物作出判断时，常常利用内在的参照（主体感觉），不易受外来因素的影响和干扰，独立对事物作出判断；场独立型的人善于分析和组织。题干中，被试能从复杂图形中迅速知觉到指定的简单图形，这种认知方式属于场独立型。因此答案选 C。

选项 A：整体型认知方式是指个体学习一篇材料时，通过使用说明性例子和类比的方法来达到对学习材料的总体把握。这种认知方式的人认为，准确把握许多孤立的细节并不一定能够领会材料的整体意义，而一旦确立了整体意义，把握细节便不困难。像这种相信“整体大于部分之和”的观念，往往促使学习者先根据自己的理解来构建总的意义框架，然后再分析细节的位置以及与整体的关系。

选项 B：序列型认知方式是指通过连续或相继地注意材料的细节，达到对材料各个部分的把握。他们相信既然整体是由部分组成的，只要准确把握了材料的细节，必然能够准确地把握整体意义。因而他们往往从一部分再到另一部分地认知，步步为营地注意一连串的细节。

选项 D：场依存型的学生是“外部定向者”，对事物作出判断时倾向于以外部参照（身外的客观事物）作为信息加工的依据，容易受周围人特别是权威人士的影响和干扰，善于察言观色。

【考点定位】中学生发展心理——中学生认知发展与教育——个别差异与因材施教——场独立型与场依存型

【难度】★

15.【答案】D

【解析】本题考查迁移分类中的正迁移。正迁移是指一种学习对另一种学习起到积极的促进作用。题干中，“学习了求三角形和长方形的面积公式以后，学习求梯形的面积公式会更加顺利”体现了一种学习对另一种学习起到积极的促进作用。因此答案选 D。

选项 A：零迁移是指两种学习之间不存在直接的相互影响。

选项 B：逆向迁移是指后继学习对先前学习产生的影响。

选项 C：负迁移是指两种学习之间相互干扰、阻碍，即一种学习对另一种学习产生消极影响。

【考点定位】中学生学习心理——学习心理——学习迁移——迁移的分类——正迁移

【难度】★★

16.【答案】A

【解析】本题考查巴甫洛夫经典性条件作用论中的分化。刺激分化是指通过选择性强化和消退，使有机体学会对条件刺激和与条件刺激相类似的刺激作出不同反应的一种条件作用过程，强调的是能够区分不同的刺激。题干中，小狗能够对圆形光圈和椭圆形光圈作出不同的反应，说明小狗能够分清不同的刺激，体现了刺激的分化。因此答案选 A。

选项 B：刺激泛化是指有机体一旦学会对某一特定的条件刺激作出条件反应以后，其他与该条件刺激相类似的刺激也能诱发其作出条件反应。

选项 C：刺激获得是指条件刺激（如铃声）反复与无条件刺激（如食物）相匹配，使条件刺激获得信号意义的过程，亦即条件反射建立的过程。

选项 D：刺激消退是指在条件反射形成后，如果条件刺激重复出现多次而没有无条件刺激相伴随，则条件反应会变得越来越弱，最终消失。

【考点定位】中学生学习心理——学习理论——行为主义学习理论——巴甫洛夫的经典性条件作用论——经典性条件作用的主要规律——分化

【难度】★★★

17.【答案】B

【解析】本题考查奥苏贝尔成就动机分类中的附属内驱力。奥苏贝尔将动机分为认知内驱力、自我提高内驱力和附属内驱力。其中，附属内驱力是指为了得到长辈（如教师、家长）的赞许或认可而努力学习的一种需要。它是一种外部的动机。题干中，许明好好学习的动机是为了获得亲朋好友的赞扬，这属于附属内驱力。因此答案选 B。

选项 A：认知内驱力是指学生渴望了解和理解，要求掌握知识以及系统地阐述问题并解决问题的一种需要。

选项 C：自我提高内驱力是指个体要求凭自己胜任工作的才能和工作成就而赢得相应地位的愿望。

选项 D：干扰项。

【考点定位】中学生学习心理——学习心理——学习动机——学习动机的分类——奥苏贝尔成就动机的分类——附属内驱力

【难度】★★

18.【答案】D

【解析】本题考查沙赫特—辛格情绪理论。沙赫特—辛格情绪理论认为，对于特定的情绪来说，有三个因素是必不可少的。第一，个体必须体验到高度的生理唤醒。第二，个体必须对生理状态的变化进行认知性的唤醒。第三，相应的环境因素。情绪状态是认知过程、生理状态和环境因素共同作用的结果。环境因素不能单独决定人的情绪，而认知对人情绪的产生起着决定性的作用。因此答案选 D。

【考点定位】中学生发展心理——中学生情绪与意志的发展——情绪——情绪的理论——沙赫特—辛格情绪理论

【难度】★★

19.【答案】B

【解析】本题考查治疗网络成瘾的厌恶干预法。网络成瘾常用的心理干预法有：强化干预法，厌恶干预法，转移注意力法，替代、延迟满足法。厌恶干预法是指采用惩罚性的厌恶刺激来减少或消除一些适应不良行为的方法。题干中，老师让李刚在感觉自己想要上网时就用橡皮筋弹自己一下，这是运用惩罚性刺激减少不良行为的体现，属于厌恶干预法。因此答案选 B。

选项 A：强化干预法是指一旦发现成瘾学生有了减少上网的行为时，就给予奖励、表扬或肯定性评价的一种干预方法。

选项 C：转移注意力法是指通过组织各类有意义的文体活动，让成瘾学生参与其中，从而转移他的注意力和减轻他对网络的迷恋程度的一种干预方法。

选项 D：延迟满足法是指了解问题学生的上网时间，将其上网总时间列表纳入周计划，在可以控制的前提下，逐步减少上网时间，最终实现戒除网络成瘾的目标的一种干预方法。

【考点定位】中学生心理辅导——中学生的心理健康——中学生常见的心理健康问题——网络成瘾——治疗——厌恶干预法

【难度】★★

20.【答案】A

【解析】本题考查心理辅导的目标。心理辅导的一般目标可归纳为两个方面：一是学会调适（初级目标）；二是寻求发展（高级目标）。因此答案选 A。

【考点定位】中学生心理辅导——中学生心理辅导的方法——心理辅导的目标与途径——心理辅导的目标

【难度】★

21.【答案】C

【解析】本题考查教师成长历程中的关注情境阶段。福勒和布朗根据教师在不同时期所关注的焦点问题，把教师的成长划分为关注生存、关注情境和关注学生三个阶段。关注情境阶段，是指当教师适应新环境，不再考虑学生是否喜欢自己等适应性问题之后，会将注意力转移到提高教学质量上来。如关心班集体的建设、关注学生学习成绩的提高、关心自己备课是否充分等。题干中，江金把关注的焦点投向了如何提高学生成绩、教好每一堂课上，这表明江金处于关注情境阶段。因此答案选 C。

选项 A：关注生存阶段。一般新手教师刚入职时，会关注自己的生存适应性，例如“学生喜欢我吗？”“同事们如何看我？”“领导是否觉得我干得不错？”

选项 B：关注学生阶段。处于本阶段的教师将考虑学生的个别差异，认识到不同发展水平的学生有不同的需要，根据学生的差异采取适当的教学，促进学生的发展。

选项 D：干扰项。

【考点定位】中学班级管理与教师心理——教师心理——教师成长心理——教师成长的历程——关注情境阶段

【难度】★★

二、辨析题

22.**【参考答案】**

题干说法正确。教育是指有目的地培养人的社会活动。教育具有社会属性，教育的社会属性包括教育的永恒性、教育的历史性、教育的相对独立性。其中，教育的相对独立性又包括继承性、自身质的规定性以及与政治经济发展的不平衡性。继承性是指某一历史时期的教育与先前社会的教育的相承关系。一种社会的教育是在先前社会的教育的基础上建立起来的。综上，题干说法正确。

【考点定位】教育基础知识和基本原理——教育的产生与发展——教育的属性——教育的社会属性——相对独立性——继承性

【难度】★★

23.**【参考答案】**

题干说法正确。学校教育的直接目的是促进学生的全面发展。教育目的的实现有多种途径，但是基本途径是教学。教学是学校教育的中心工作，学校教育工作必须坚持以教学为主。教学是教育目的规范下的、教师的教与学生的学共同组成的一种活动。学生通过教师有目的、有计划地积极引导和培养，主动掌握系统的文化科学知识和技能，发展能力，增强体质，陶冶品德、美感，从而促进自身全面发展。所以，教学是学校进行全面发展教育的基本途径，是教师教、学生学两方面活动的统一。综上，题干说法正确。

【考点定位】中学教学——教学概述——教学的意义——教学是进行全面发展教育，实现培养目标的基本途径

【难度】★★

24.【参考答案】

题干说法错误。注意的分配与注意的分散是两个不同的概念。注意的分配是指在同一时间内把注意指向两种或两种以上的对象或活动；注意的分散是指注意离开了当前应当完成的任务而被无关的事物所吸引。分配是主动的，分散是被动的。综上，题干说法错误。

【考点定位】中学生学习心理——认知过程——注意——注意的品质——注意的分配

【难度】★★

25.【参考答案】

题干说法错误。教学过程遵循掌握知识与发展能力相统一的规律。在教学过程中，既要重视知识的传授，又要重视能力的发展，并将二者辩证统一于教学活动之中。掌握知识是发展能力的基础，能力发展是掌握知识的必要条件，两者是辩证统一关系。但知识掌握多少与能力发展并不成正比，知识掌握得越多，能力不一定越强，“高分低能”现象就说明了掌握知识和发展能力之间的不均衡性。综上，题干说法错误。

【考点定位】中学教学——教学过程——教学过程的基本规律——发展性规律

【难度】★★

三、简答题

26.【参考答案】

（1）科学性与思想性统一。

（2）强调内容的基础性与适切性。

（3）知识的内在逻辑与教学法要求统一。

（4）理论与实践统一。

（5）教科书的编排形式要有利于学生的学习。

（6）注意与其他学科的纵向和横向联系。

【考点定位】中学课程——课程组织——课程内容——课程内容的文本表现形式——教材——教科书的编写应遵循的基本原则与要求

【难度】★★★

27.【参考答案】

（1）具备高尚的师德。

① 真诚对待学生，热爱学生。

② 对待工作要有热爱和献身教育的精神。

（2）具备完善开放的专业素养。

① 要具有驾轻就熟的教育教学能力。

② 机智灵敏的教育应变能力。

③ 生动艺术的语言表达能力。

（3）要有健康的身心素质。

① 要有调节自己心态和驾驭情绪的能力。

② 要有健康的身体素质。

（4）具有较强的班级管理能力。

（5）具有良好的处理人际关系的能力。

（6）广博的科学文化知识。

【考点定位】中学班级管理与教师心理——班级管理与班主任工作——班主任概述——班主任应具备的基本条件

【难度】★★★

28.**【参考答案】**

（1）学习动机的定义：学习动机是指激发和维持个体的学习活动，并将学习活动指向一定学习目标的动力机制，它是直接推动学生学习的内部动力。

（2）学习动机的功能包括：

① 激发功能。

激发功能表现为心理过程由静止状态向运动状态转变。当学生对于某些知识或技能产生迫切的学习需要时，就会引发学习内驱力，唤起内部的激动状态，产生焦急、渴求等心理体验，并最终激起一定的学习行为。

② 指向功能。

指向功能表现为使学习活动朝向预定目标。学习动机使学生的学习行为在初始状态时就指向一定的学习目标，并推动学生为达到这一目标而努力学习。

③ 维持和调节功能。

维持和调节功能表现为保持学习活动的持续性。当活动产生以后，动机维持着这种活动针对一定的目标，并调节着活动的强度和持续时间。如果活动达到了目标，动机促使有机体终止这种活动；如果活动尚未达到目标，动机将驱使有机体维持（或加强）这种活动，或转换活动方向以达到某种目标。

【考点定位】中学生学习心理——学习心理——学习动机——学习动机的含义、学习动机的功能

【难度】★★★

29.**【参考答案】**

（1）言语信息的学习，即掌握以言语信息传递的内容，其学习结果是以言语信息的形式表现出来的，帮助学生解决“是什么”的问题。

（2）智慧技能的学习，分为辨别、概念、规则、高级规则（解决问题）等，帮助学生解决“怎么做”的问题，用以对外界的符号、信息进行处理加工。

（3）认知策略的学习，是指学习者用以支配自己的注意、学习、记忆和思维的有内在组织的才能，这种才能使得学习过程的执行控制成为可能。

（4）态度的学习，是指对人、事物及事件所采取的行动，包括对家庭、社会关系的认识，对某种活动产生的情感等。

（5）动作技能的学习，动作技能又称运动技能，如体操运动、写字技能等。

【考点定位】中学生学习心理——学习概述——学习的分类——按照学习结果分类

【难度】★★★

四、材料分析题

30.**【参考答案】**

（1）贾老师主要遵循了长善救失原则。长善救失原则也称依靠积极因素克服消极因素原则，是指在德育工作中，教育者要善于依靠、发扬学生自身的积极因素，调动学生自我教育的积极性，克服消极因素，以达到长善救失的目的。

材料中，贾老师指出明朗身上有优点也有缺点，并且让明朗自己去发现自己身上的优缺点。随后明朗发现了自己心肠好、乐于助人的优点，同时也明白了自己在成绩、行为习惯方面的不足。明朗在认识到自身的问题之后，贾老师及时引导他努力学习，告诉他要掌握科学文化知识，这样才能更好地保家卫国。从此，明朗严格要求自己，并养成了良好的习惯。贾老师运用明朗身上的优点来克服其身上的缺点，这体现了长善救失原则。

（2）贯彻这一原则的基本要求：

① 要“一分为二”地看待学生。教育者要用一分为二的观点，全面分析，客观地评价学生的优点和不足。材料中，贾老师指出明朗身上有优点也有缺点，就是在一分为二地看待学生。

② 教育者要有意识地创造条件，将学生思想中的消极因素转化为积极因素。材料中，贾老师引导明朗自己发现身上的优点，有意识地为他主动学习创造机会。

③ 教育者要提高学生的自我认识、自我评价能力，启发他们自觉思考，克服缺点，发扬优点。材料中，通过老师的引导，明朗能够正确地分析、评价自身的问题，提升了自身的认识能力和自我教育的能力。

【考点定位】中学德育——中学德育的原则、途径与方法——中学德育的原则——依靠积极因素克服消极因素的原则（长善救失原则）

【难度】★★★★

31.【参考答案】

（1）① 中学生情绪体验具有迅速、强烈性的特点。青少年时期的情绪是强烈的，他们的情绪经常具有不可遏制性。中学生常常因为一点小事就欣喜若狂、手舞足蹈，或者唉声叹气、愁眉不展，有时彼此之间一言不合就火冒三丈、拔拳相向。材料情景 1 中，张欣“顿时暴跳如雷”“情绪非常激动，头也不回地走出家门”反映了中学生情绪反应往往比较强烈，不容易控制自己的情绪。

② 中学生情绪具有不稳定性和两极性。中学生情绪波动性大，两极性明显，很不稳定，情绪很容易从一个极端剧烈地转向另一个极端。材料情景 2 中，王芳最初“非常喜欢好朋友丽丽”，但当得知丽丽告诉别人她的秘密时，王芳便“对着她大声呵斥，指责她是一个骗子，再也不信任她”，反映了青少年的情绪反应不稳定，具有两极性。

③ 中学生情绪的外露性和内隐性（掩饰性）并存。随着自我意识的发展，中学生对情绪的控制能力逐渐增强。一方面，他们表现出迅速而强烈的情绪反应，喜怒形于色；另一方面，他们会对情绪表露作出一些文饰，并慢慢学会用理智来控制自己的情绪反应。材料情景 3 中，岳勇“控制了自己内心的激动，表现出若无其事的样子”，反映出中学生会用理智来控制自己的情绪反应，体现了内隐性。

（2）调节和控制情绪可以从以下几方面进行：

① 指导学生敏锐地觉察情绪。

引导学生觉察、了解自己当时的主要情绪，并能予以命名，且大概知道各种感受的前因后果。

② 引导学生平和地接纳情绪。

生命中的一切情绪印象都有它该有的意义，应以平和的心态接纳发生在生命中的一切。

③ 教授学生正确调整情绪的方法。

善于及时调整自己的不良心态，其中包括能够保持正确的理性认知，善于采用多种方式及时宣泄自己的情绪，在生活中遇到挫折时能够积极地自我暗示，使自己的情感升华。有效控制情绪的方法有宣泄、转移、调节认知、积极的自我暗示等。

④ 引导学生有效表达情绪。

引导学生学会正确表达、合理宣泄情绪，在恰当的时候以恰当的方式表达自己的情绪体验。

⑤ 促进学生保持和创造快乐的情绪。

可以通过培养艺术类兴趣爱好、锻炼身体、创造愉快的生活环境等方式来保持和创造学生积极快乐的情绪。

【考点定位】中学生发展心理——中学生情绪与意志的发展——情绪——中学生情绪的发展与培养——中学生情绪发展的特点、情绪调节的方法

【难度】★★★★

高顿教育 GOLDEN EDUCATION

姓名 __________ 准考证号 __________

2017 年下半年国家教师资格考试
教育知识与能力（中学）真题卷及参考答案

（科目代码：302/302A）

2017 年下半年国家教师资格考试
教育知识与能力（中学）真题卷

注意事项：

1. 考试时间为 120 分钟，满分为 150 分。
2. 请按规定在答题卡上填涂、作答。在试卷上作答无效，不予评分。

一、单项选择题（在每小题列出的四个备选项中只有一个是符合题目要求的，请用 2B 铅笔把答题卡上对应题目的答案字母按要求涂黑。错选、多选或未选均无分。本大题共 21 小题，每小题 2 分，共 42 分）

1. 提出“泛智”教育思想，探讨“把一切事物教给一切人类的全部艺术”的教育家是（　）。

A. 夸美纽斯　　B. 赫尔巴特　　C. 赞可夫　　D. 布鲁纳

2. 教育与人类社会共始终，为一切人、一切社会所必需，是新生一代的成长和社会生活的延续与发展不可缺少的手段。这表明教育具有（　）。

A. 阶级性　　B. 历史性　　C. 永恒性　　D. 平等性

3. 社会成员经由教育的培养、筛选和提高，可以在不同的社会区域、社会层次、职业岗位以及科层组织之间转换和调动。这种教育的功能是（　）。

A. 社会流动功能　　B. 文化传递功能

C. 社会改造功能　　D. 人口控制功能

4. 法国启蒙思想家卢梭于 1762 年发表了小说体的教育名著，系统地阐述了他的自然主义教育思想，这部教育名著是（　）。

A.《理想国》　　B.《巨人传》　　C.《教育论》　　D.《爱弥儿》

5. 不同时期、地域、民族和阶层中生活的人的思想、品行、才能和习性，无不打上历史、地域、民族和阶层的烙印，表现出很大的差别。这种现象表明影响人发展的因素是（　）。

A. 遗传素质　　B. 社会环境　　C. 教育影响　　D. 个体实践

6. 教育目的的制定受到诸多因素的影响，其中决定教育目的的性质、方向和内涵的因素是（　）。

A. 受教育者的身心发展特点　　B. 哲学思想和教育思想

C. 生产力水平和政治经济制度　　D. 文化传统和教育传统

7. 李老师在教育过程中，深入了解学生，针对学生不同的发展水平、兴趣、爱好和特长，引导学

生扬长避短，发展个性，不断促进学生的自由发展。李老师的这种做法适应了人身心发展的哪一特点？（　）

A. 顺序性　　B. 阶段性　　C. 连续性　　D. 差异性

8. 像任何事物的发展一样，学生品德的发展也是由其内部矛盾推动的。学生品德发展的内部矛盾是（　）。

A. 社会道德要求与学生现有品德发展水平之间的矛盾

B. 学校德育要求与学生现有品德发展水平之间的矛盾

C. 学生品德发展的社会要求与学校德育要求之间的矛盾

D. 学生品德发展的新需要与其现有发展水平之间的矛盾

9. 教学过程是一种特殊的认识过程，其区别于人类一般认识的特点是（　）。

A. 主动性、间接性和引导性　　B. 探索性、间接性和引导性

C. 间接性、引导性和简捷性　　D. 间接性、引导性和复杂性

10. 2001 年，教育部颁布的《基础教育课程改革纲要（试行）》规定，我国普通高中阶段的课程设置方式是（　）。

A. 以分科课程为主　　B. 分科课程和综合课程结合

C. 以综合课程为主　　D. 活动课程和学科课程结合

11. 在一定课程理论指导下，依据培养目标和课程方案，以纲要形式编制的关于教学科目内容、教学实施建议以及课程资源开发等方面的指导性文件是（　）。

A. 课程计划　　B. 课程标准　　C. 教学方案　　D. 教学指南

12. 在某个时期内，个体对某种刺激特别敏感，过了这个时期，同样的刺激则影响很小或没有影响，这个时期称为（　）。

A. 关键期　　B. 发展期

C. 转折期　　D. 潜伏期

13. 图 1 由三个扇形和三条折线组成，但是人们会把它知觉为两个三角形和三个圆形，其反映的知觉特性是（　）。

A. 整体性　　B. 选择性

C. 稳定性　　D. 恒常性

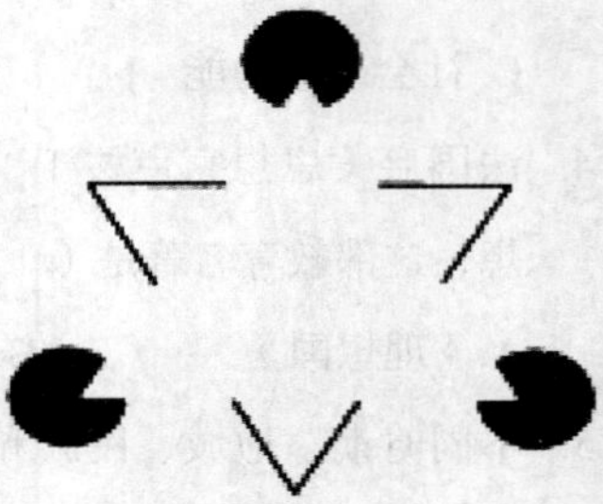

图 1

14. 按照埃里克森人格发展理论，12 ~ 18 岁个体心理发展的主要任务是（　）。

A. 强化自我主动性　　B. 培养勤奋感

C. 建立自我同一性　　D. 获得亲密感

15. 下列教师课堂行为中，体现教师正确运用无意注意规律的是（　）。

A. 对教学重点在语音、语调上予以强调

B. 发现个别学生上课走神时，立即点名批评

C. 讲课前公布学生成绩

D. 用彩色粉笔把黑板边缘装饰得格外醒目

16. 地理老师教学生记忆“乞力马扎罗山”时，为方便学生记忆，将之戏称为“骑着马打着锣”。这种学习策略属于（　）。

A. 复述策略　　B. 精加工策略　　C. 组织策略　　D. 元认知策略

17. 英语老师先教学生蔬菜、水果、肉的英文单词，再教羊肉、猪肉、牛肉、胡萝卜、辣椒、西红柿、芒果、木瓜、香蕉等英文单词，并要求学生把后者纳入前者的类别中。这种知识学习属于（　）。

A. 下位学习　　B. 上位学习　　C. 组合学习　　D. 并列学习

18. 当解出一道困惑自己许久的难题时，小明感到无比兴奋、激动。心理学将小明此时的情感体验称为（　）。

A. 道德感　　B. 理智感　　C. 美感　　D. 幸福感

19. 小东每次锁门离家后，明知已锁过门，但总是怀疑门没有锁上，非要返回检查才安心。他的这种表现属于（　）。

A. 强迫恐惧　　B. 强迫焦虑　　C. 强迫观念　　D. 强迫行为

20. 在小组讨论中，关于什么是道德行为培养的关键，同学们有下列四种不同的看法。其中正确的是（　）。

A. 形成良好的道德意志　　B. 形成良好的道德环境

C. 形成良好的道德情感　　D. 形成良好的道德习惯

21. 教师在课堂上提问一些有难度的问题时，通常会不由自主地将眼光停留在那些优秀的学生身上。这种现象反映的是（　）。

A. 从众效应　　B. 木桶效应　　C. 期待效应　　D. 投射效应

二、辨析题（判断正误，并说明理由。本大题共 4 小题，每小题 8 分，共 32 分）

22. 德育的起点是提高道德认识。

23. 教学具有教育性。

24. 短时记忆向长时记忆转化的条件是想象。

25. 负强化和惩罚在本质上是相同的。

三、简答题（根据要求，回答问题。共 4 道题，每题 10 分，共 40 分）

26. 简述综合实践活动课程的主要领域。

27. 简述班主任工作的基本内容。

28. 简述建构主义学习理论的知识观、学习观、学生观。

29. 简述态度与品德形成的三阶段及其主要内容。

四、材料分析题（阅读材料，并回答问题。共 2 道题，每题 18 分，共 36 分）

30. 材料：

某市教育局最近出台了一项改革措施，审查义务教育学校的办学效益，对效益高的学校实行倾斜政策，加大投资的力度。市教育局先制定出以学生学业成绩、升学率等为主要指标的评价体系，然后依据这一指标体系，由教育行政部门、教育评估专家和学校三方组成评估小组，对全市义务教育学校逐一进行评估，评出一定比例的高效益学校。高效益学校评出后，由政府出面对这些学校加大投资力度，以确保有限的教育资源得到最大限度的利用。据市教育局有关人士称，这项措施的出台将改变以往那种重点学校“近水楼台先得月”的局面。因为评估的结果很有可能表明，重点学校不一定等于效益高的学校，一般学校也并不一定等于效益低的学校。

问题：

试运用我国义务教育发展的理念和政策，评论该市教育局的这项改革措施。（18 分）

31. 材料：

贾德于1908年所做的“水下打靶”实验，是学习迁移研究的经典实验之一。他将被试分成两组，要他们练习用标枪投中水下的靶子。在实验前，他对一组讲授了光学折射原理；另一组不讲授，被试只能从尝试中获得一些经验。在开始投掷练习时，靶子置于水下1.2英寸处。结果，讲授过和未讲授过折射原理的被试，其成绩相同。这是由于在开始的测验中，所有被试都必须学会运用标枪，理论的说明不能代替练习。当把水下1.2英寸处的靶子移到水下4英寸处时，两组的差异就明显地表现出来：未讲授折射原理一组的被试不能运用水下1.2英寸处的投掷经验以改进靶子位于水下4英寸处的投掷练习，错误持续发生；而学过折射原理的被试，则能迅速适应水下4英寸处的学习情境，学得快、投得准。

问题：

（1）贾德在该实验基础上，提出了何种学习迁移理论？（4分）

（2）该理论的基本观点是什么？（4分）

（3）依据该理论，产生学习迁移的关键是什么？（5分）

（4）该理论对教学的主要启示是什么？（5分）

2017年下半年国家教师资格考试
教育知识与能力（中学）真题卷参考答案

一、单项选择题

1. 【答案】A

【解析】本题考查夸美纽斯的教育思想。夸美纽斯的《大教学论》提出了教育学的基本框架和基本内容，被看作教育学开始成为一门独立学科的标志，标志着教育学从哲学中脱离出来。夸美纽斯同时提出了泛智教育的教育思想，所谓泛智就是把一切知识教给一切人。因此答案选A。

选项B：赫尔巴特的《普通教育学》提出了教师中心、教材中心、课堂中心传统的教育三中心，同时提出教育性教学原则，将伦理学和心理学作为教育学的理论基础。

选项C：赞可夫的著作《教学与发展》中，提出了发展性教学理论的五条教学原则，即高难度、高速度、理论知识起主导作用、理解学习过程、使所有学生包括差生都得到发展的原则。

选项D：布鲁纳著有《教育过程》，强调学科结构，提出了结构主义教学理论，倡导发现式学习。

【考点定位】教育基础知识和基本原理——教育学的产生与发展——教育学的发展——教育学的创立阶段——创立阶段代表人物——夸美纽斯

【难度】★

2. 【答案】C

【解析】本题考查教育的永恒性。教育的属性分为本质属性和社会属性。其中，社会属性包含永恒性、历史性、相对独立性等。其中，教育的永恒性是指教育是人类所特有的社会现象，只要人类社会存在，教育就存在。教育的永恒性是由教育本身的职能决定的。教育的永恒性强调的是教育与人类社会共始终，所以题干的表述说明了教育具有永恒性。因此答案选C。

选项A：阶级性强调的是一部分人（古代统治阶级的子弟）有权接受教育，另一部分人（古代被统治阶级的子弟）无权接受教育，属于我国古代社会的教育特点，与题干强调的教育与人类社会共始终不相符。

选项B：历史性是指在人类社会的不同时期，由于生产力发展水平不同、生产关系和政治制度不同，教育也就具有不同的性质和特点、内容和形式，与题干强调的教育与人类社会共始终不相符。

选项D：教育的平等性是指每一个人都有接受教育的权利，与题干强调的教育与人类社会共始

终不相符。（干扰项）

【考点定位】教育基础知识和基本原理——教育的产生与发展——教育的属性——教育的社会属性——永恒性

【难度】★

3. 【答案】A

【解析】本题考查教育功能中教育的社会流动功能。教育的社会发展功能主要体现在教育能推动社会发展变迁和促进社会流动两方面。教育的变迁功能体现在各个领域，如经济、政治、文化和科技等领域。教育的社会流动功能是指社会成员通过教育的培养、筛选和提高，能够在不同的社会区域、职业岗位之间转换和调动，充分发挥其个性特长，展现其智慧才能，实现其人生抱负。题干强调了通过教育能改变人的社会地位，这属于教育的社会流动功能。因此答案选 A。

选项 C：干扰项。

选项 BD：均属于教育的社会变迁功能，不符合题意。

【考点定位】教育基础知识和基本原理——教育与社会发展——教育的功能——按教育功能作用的对象划分——教育的社会发展功能——教育的社会流动功能

【难度】★★★

4.【答案】D

【解析】本题考查卢梭的著作。卢梭在 1762 年发表的《爱弥儿》，以崭新的视角看待儿童，从而被称为第一个“发现儿童”的教育家。该著作在内容上深刻地表述了资产阶级教育思想，其教育的核心是自然教育理论，自然教育的目的是培养自然天性得到充分发展的自然人。因此答案选 D。

选项 A：柏拉图著有《理想国》，内容上主要探讨理想国家的问题。

选项 B：拉伯雷著有《巨人传》，主要体现人文主义对人性的肯定。

选项 C：斯宾塞著有《教育论》，主要表述了斯宾塞的实证主义哲学观和资产阶级的社会政治思想。

【考点定位】教育基础知识和基本原理——教育学的产生与发展——教育学的发展——教育学的创立阶段——创立阶段代表人物——卢梭的《爱弥儿》

【难度】★

5.【答案】B

【解析】本题考查影响人身心发展的因素中的环境。影响人的身心发展的因素主要有遗传、环境、学校教育、个体主观能动性等。环境泛指个体生活中影响个体身心发展的一切外部因素，包括自然环境和社会环境。题干中，不同时期、地域、民族和阶层等因素，表明社会环境会影响人的身心发展。因此答案选 B。

选项 A：遗传是指人从上代继承下来的生理解剖上的特点。遗传素质是人的发展的生理前提，为人的发展提供了可能性，与题干强调的外部环境因素对人的影响不一致。

选项 C：学校教育是指有目的、有计划、有组织地培养人的活动。学校教育在人身心发展中起主导作用。与题干所强调的外部环境因素对人的影响不一致。

选项 D：个体的实践活动是个体发展的决定性因素。不符合题意。

【考点定位】教育基础知识和基本原理——教育与人的发展——影响人身心发展的因素——环境

【难度】★

6. **【答案】**C

【解析】本题考查我国确立教育目的的依据。政治经济制度对教育发展的影响与制约作用体现在 5 个方面：（1）社会政治经济制度的性质决定教育的性质。（2）社会政治经济制度决定教育的宗旨与目的。（3）社会政治经济制度决定教育的领导权。（4）社会政治经济制度决定受教育权。（5）社会政治经济制度决定教育内容和教育管理体制。选项 ABD 均为影响教育目的的因素，但不是决定因素。因此答案选 C。

【考点定位】教育基础知识和基本原理——教育与社会发展——教育与社会政治经济制度——社会政治经济制度对教育的制约

教育基础知识和基本原理——教育目的——我国教育目的——我国确立教育目的的依据

【难度】★★

7. **【答案】**D

【解析】本题考查个体身心发展规律中的个别差异性。个体身心发展规律包括顺序性、阶段性、不平衡性、互补性和个别差异性。个别差异性可以表现在身心的所有构成方面，其中，有些是发展水平的差异，有些是心理特征表现方式上的差异。题干中，李老师针对不同学生的特点进行个性化教学的做法，适应了个体身心发展的差异性。因此答案选 D。

选项 A：顺序性是指个体身心发展是一个由低级到高级、简单到复杂的过程。强调方向性与不超越、不可逆的特点。

选项 B：阶段性是指个体在不同的年龄阶段表现出身心发展不同的总体特征及主要矛盾，面临着不同的发展任务。

选项 C：连续性是指个体身心发展是一个连续的过程。

【考点定位】教育基础知识和基本原理——教育与人的发展——个体身心发展的一般规律——个体身心发展的个别差异性

【难度】★★

8. **【答案】**D

【解析】本题考查德育过程中的学生思想内部矛盾转化的规律。德育过程是一系列矛盾运动的过程，在德育过程中，存在3方面的基本矛盾：（1）学校教育和社会影响之间的矛盾。（2）社会向受教育者提出的德育目标和受教育者现有的品德水平之间的矛盾。（3）受教育者已有的道德认识和最终的道德实践的矛盾。题干的表述强调学生的内部矛盾，所以答案应选择学生自身的需要和现有水平的矛盾。因此答案选D。

【考点定位】中学德育——中学德育过程——德育过程的基本规律——德育过程是促进学生的思想品德内部矛盾积极转化的过程

【难度】★★★

9. **【答案】**C

【解析】本题考查教学过程的特殊性。教学过程是一种特殊的认识过程，学生认识的特殊性表现在以下几个方面：间接性、引导性、简捷性、教育性。因此答案选C。

【考点定位】中学教学——教学过程——教学过程的本质——教学过程是一种特殊的认识过程

【难度】★★

10. **【答案】**A

【解析】本题考查新课程改革的课程结构中高中课程的特点。教育部颁发的《基础教育课程改革纲要（试行）》规定，我国小学阶段的课程设置方式是以综合课程为主，初中阶段的课程设置方式是分科课程与综合课程相结合，高中阶段的课程设置方式是以分科课程为主。因此答案选A。

选项B：分科课程与综合课程相结合是初中阶段的课程设置方式。

选项C：以综合课程为主是小学阶段的课程设置方式。

选项D：干扰项。

【考点定位】中学课程——基础教育课程改革——新课程改革的课程结构——高中阶段以分科课程为主

【难度】★

11. **【答案】**B

【解析】本题考查课程标准的概念。课程内容的文本表现形式包含：课程计划、课程标准、教材。其中，课程标准是指国家根据课程计划以纲要的形式编写的有关某门课程的内容及其实施、评价的指导性文件。因此答案选B。

选项A：课程计划（原称教学计划）是指国家根据一定的教育目的和培养目标制订的有关学校教育和教学工作的指导性文件。它是学校领导和教师进行教学工作的依据和准绳。本项不符合题意。

选项CD：干扰项。

【考点定位】中学课程——课程组织——课程内容——课程内容的文本表现形式——课程标准

【难度】★★

12.【答案】A

【解析】本题考查关键期的概念。发展的关键期是指身体或心理的某一方面机能和能力最适宜形成的时期。在这一时期，对个体的某一方面进行训练可以获得最佳效果。关键期也称敏感期，在关键期内，个体对某种刺激特别敏感，形成某种行为比较容易。过了关键期，同样的刺激则影响很小或没有影响，形成某种行为比较难。因此答案选 A。

【考点定位】教育基础知识和基本原理——教育与人的发展——个体身心发展的一般规律——个体身心发展的不平衡性——个体身心发展不平衡性的教学启示——关键期

【难度】★

13.【答案】A

【解析】本题考查知觉的整体性。知觉的特性包括选择性、整体性、理解性和恒常性。其中，知觉的对象是由不同部分和属性组成的，但我们总是把客观事物作为整体来感知，即把客观事物的个别特性综合为整体来反映，这就是知觉的整体性，强调的是整体感知。题干中的图形是由扇形和折线组成的，但是人们没有把这些图形看成分离的、孤立的状态，而是将它们组合起来看成一个整体，看成是三角形和圆形的组合体。因此答案选 A。

选项 B：人在知觉过程中把知觉对象从背景中区分出来优先加以清晰地反映的特性就叫知觉的选择性，强调对象与背景。其中，被清楚地知觉到的客体叫对象，未被清楚地知觉到的客体叫背景。所以本项与题干强调的整体与部分不一致。

选项 C：干扰项。

选项 D：在不同的物理环境中，从不同的角度、不同的距离知觉某一熟知的物体时，虽然该知觉对象的物理属性（大小、形状、明度、颜色等）会受环境情况的影响而有所改变，但是人对它的知觉却保持相对稳定性，这就是知觉的恒常性。本项与题干强调的整体与部分不一致。

【考点定位】中学生学习心理——认知过程——知觉——知觉的特性——整体性

【难度】★★

14.【答案】C

【解析】本题考查埃里克森社会性发展阶段理论中的自我同一性对角色混乱的发展阶段。埃里克森认为人格的发展贯穿于个体的一生，整个发展过程可以划分为婴儿期（0 ~ 1.5 岁）、儿童早期（1.5 ~ 3 岁）、学前期（3 ~ 6、7 岁）、学龄期（6 ~ 12 岁）、青年期（12 ~ 18 岁）、成年早期（18 ~ 30 岁）、成年中期（30 ~ 60 岁）、成年晚期（60 岁以后）八个阶段。其中，青年期为 12 ~ 18 岁，所面临的冲突是同一性对角色混乱，主要的人格发展任务是建立同一性，防止角色混乱。因此答案选 C。

选项 A：学前期（3 ~ 6、7 岁）的儿童的主要发展任务是强化自我主动性，不符合题干表述。

选项 B：学龄期（6 ~ 12 岁）的儿童的主要发展任务是培养勤奋感，不符合题干表述。

选项 D：成年早期（18 ~ 30 岁）的成年人的主要发展任务是获得亲密感，不符合题干表述。

【考点定位】中学生发展心理——中学生的人格发展——人格发展理论——埃里克森社会性发展阶段理论——同一性对角色混乱

【难度】★

15.**【答案】**A

【解析】本题考查无意注意规律的运用。无意注意是指是指事先没有预定目的，也不要求意志努力的注意。充分利用学生无意注意的方法：（1）应尽量消除那些容易分散学生注意的无意注意因素。（2）要充分引起学生对教学内容的兴趣。（3）使学生在课上轻松地集中注意力听讲。选项 A 中，教师对教学重点进行语调上的特意强调，对学生来讲是引起了无意注意，符合题意。因此答案选 A。

选项 B：通过点名批评，运用提醒的方式引起学生的有意注意，与题干要求的无意注意不相符。

选项 C：在讲课前公布学生成绩，让学生产生学习的动力，是在调动学生的有意注意，与题干要求的无意注意不相符。

选项 D：用彩色粉笔把黑板边缘装饰得格外醒目，引起了学生的无意注意，容易对学生造成注意分散，是错误的运用，与题干要求的正确运用相悖。

【考点定位】中学生学习心理——认知过程——注意——注意规律在教学中的应用——正确运用无意注意的规律组织教学活动

【难度】★★

16.**【答案】**B

【解析】本题考查精加工策略。常用的学习策略包括认知策略、元认知策略和资源管理策略。其中，认知策略中包括复述策略、精细加工策略和组织策略。其中，精细加工策略的方法主要有：（1）记忆术（如位置记忆法、缩减与编歌诀、谐音联想法、关键词法、视觉联想法）。（2）做笔记。（3）提问。（4）生成性学习。（5）利用背景知识联系实际等。精细加工策略强调的是加深记忆和理解。题干中，老师用谐音去引导学生记忆乞力马扎罗山，这属于用记忆术加深记忆和理解，运用了精加工策略中的谐音联想法。因此答案选 B。

选项 A：复述策略是指利用无意识记和有意识记、整体记忆与分段记忆、排除外部干扰、多种感官参与、画线和圈点标注等保持信息的策略。题干强调的是深入理解，复述策略强调的是保持信息，复习形式多样化，不符合题意。

选项 C：组织策略主要的方法包括列提纲、利用图形（系统结构图、流程图等）、利用表格等，强调的是知识条理化，整合知识之间的内在联系，与题干强调的加深记忆和理解不一致。

选项 D：元认知策略是指学生对自己的认知过程及结果的有效监视及控制的策略，包括计划策略、监控策略和调节策略，不符合题意。

【考点定位】中学生学习心理——学习心理——学习策略——学习策略的分类——认知策略——精加工策略

【难度】★★★

17.【答案】A

【解析】本题考查下位学习。根据新知识与原有认知结构的关系，知识学习可分为下位学习、上位学习和组合学习。其中，下位学习是指将概括程度或包容范围较低的新概念或命题，归属到认知结构中原有的概括程度或包容范围较高的适当概念或命题之下，从而获得新概念或新命题的意义。如先学习水果，再学习苹果，最后将苹果归属到水果中。下位学习强调的是垂直关系，且旧知识储备与新知识学习之间是由高到低的关系。题干中，英语老师先教蔬菜、水果、肉的英文单词，再教羊肉、猪肉、胡萝卜、西红柿、芒果等英文单词，可见旧知识储备与新知识学习之间是由高到低的关系，这属于下位学习。因此答案选 A。

选项 B：上位学习是指新概念、新命题具有较广的包容面或较高的概括水平，这时，新知识通过把一系列已有观念包含于其下而获得意义，新学习的内容便与学生认知结构中已有观念产生了一种上位关系。如先学习苹果，再学习水果，水果处于苹果的上位。上位学习强调的是垂直关系，且旧知识储备与新知识学习之间是由低到高的关系，与题干表述的由高到低相反。

选项 CD：组合学习也叫并列学习、并列组合学习。当新概念或新命题与学习者认知结构中已有的观念既不产生下位关系，又不产生上位关系时，它们之间可能存在组合关系，这种只凭组合关系来理解意义的学习就是组合学习。组合学习强调的是旧知识储备与新知识学习之间的平级关系，与题干不符，排除。

【考点定位】中学生学习心理——学习概述——知识的学习——知识学习的种类——根据新知识与原有认知结构的关系——下位学习

【难度】★★★

18.【答案】B

【解析】本题考查情感中的理智感。情感的类型包括道德感、理智感和美感。其中，理智感是指在智力活动中认识、探求或维护真理的需要是否得到满足而产生的情感体验，强调的是智力活动，维护真理。题干中，小明解出难题后的兴奋，属于在智力活动产生的理智感。因此答案选 B。

选项 A：道德感是指用一定的道德标准去评价自己或他人的思想和言行时产生的情感体验，强调的是行为符合道德标准，与题干强调的智力活动，维护真理不符，可排除。

选项 C：美感是指用一定的审美标准来评价事物时所产生的情感体验，强调的是行为符合审美标准，与题干强调的智力活动，维护真理不符，可排除。

选项 D：干扰项。

【考点定位】中学生发展心理——中学生情绪与意志的发展——情感——情感的分类——理智感

【难度】★★

19.【答案】D

【解析】本题考查强迫症。强迫症包括强迫观念和强迫行为。其特点为有意识的强迫和反强迫并存，一些毫无意义甚至违背自己意愿的想法或冲动反反复复侵入当事人的日常生活。强迫行为是指当事人反复去做他不希望执行的动作，如果不这样想、不这样做，他就会感到极端焦虑。比如：强迫洗手、强迫计数、反复检查（如反复检查门是否锁好），强迫性仪式动作是生活中常见的强迫症状。强迫行为强调的是控制不住地去做。题干中，小东总是控制不住自己去做返回检查锁门这件事，这属于强迫行为的典型表现。因此答案选 D。

选项 AB：干扰项。

选项 C：强迫观念是指当事人身不由己地思考他不想考虑的事情，强调的是控制不住地去想，与题干强调的控制不住地去做不一致。

【考点定位】中学生心理辅导——中学生的心理健康——中学生常见的心理健康问题——强迫症

【难度】★★

20.【答案】D

【解析】本题考查品德心理结构中的道德行为。品德是在多种要素的相互制约下形成的一个复杂的心理结构。它包含道德认识、道德情感、道德意志和道德行为（即知、情、意、行）四种基本心理成分。其中，道德行为是指实现道德动机的行为意向及外部表现，是道德认识、道德情感、道德意志的集中体现，是衡量品德的重要标志。看一个学生的品德，主要不是看他认识到什么，而是看他是否言行一致，所以道德行为培养的关键就是要形成良好的道德习惯。因此答案选 D。

选项 A：道德意志是指个体自觉地调节道德行为，克服困难，以实现道德目标的心理过程，是调节道德行为的精神力量。

选项 B：良好的道德环境不是道德行为培养的关键。

选项 C：道德情感是指根据道德观念来评价他人或自己行为时产生的内心体验。

【考点定位】中学德育——中学生品德心理与发展——品德概述——品德的心理结构——道德行为

【难度】★★

21.【答案】C

【解析】本题考查教师期望效应。罗森塔尔效应也叫皮格马利翁效应或期待效应，认为教师的期望会对学生的行为起到潜移默化的作用。题干中，教师提出难题并把目光停留在优秀的学生身上，这是一种希望优秀学生能够给出正确回答的期待，属于期待效应。因此答案选 C。

选项 A：从众效应也称乐队花车效应，是指个体受到群体的影响而怀疑、改变自己的观点、判断和行为等，以和他人保持一致，也就是指当个体受到群体的影响（引导或施加的压力）时，会怀疑并改变自己的观点、判断和行为，朝着与群体大多数人一致的方向变化，即人们常说的“随大流”，与题干强调的老师对学生的期待不符，排除。

选项 B：木桶效应也叫短板效应，是指一只木桶能盛多少水并不取决于最长的那块木板，而取决于最短的那块木板，与题干强调的老师对学生的期待不符，排除。

选项 D：投射效应是指一个人由于自己的需要和情绪倾向，而将自己的特征投射到别人身上的现象。投射作用使得人们将自己本来具有的东西看成别人也具有这些东西。比如，一个自私的人会以为别人都是自私的；一个善良的人就会觉得别人也是善良的等。与题干强调的老师对学生的期待不符，排除。

【考点定位】中学班级管理与教师心理——教师心理——教师的心理特征——教师的行为特征——教师期望效应

【难度】★★

二、辨析题

22.**【参考答案】**

题干说法错误。德育过程是对学生知、情、意、行的培养提高过程，德育过程的一般顺序可以概括为提高道德认识、陶冶道德情感、锻炼道德意志和培养道德行为习惯，也可以概括为“晓之以理、动之以情、持之以恒、导之以行”。但由于社会生活的复杂性和德育影响的多样性，德育过程并不一定以知为开端，知、情、意、行也不一定依次进行。德育过程的开端是多元化的，情、意、行都可以是开端。综上，题干说法错误。

【考点定位】中学德育——中学德育过程——德育过程的基本规律——德育过程是促使学生的知、情、意、行互动发展的过程——多端性

【难度】★★

23.**【参考答案】**

题干说法正确。赫尔巴特最早提出教学的教育性观念，体现了教学的传授知识与思想教育相统一的规律。在教学过程中，知识是思想品德形成的基础，学生思想品德的提高又为他们积极地学习知识奠定了基础。因此，教师在传授知识的同时，一定要注意对学生进行思想品德教育，并使二者有机结合起来，使学生在知识能力和思想品德等方面获得理想的发展与进步。综上，题干说法正确。

【考点定位】中学教学——教学过程——教学过程的基本规律——教育性规律

【难度】★★

24.【参考答案】

题干说法错误。短时记忆是指存储时间不超过 1 分钟的记忆。长时记忆是指信息在记忆中储存时间超过 1 分钟，直至几天、几周或数年，甚至终生不忘。短时记忆向长时记忆转化的条件是复述。因此，短时记忆向长时记忆转化的条件不是想象，而是复述。综上，题干说法错误。

【考点定位】中学生学习心理——认知过程——记忆——记忆的主要类型——短时记忆

【难度】★★

25.【参考答案】

题干说法错误。负强化是指通过厌恶刺激的排除来增加行为在将来出现的概率，而惩罚则是指通过厌恶刺激的呈现来降低行为在将来出现的概率。两者的区别主要体现在以下三方面：（1）行为措施的目的不同。惩罚的目的只是阻止不良行为出现，不一定要形成良好行为。而负强化则是通过厌恶刺激抑制不良行为，并达到建立良好行为的目的。（2）实施方式不同。惩罚是当儿童表现不良行为时及时施以厌恶刺激，以便阻止不良行为产生。负强化是针对正在受惩罚的个体，鼓励他去从事良好行为。一旦发现这个个体表现出预期中的良好行为，就立刻去掉厌恶刺激。（3）施行的后果不同。惩罚的后果是不愉快的，而负强化的效果是愉快的。综上，题干说法错误。

【考点定位】中学生学习心理——学习理论——行为主义学习理论——斯金纳的操作性条件作用论——负强化、惩罚

【难度】★★

三、简答题

26.【参考答案】

（1）研究性学习。

（2）社区服务与社会实践。

（3）劳动与技术教育。

（4）信息技术教育。

【考点定位】中学课程——基础教育课程改革——新课程改革的课程结构——综合实践活动课程

【难度】★★★

27.【参考答案】

（1）了解和研究学生。

（2）组织和培养班集体。

（3）建立学生成长档案。

（4）组织班会活动和课外活动。

（5）协调各种教育影响。

（6）操行评定。

（7）做好班主任工作计划与总结。

【考点定位】中学班级管理与教师心理——班级管理与班主任工作——班主任的工作内容及方法——班主任的常规工作

【难度】★★★

28.**【参考答案】**

（1）知识观

①知识并不是对现实的准确表征，它只是个体对客观世界的一种尝试性的解释或假设，并不与客观世界直接对应。

②知识并不能精确地概括世界的法则，在具体问题中，知识并不是拿来便用，一用就灵，而是要我们根据具体问题情境进行再创造。

③尽管我们通过语言符号赋予了知识一定的外在形式，甚至有些知识得到了普遍认可，但是这并不意味着学生会对这些命题有同样的理解，因为理解知识的过程是每个学生基于自己的经验背景而建构起来的。

（2）学习观

①学习的主动建构性。

②学习的社会互动性。

③学习的情境性。

（3）学生观

①建构主义强调学生经验世界的丰富性，强调学生的巨大潜能。

②建构主义强调学生经验世界的差异性。

【考点定位】中学生学习心理——学习理论——建构主义学习理论——知识观、学生观、学习观

【难度】★★★

29.**【参考答案】**

（1）依从阶段。依从阶段的行为具有盲目性、被动性、不稳定性，随情境的变化而变化，行为受外界压力而不是内在需要的影响。

（2）认同阶段。认同是指在思想、情感、态度和行为上主动接受他人的影响，使自己的态度和行为与他人相接近。认同实质上就是对榜样的模仿，其出发点就是试图与榜样一致。处于这一阶段的学生的行为具有一定的自觉性、主动性、稳定性等特点。

（3）内化阶段。内化是指在思想观点上与他人一致，将自己所认同的思想和自己原有的观点、信念融为一体，构成一个完整的价值体系。

【考点定位】中学德育——中学生品德心理与发展——品德概述——品德形成的一般过程——依

从、认同、内化

【难度】★★★

四、材料分析题

30.【参考答案】

（1）义务教育要遵循掌握知识和发展智力相统一的规律。然而在材料中，“以学生学业成绩、升学率为主要指标”违背了这一规律，过于强调考试成绩和升学率，而忽略了学生综合能力的发展。该规律要求既不能持实质教育论，过于强调知识获得和考试成绩，也不能单纯只强调能力的发展，持形式教育论。

（2）义务教育要遵循均衡发展和传授知识与思想品德教育相统一的规律。材料中，“对效益高的学校实施倾斜政策”违背了这一规律。教育的目的是促进学生德、智、体、美、劳的全面均衡发展，而材料中的做法只强调了智育，忽略了其他方面的培养。

（3）义务教育需要公平发展。我国义务教育法明确规定，“县级以上人民政府及其教育行政部门应当促进学校均衡发展，缩小学校之间办学条件的差距，不得将学校分为重点学校和非重点学校，学校不得分设重点班和非重点班。”材料中，政府要求评估小组对全市义务教育学校逐一进行评估，加大对被评出的高效益学校的投资力度。这一做法削弱了“重点学校”的特殊地位，但同时又倾向加强对高效益学校的投入，违背了此原则。

（4）义务教育评价主体的多元化发展理念。材料中，“由教育行政部门、教育评估专家和学校组成评估小组”扩大了评价主体，但忽略了学生、家长的参与。

综上所述，该改革措施虽然一定程度上调整了教学资源的配置，但依然违背了义务教育均衡公平发展的理念。

【考点定位】教育基础知识和基本原理——教育制度——现代教育制度的发展趋势——义务教育

【难度】★★★★

31.【参考答案】

（1）根据“水下打靶”实验，贾德提出了迁移的概括说（经验类化说）。

（2）该理论的基本观点：迁移不能自动产生，具有相同成分只是迁移的前提。贾德认为，迁移之所以能发生，是因为先前获得的知识原理迁移到了后面的学习过程中。这种一般原理可以部分或全部运用于学习之中。比如，学习过和或者未学习过折射原理的打靶者都要学会击靶，而学习过折射原理的一组被试，能迅速找到水下 4 英寸处的靶子并适应这一情境，“学得快、投得准”。

（3）产生迁移的关键是，学习者在两种活动中概括出它们之间的共同原理。

（4）该理论对教学的启发：

① 针对学生原有认知结构，教师在教授知识时，更多的是要概括出知识体现的原理，加强对知识经验的概括，总结出结构性比较强的理论，便于学生对新知识的学习。

② 在教师教学内容方面，要精选教材，选择具有共同性原理的基本概念进行教学。

③ 在教学方法方面，传授给学生一些重要的学习方法和策略，帮助学生应用原理，达到举一反三、触类旁通的效果。

【考点定位】中学生学习心理——学习心理——学习迁移——学习迁移的理论——概括说（经验类化说）

【难度】★★★★

高顿教育
GOLDEN EDUCATION

姓名 __________ 准考证号 __________

2017 年上半年国家教师资格考试
教育知识与能力（中学）真题卷及参考答案

（科目代码：302/302A）

2017年上半年国家教师资格考试
教育知识与能力（中学）真题卷

注意事项：

1. 考试时间为120分钟，满分为150分。

2. 请按规定在答题卡上填涂、作答。在试卷上作答无效，不予评分。

一、单项选择题（在每小题列出的四个备选项中只有一个是符合题目要求的，请用2B铅笔把答题卡上对应题目的答案字母按要求涂黑。错选、多选或未选均无分。本大题共21小题，每小题2分，共42分）

1. 在教育史上，重视实科教育，主张学生学习的自觉性，强调教育为完满生活做准备的教育家是（　）。

   A. 夸美纽斯　　B. 赫尔巴特　　C. 斯宾塞　　D. 杜威

2. 儿童身心发展存在高速发展期，某一时期某一方面的发展特别迅速而在其他阶段相对平稳。这一现象体现了儿童身心发展的哪一特性？（　）

   A. 顺序性　　B. 阶段性　　C. 个别差异性　　D. 不平衡性

3. 明确提出“长善救失”“教学相长”“不陵节而施”“藏息相辅”等重要教育思想的文献是（　）。

   A.《论语》　　B.《学记》　　C.《孟子》　　D.《大学》

4. 在教育目的的价值取向问题上，主张教育是为了使人增长智慧，发展才能，让生活更加充实、幸福的观点属于（　）。

   A. 个人本位论　　B. 社会本位论　　C. 知识本位论　　D. 能力本位论

5. 世界各国的学制存在着差别，但在入学年龄、中小学分段等方面具有较高的一致性，这说明学制的建立要依据（　）。

   A. 社会政治经济制度　　B. 生产力发展水平

   C. 青少年身心发展规律　　D. 民族和文化传统

6. 学生在小学数学课程中通过测量或拼图学习三角形的内角和为180度，在中学数学课程中通过证明学习三角形的内角和为180度。这种课程内容的组织形式是（　）。

   A. 直线式　　B. 螺旋式　　C. 纵向式　　D. 横向式

7. 某沿海城市在义务教育阶段的学校全面开设海洋教育课程。这种课程属于（　）。

A. 国家课程　　B. 地方课程　　C. 校本课程　　D. 生本课程

8. 李老师在语文课上，按照组织教学、检查复习、讲授新教材、巩固新教材、布置课外作业的程序进行教学。这体现了哪一类型课的结构？（　）

A. 单一课　　B. 综合课　　C. 练习课　　D. 复习课

9. 古希腊哲学家苏格拉底创立了“产婆术”。它体现的主要教学方法是（　）。

A. 讲授法　　B. 讨论法　　C. 谈话法　　D. 演示法

10. 有同学在班上丢了 30 元压岁钱，如何解决这个问题呢？王老师通过讲“负荆请罪”的故事，教育拿了钱的同学要像廉颇将军一样知错就改。不久，犯错误的同学把钱悄悄归还了失主。王老师采取的德育方法是（　）。

A. 榜样示范法　　B. 品德评价法　　C. 实际锻炼法　　D. 个人修养法

11. 班主任陈老师通过生杏的酸涩和熟杏的香甜来教育一位早恋的初三女生，告诉她，谈恋爱和吃杏子是一样的道理，中学生还没有“生长”成熟，此时若谈恋爱，就如同吃生杏子一般，只能又苦又涩；只有到杏子成熟后再去品尝，才会香甜可口，无比幸福。从而使这位女生从早恋中走了出来。这体现了德育的哪一原则？（　）

A. 知行统一原则　　B. 长善救失原则

C. 有的放矢原则　　D. 疏导原则

12. 学习游泳之前，小兰通过阅读书籍记住了一些与游泳相关的知识。小兰对游泳知识的记忆是（　）。

A. 陈述性记忆　　B. 程序性记忆　　C. 瞬时记忆　　D. 短时记忆

13. 小军由于“锐角三角形”知识掌握不好而影响了“钝角三角形”知识的掌握。这种现象属于（　）。

A. 纵向迁移　　B. 横向迁移　　C. 顺应迁移　　D. 重组迁移

14. 小马上课时害怕回答问题，他发现自己坐在教室后排时可减少被老师提问的次数。于是，他总坐在教室后排。下列哪种强化方式导致了小马愿意坐在教室的后排？（　）

A. 正强化　　B. 负强化　　C. 延迟强化　　D. 替代强化

15. 小星判断道德问题时，不仅能依据规则，而且能出于同情和关心做出判断。根据皮亚杰道德发展阶段论，小星的道德认知发展处于（　）。

A. 自我中心阶段　　B. 权威阶段　　C. 可逆性阶段　　D. 公正阶段

16. 中学生晓楠极端争强好胜，性格急躁，富有竞争意识，外向，常常处于紧张状态，很难使自己放松。晓楠的人格特征属于（　）。

A. A 型人格　　B. B 型人格　　C. C 型人格　　D. D 型人格

17. 小强期中考试失利，但是他没有气馁，而是认真地分析了失败的原因，找到了问题，确定了新的方向。小强这种对待挫折的方式是（　）。

A. 宣泄　　B. 升华　　C. 补偿　　D. 认知重组

18. 中学生小艾上学前总是反复检查书包，如果不检查，他就难受，明知该带的文具都带了，就是控制不住。他的问题是（　）。

A. 抑郁症　　B. 焦虑症　　C. 强迫症　　D. 恐惧症

19. 华老师认为课堂管理是教学的一部分，课堂管理本身可以教给学生一些行为准则，促使学生从他律走向自律，使学生逐步走向成熟。这主要说明课堂管理具有哪一功能？（　）

A. 维持功能　　B. 导向功能　　C. 发展功能　　D. 调节功能

20. 每学期开学前，王老师总是根据自己所教班级的人数、课时量、备课资料是否充分等来安排自己的教学方式与教学进度。根据福勒与布朗的观点，王老师处于教师成长的哪个阶段？（　）

A. 关注生存　　B. 关注情境　　C. 关注学生　　D. 关注自我

21. 李老师经常自觉地对自己的讲课过程进行分析，进行全面深入地归纳与总结，以不断地改善自己的教学行为，提高自己的教学水平。李老师的做法是基于下列哪种专业发展方式？（　）

A. 教学实践　　B. 教学研究　　C. 自我发展　　D. 教学反思

二、辨析题（判断正误，并说明理由。共 4 道题，每题 8 分，共 32 分）

22. 教育具有自身的发展规律，不受社会发展的制约。

23. 知识越多，能力越强。

24. 接受学习一定是有意义学习。

25. 根据科尔伯格的观点，道德发展的阶段性是固定的，相同年龄段的人都能达到同样的发展水平。

三、简答题（根据要求，回答问题。共4道题，每题10分，共40分）

26. 简述班主任培养班集体的主要方法。

27. 我国新一轮基础教育课程改革的具体目标有哪些?

28. 简述短时记忆的特点。

29. 简述学校心理辅导的原则。

四、材料分析题（阅读材料，并回答问题。共 2 道题，每题 18 分，共 36 分）

30. 材料：

周老师总是认真给学生写评语，把它作为教育学生的途径。他给班上的小赵同学写了一首打油诗："小赵同学有头脑，就是不爱用正道；上课爱做小动作，下课总是爱胡闹；学习态度不大好，学习成绩不大妙；你若聪明应知道，有才不用是草包；下个学期赶紧改，否则成绩更糟糕。"小赵阅读后哈哈大笑，也回老师一打油诗："老师说得对，老师写得妙；小赵一定改，决不当草包；不做小动作，头脑用正道；若是做不到，任凭老师敲！"

小张迷恋电脑游戏，周老师用心良苦，巧妙地把他比喻为电脑，给他的评语是："该主机硬盘超过 80G，内存 2G，运行绝大多数游戏非常流畅、反应灵敏；显卡强大、画面质量甚高，整体配置非常优良。但该机音效卡设定不良，常常该出声时没声音，要安静时却发出杂音；另屏幕保护时间设定过短，老师一分钟没动作，就进入休眠状态。修理修理，还是好用的。"后来，小张改掉了迷恋游戏的毛病，对电脑硬件也产生了兴趣。

小黄语文水平高，但有些浮躁，周老师给他写了如下评语："汝生于书香门第，喜读书。通达明理，开朗乐观。时有非常之事，亦曾处之泰然，好学善守。然汝时有蹉跎之意，散惰顽甚。若不读圣贤之书，以致学识浅薄，泯然众人，岂不衰哉，痛哉！"小黄看后心服口服，决定安下心来，坚持勤奋读书。

问题：周老师给学生写的评语体现了哪些德育原则？（9 分）请结合材料加以分析。（9 分）

31. 材料：

小明和小罗今年高三，是一对好朋友，两个人在处理问题的认知风格方面有较大差异。小明在学习上遇到问题时，常常利用个人经验独立地对其进行判断，喜欢用概括的、有逻辑的方式分析问题，很少受到同学与老师的建议的影响。而小罗遇到问题时的表现则与小明相反，他更愿意倾听老师和同学的建议，并以他们的建议作为分析问题的依据。另外，他还善于察言观色，关注社会问题。

问题：结合材料分析小明和小罗的认知风格差异。（10分）假如你是他们的老师，如何根据认知风格差异开展教学？（8分）

2017年上半年国家教师资格考试

教育知识与能力（中学）真题卷参考答案

一、单项选择题

1. **【答案】**C

【解析】本题考查斯宾塞的教育思想。斯宾塞在他的著作《教育论》中提出：教育是为未来“完满生活”做准备的。他主张教育的目的应切合实际需要，即要求必须教给学生有价值的科学知识。因此答案选C。

选项A：夸美纽斯提出“泛智教育”思想，主张“把一切事物交给一切人”“一切男女青年都应该进学校”。

选项B：赫尔巴特提出教师中心、课堂中心、教材中心三中心理论。

选项D：杜威提出“教育即生活”“教育即生长”“教育即经验的改组或改造”“学校即社会”的观点。

【考点定位】教育基础知识和基本原理——教育学的产生与发展——教育学的发展——教育学的创立阶段——创立阶段代表人物——斯宾塞

【难度】★

2. **【答案】**D

【解析】本题考查个体身心发展规律中的不平衡性。个体身心发展规律的不平衡性是指个体的发展并不总是按相同的速度直线前进的。一是同一机能在发展的不同时期有不同的发展速率。二是不同系统的发展速度、起始时间、达到的成熟水平是不同的。题干中表述的就是不平衡性中“同一方面不匀速”的特点。因此答案选D。

选项A：顺序性是指个体身心发展是一个由低级到高级，由简单到复杂的过程。强调方向性与不超越、不可逆的特点。

选项B：人的发展变化既体现出量的积累，又表现出质的飞跃。当某些量积累到一定程度时，就会导致质的飞跃，即表现为人身心发展的阶段性。

选项C：个别差异性是指每个人的发展特点、发展速度都是不一样的，强调的是不同的人有不同的特点。

【考点定位】教育基础知识和基本原理——教育与人的发展——个体身心发展的一般规律——个

体身心发展的不平衡性

【难度】★★

3. **【答案】**B

【解析】本题考查《学记》。《学记》是我国也是世界上最早论述教育问题的论著，相传由孟子的弟子乐正克于战国末年编著成书。《学记》主要涉及教育、教学的原则、教育教学的方法等教育问题。“教学相长”“长善救失”“不陵节而施”“藏息相辅”等均是由《学记》提出的思想。因此答案选B。

选项A:《论语》相传由孔子的弟子及再传弟子于战国前期编著成书，主要记录孔子及其弟子的言行，涉及人文政治教育等各个内容。

选项C:《孟子》相传由孟子及其弟子编著，成书于战国中期，内容主要记录孟子及其弟子的政治、教育、哲学、伦理等思想观点和政治活动。

选项D:《大学》相传由曾子编著，成书于春秋末期，记载了先秦儒家道德修养理论，道德修养的基本原则和方法，对儒家政治哲学也有系统的论述。

【考点定位】教育基础知识和基本原理——教育学的产生与发展——教育学的发展——教育学的萌芽阶段——中国——《学记》

【难度】★

4. **【答案】**A

【解析】本题考查个人本位的教育目的理论。教育目的的基本价值取向分为个人本位论和社会本位论。其中，个人本位论的观点：从个体本能需要出发，强调教育要服从人的成长规律和满足人的需要；注重教育对个人的价值；主张教育的目的是培养“自然人”，发展人的个性，增进人的价值，促使个人自我实现。题干中指出教育使人增长智慧，发展才能，这符合个人本位论的观点。因此答案选A。

选项B：社会本位论从社会发展需要出发，注重教育的社会价值；主张教育的目的是培养合格公民和社会成员；认为教育是国家的事业，评价教育要看其对社会的发展贡献的指标，强调的是教育为了社会的发展，培养社会人。本项与题干中的表述相反。

选项CD：干扰项。

【考点定位】教育基础知识和基本原理——教育目的——教育目的概述——有关教育目的的理论——个人本位论

【难度】★

5. **【答案】**C

【解析】本题考查教育制度确立依据中人的依据。学制建立的依据包括：社会依据、人的依据和学制本身的因素。人的依据是指学制的确立受学生身心发展规律和年龄特征的制约。青少年身心发展具有一定的规律，成长经历不同的年龄阶段，每一阶段都各有其年龄特征。题干强调“入学年龄、中小学分段等方面具有较高的一致性”，这说明各国的青少年都有着一定的共性，强调了人在身心发展方面有着共同的特征。因此答案选C。

【考点定位】教育基础知识和基本原理——教育制度——教育制度概述——教育制度确立的依据——人的依据

【难度】★★

6. **【答案】**B

【解析】本题考查课程内容组织形式中的螺旋式。螺旋式的课程内容组织形式是指把某一学科的同一内容按深度、广度的不同安排在不同学习阶段重复出现，使得每一次重复都将原有的知识、方法、经验进一步加深、拓展，逐级深化。题干中，学生在中学用更高级的方式学习小学学过的知识，这强调的是之前安排过的内容在之后重复出现，体现了知识的螺旋式组织方式。因此答案选B。

选项A：直线式是指把课程内容组织成一条逻辑上前后联系的“直线”，前后内容基本不重复。直线式的逻辑依据是课程知识本身内在的逻辑是直线前进的。

选项C：纵向组织是指按照知识的逻辑序列，即从已知到未知、从具体到抽象等先后顺序组织安排课程内容。本项与题干不符，排除。

选项D：横向组织是指打破学科的知识界限和传统的知识体系，按照学生发展的阶段，以学生发展阶段需要探索的社会和个人最关心的问题为依据，组织课程内容，构成一个个相对独立的内容专题。

【考点定位】中学课程——课程组织——课程内容——课程内容的组织形式——螺旋式

【难度】★★

7. **【答案】**B

【解析】本题考查课程类型中的地方课程。根据设计开发的主体不同，可以将课程分为国家课程、地方课程和校本课程。其中，地方课程是指由地方组织开发并在本地实施的课程。地方课程的主导价值在于通过课程满足地方社会发展的现实需要。题干中，沿海城市在义务教育阶段的学校全面开设海洋教育课程，这是为了满足当地对海洋相关产业人才的现实需求。因此答案选B。

选项A：国家课程是指由国家统一组织开发并在全国范围内实施的课程。国家课程的主导价值在于通过课程体现国家的教育意志。题干强调的是地方上的个性，所以本项与题干表述不符。

选项C：校本课程是指学校在开设好国家课程和地方课程的前提下，以本校教师为主体开发的符合本校实际、适用本校学生需求、具有学校自身特点、以校为本的课程。题干强调的课程并不是以学校教师为设计开发的主体，所以本项与题干表述不符。

选项 D：生本课程是一种新的教学形态，还在实践探索和理论不断丰富完善的阶段。

【考点定位】中学课程——课程概述——课程的类型——地方课程

【难度】★★

8. 【答案】B

【解析】本题考查课的类型中的综合课。根据一节课所完成的教学任务的类型和数量，课程可分为单一和综合两种。综合课是指在一节课内，同时完成两种或两种以上教学任务的课程。题干中，李老师在语文课上明显涉及了两个以上的教学任务，所以本课属于综合课。因此答案选 B。

选项 A：单一课是指在一节课内主要完成一种教学任务的课。例如，以讲授教材为目的传授新知识的新授课；以培养学生技能、技巧为目的的练习课；以巩固复习所学知识为目的的复习课。单一课强调的是一节课完成一种教学任务，与题干中表述的多种任务不相符。

选项 CD：干扰项。

【考点定位】中学教学——教学组织形式和教学工作基本环节——教学工作的基本环节——上课——课的类型——综合课

【难度】★★

9. 【答案】C

【解析】本题考查教学方法中的谈话法。谈话法，也称问答法，是指教师按一定的教学要求向学生提出问题，通过问答的形式来启发学生获取知识的教学方式。苏格拉底的“产婆术”也叫作问答法，教学过程主要包括讥讽、助产术、归纳、定义四个步骤。因此答案选 C。

选项 A：讲授法是指教师运用口头语言系统向学生传授知识的一种方法，主要有讲述、讲解、讲读、讲演四种方式，与题干强调的启发性问答过程不符。

选项 B：讨论法是指学生在教师的指导下为解决某个问题进行探讨、辩论，从而获取知识的一种方法，强调的是磋商辩论，与题干强调的启发性问答不符。

选项 D：演示法是指通过展示实物、直观教具进行示范性的实验，或采取现代化视听手段等指导学生获得知识或巩固知识的方法。

【考点定位】中学教学——教学原则和方法——中小学常用的教学方法——常见的教学方法——以语言传递为主的教学方法——谈话法

【难度】★

10. 【答案】A

【解析】本题考查德育方法中的榜样示范法。榜样示范法是指用榜样人物的高尚思想、模范行为、优异成就来影响学生的思想、情感和行为的方法，强调向榜样学习。题干中，教师利用廉颇将军的行为作为范例，让学生向他学习。为犯错误的学生树立正面榜样，属于榜样示范法。因此答案选 A。

选项 B：品德评价法是指教育者根据一定的要求和标准，对学生的思想品德进行肯定或否定的评价，促使其发扬优点，克服缺点，督促其不断进步的一种方法。

选项 C：实际锻炼法是指使学生在行为实践中接受磨炼和考验，在参加各种实际活动中培养其优良思想品德的方法。实际锻炼法强调的是让学生动手亲身体验，不符合题干所强调的用优秀的榜样行为来影响人的德育方法。

选项 D：个人修养法是指教师指导学生自觉主动地进行学习、自我反省，以实现思想转化及行为控制的方法。这个方法强调自己对自己的提升，不符合题干强调的用优秀的榜样行为来影响人的德育方法。

【考点定位】中学德育——中学德育的原则、途径与方法——中学德育的途径与方法——中学德育的方法——常用的德育方法——榜样示范法

【难度】★★

11.**【答案】**D

【解析】本题考查德育原则中的疏导原则。常用的德育原则主要包括导向性、疏导、长善救失、教育影响的一致性与连贯性、因材施教等原则。其中疏导原则是指进行德育要循循善诱，以理服人，从提高学生认识入手，调动学生的主动性，使他们积极向上。题干中，教师通过比喻来引导学生改变其行为，还结合比喻给学生讲道理，让学生自己认识到早恋是错误的选择，并使其从早恋中走出来。综上，选项 D 疏导原则符合题意。因此答案选 D。

选项 A：知行统一原则是指既要重视思想道德的理论教育，又要重视组织学生参加实践锻炼，把提高认识和行为养成结合起来的一种原则。知行统一原则强调的是理论联系实际，与题干强调的循循善诱，以理服人不一致。

选项 B：长善救失原则是指教育者要善于依靠、发扬学生自身的积极因素，调动学生自我教育的积极性，克服消极因素的一种原则。长善救失原则强调的是用优点克服缺点，与题干强调的循循善诱，以理服人不一致。

选项 C：干扰项。

【考点定位】中学德育——中学的德育原则、途径与方法——中学德育的原则——疏导原则

【难度】★★

12.**【答案】**A

【解析】本题考查记忆类型中的陈述性记忆。根据信息加工与存储的内容不同，记忆可分为陈述性记忆和程序性记忆。其中，陈述性记忆以陈述性知识即事实类信息为内容，包括定义、字词、时间、人名、事件、概念和观念，是指强调记忆“是什么”的静态知识。例如，人背诵记忆开车的理论知识，就是陈述性记忆。因此答案选 A。

选项 B：程序性记忆是指强调记忆“如何做”的动态知识。例如，人记得如何开车就属于程序

性记忆。

选项 CD：干扰项。

【考点定位】中学生学习心理——认知过程——记忆——记忆的主要类型——陈述性记忆

【难度】★★★

13.【答案】B

【解析】本题考查迁移分类中的水平迁移。根据迁移内容的抽象和概括水平不同，可将学习迁移分为横向迁移和纵向迁移。其中，横向迁移也称水平迁移，是指在难度、复杂程度和概括层次上处于同一水平的先行学习内容与后继学习内容、学习活动之间产生的影响。题干中，“锐角三角形”和“钝角三角形”是内容、难度相似的知识点，处于相同的知识层级。因此答案选 B。

选项 A：纵向迁移是指处于不同抽象、概括水平的经验之间的相互影响。先后学习的两种内容不属于同一概括水平，往往有垂直的层级关系，所以与题意强调的同一知识层级不一致。

选项 CD：干扰项。

【考点定位】中学生学习心理——学习心理——学习迁移——迁移的分类——水平迁移

【难度】★★

14.【答案】B

【解析】本题考查强化理论中的负强化。斯金纳的操作性条件作用的基本规律分为强化、惩罚、消退。其中，强化分为正强化和负强化。负强化也称消极强化，是指通过消除或中止厌恶、不愉快的刺激来提高反应频率。题干中，小马因为害怕回答问题而坐在后面，这样老师看到他并提问的次数会减少，这说明小马不喜欢老师的提问。后来小马更多地坐在教室后排，说明他“坐在教室后排”的行为变多。因此，本案例的最终结果是“行为变多”，属于强化。而摆脱了一个小马厌恶的东西，使他的某种行为变多，这一现象体现了负强化的特点。因此答案选 B。

选项 A：正强化也称积极强化，是指通过呈现想要的愉快刺激来提高反应频率。

选项 C：延迟强化是指对学生前一段时期的行为进行强化，让学生明白有些行为不仅是不应忘记的，而且是很重要的。

选项 D：替代强化是指观察者因看到榜样的行为被强化而受到强化。

【考点定位】中学生学习心理——学习理论——行为主义学习理论——斯金纳的操作性条件作用论——操作性条件作用的基本规律——负强化

【难度】★★

15.【答案】D

【解析】本题考查皮亚杰道德发展阶段论中公正阶段的特点。皮亚杰把儿童的道德发展分为四个阶段:（1）前道德阶段（2 ~ 5 岁）。（2）权威阶段（5 ~ 8 岁）。（3）可逆性阶段（9 ~ 11 岁）。（4）公正阶段（11 岁以后）。其中，处于公正阶段（11 岁以后）的儿童开始倾向于主持公正、平等，体验到公正、平等应该符合每个人的特殊情况。公正的奖惩不能是千篇一律的，应根据个人的具体情况进行。题干中，小星不仅能依据规则，更能出于同情判断对错，所以他处于公正阶段。因此答案选 D。

选项 A：自我中心阶段（2 ~ 5 岁），又称前道德阶段，强调的是规则对儿童没有约束力，与题干强调的用关心和同情去进行道德判断不符。

选项 B：权威阶段（5 ~ 8 岁），又称他律道德阶段，处在该时期的儿童接受权威指定的规范，只考虑他人设定的道德标准，不考虑自己设定的道德标准，而且只根据行为后果来判断对错，强调的是外部规则不可变，与题干强调的用关心和同情去进行道德判断不符。

选项 C：可逆性阶段（9 ~ 11 岁），又称自律道德阶段，处在该时期的儿童开始按照内在标准进行道德判断，不完全根据别人设定的外部道德规则进行判断，开始结合自己设定的内部道德规则，认为道德是可以修改的，强调的是外部规则可变，与题干强调的用关心和同情去进行道德判断不符。

【考点定位】中学德育——道德发展理论——皮亚杰道德发展阶段论——公正阶段

【难度】★★

16.**【答案】**A

【解析】本题考查人格特质理论中的 ABCD 型人格。A 型人格的人效率高、进取心强，能充分利用时间和发挥自己的才能。但 A 型人格的人过于紧张、急躁，自我加压过大，常常处于一种高度紧张的状态。题干中，学生争强好胜，性格急躁，常常处于紧张状态，属于 A 型人格。因此答案选 A。

选项 B：B 型人格的人较松散、与世无争，对任何事皆处之泰然。与题干的表述恰恰相反。

选项 C：C 型人格的人表现为好忍气吞声，过度压抑自己的情绪，负性情绪体验过多。

选项 D：干扰项。

【考点定位】中学生发展心理——中学生的人格发展——人格特质理论——ABCD 型人格

【难度】★★★

17.**【答案】**D

【解析】本题考查挫折应对方法中的认知重组。应对挫折的方法包括：否认、退行、压抑、行为转移、投射、行为补偿、反向形成、合理化、升华、认同、认知重组、幽默等等。其中，认知重组是指个体对于挫折有了新的认识和评价，调整了自己的认知，即换个角度想问题。题干中，小强考试失利，碰上了挫折，但他并没有气馁，而是认真分析了原因，找到了问题，确定了新的方向，这属于认知重组。因此答案选 D。

选项 A：宣泄是指让人把过去由某种强烈刺激、不幸事件等导致的挫折、心理创伤带来的消极不良情绪发泄出来，以达到缓解和消除个体消极情绪的目的。

选项 B：升华是指一个人将受挫后的心理压抑向符合社会规范的、具有建设性意义的方向抒发的心理反应，强调的是追求层次更高的目标。

选项 C：补偿也称代偿防御机制，是指当个体因本身生理或心理上的缺陷致使其不能达成某种目标时，改以采取其他方式来弥补、代偿这些缺陷，以减轻其自卑感、不安全感，建立自尊。补偿强调的是挫败后放弃原来目标，找个替代的目标来得到满足。

【考点定位】中学生心理辅导——压力和挫折——挫折——挫折的应对——认知重组

【难度】★★★

18.【答案】C

【解析】本题考查中学生常见的心理健康问题中的强迫症。强迫症包括强迫观念和强迫行为。其特点为有意识的强迫和反强迫并存，一些毫无意义、甚至违背自己意愿的想法或冲动反反复复侵入当事人的日常生活。强迫观念是指当事人身不由己地思考他不想考虑的事情；强迫行为是指当事人反复去做他不希望执行的动作，如果不这样想、不这样做，他就会感到极端焦虑。强迫洗手、强迫计数、反复检查（如门是否锁好）、强迫性仪式动作是生活中常见的强迫症状。题干中，小艾明知道带了文具，但是仍控制不住地反复检查，这属于强迫症状中的强迫行为。因此答案选 C。

选项 A：抑郁症是指以持久性的心境低落为特征的神经症，强调的是持久性的心境低落。

选项 B：焦虑症是指以与客观威胁不相适应的焦虑反应为特征的神经症。中学生最常见的焦虑反应是考试焦虑。其表现是随着考试临近，心情极度紧张；考试时不能集中注意力，知觉范围变窄，思维刻板，出现慌乱，无法发挥正常水平；考试后很久不能松弛下来。

选项 D：恐惧症是指对特定的无实际危害的事物与场景的非理性惧怕。恐惧症可分为单纯恐惧症、广场恐惧症和社交恐惧症等。

【考点定位】中学生心理辅导——中学生的心理健康——中学生常见的心理健康问题——强迫症

【难度】★★

19.【答案】C

【解析】本题考查课堂管理的发展功能。课堂管理具有三个功能：维持功能、促进功能和发展功能。其中，发展功能是指良好的课堂管理能够帮助学生养成良好的行为习惯，帮助学生获得自我管理能力。题干中，“课堂管理可以促使学生从他律走向自律，使学生逐步走向成熟”体现的是课堂管理的发展功能。因此答案选 C。

选项 A：维持功能是课堂管理的基本功能。维持功能是指在课堂教学中，排除各种干扰因素，维持良好的学习生活环境，与题干强调的课堂管理可以促进学生发展不符。

选项 BD：干扰项。

【考点定位】中学班级管理与教师心理——课堂管理——课堂管理概述——课堂管理的功能——

发展功能

【难度】★★★

20.**【答案】**B

【解析】本题考查教师成长历程中的关注情境阶段。美国学者福勒和布朗把教师的发展分为关注生存阶段、关注情境阶段和关注学生阶段。其中，关注情境阶段强调教师所关注的是与自己的教学相关的事情，关注如何教好每一堂课的内容。题干中，王老师安排自己的教学方式与教学进度，关注教学活动，说明王老师处于关注情境阶段。因此答案选 B。

选项 A：处于关注生存阶段的一般是新教师，他们关注学生是否喜欢自己，同事是否接纳自己等。

选项 C：处于关注学生阶段的教师更多地考虑学生的个别差异。

选项 D：关注自我不属于福勒所提出的教师成长的三个阶段，可排除。

【考点定位】中学班级管理与教师心理——教师心理——教师成长心理——教师成长的历程——关注情境阶段

【难度】★★

21.**【答案】**D

【解析】本题考查反思教学经验的教师专业发展方式。教师专业发展的方法主要包括：观摩和分析优秀教师的教学活动，开展微格教学，反思教学经验，进行专门训练。其中，教学反思是教师借助行动研究，不断探讨与解决教学目的、教学工具和自身方面的问题，不断提升教学实践的合理性，不断提高教学效益和科研能力，促进教师专业化的过程。题干中，李老师经常总结自己讲课过程中的得失，以提高教学水平，这体现了李老师注重教学反思。因此答案选 D。

【考点定位】中学班级管理与教师心理——教师心理——教师成长心理——教师成长与发展的基本途径——反思教学经验

【难度】★★★

二、辨析题

22.**【参考答案】**

题干说法错误。教育具有自身规律，具有相对独立性，但这并不意味着教育不受社会发展的制约。生产力发展水平决定教育的发展水平，决定教育事业发展的速度和规模，制约人才的培养规格和教育结构，制约教学的内容、方法、组织形式与手段；社会政治经济制度决定教育的性质、教育的宗旨与目的、教育的领导权、受教育权以及教育内容和教育管理体制；文化也会影响教育的目的、内容、方法等。所以，教育会受到社会发展的制约。综上，题干说法错误。

【考点定位】教育基础知识和基本原理——教育的产生与发展——教育的属性——教育的社会属

性——相对独立性

【难度】★★

23.**【参考答案】**

题干说法错误。教学过程遵循掌握知识与发展能力相统一的规律。在教学过程中既要重视知识的传授，又要重视能力的发展，并将二者辩证统一于教学活动之中。掌握知识是发展能力的基础，能力发展是掌握知识的必要条件，两者是辩证统一的关系。但知识掌握的多少与能力发展并不成正比，知识掌握得越多，能力不一定越强，“高分低能”现象就说明了掌握知识和发展能力之间的不均衡性。综上，题干说法错误。

【考点定位】中学教学——教学过程——教学过程的基本规律——发展性规律

【难度】★★

24.**【参考答案】**

题干说法错误。奥苏贝尔根据学习进行的方式将学习分为接受学习和发现学习；根据学习材料与学习者原有知识的关系将学习分为机械学习和有意义学习。接受学习是指教师把学习内容以定论的形式传授给学生。有意义学习的实质是指将新知识与已有知识建立起非人为（内在）的和实质性（非字面）的联系。接受学习既可能是有意义学习，也可能是机械学习，关键在于是否建立了新旧知识之间的联系。综上，题干说法错误。

【考点定位】中学生学习心理——学习概述——学习的分类——按照学习性质与形式分类——接受学习、有意义学习

【难度】★★

25.**【参考答案】**

题干说法错误。科尔伯格采用道德两难故事法把人的道德发展分为三个水平、六个阶段，每个阶段都有道德发展的不同表现。第一个水平是前习俗水平，包括惩罚与服从阶段和相对功利阶段；第二个水平是习俗水平，包括“好孩子”阶段和维护权威和秩序阶段；第三个水平是后习俗水平，包括社会契约阶段和普遍伦理阶段。根据科尔伯格的观点，道德发展的阶段性的顺序是固定的，但是并不是相同年龄的人都能达到同一道德水平，有些中学生的道德水平仍处于习俗甚至前习俗水平。综上，根据科尔伯格的观点，道德发展的阶段性是固定的，但是相同年龄段的人不一定都能达到同样的发展水平。综上，题干说法错误。

【考点定位】中学德育——道德发展理论——科尔伯格的道德发展阶段论

【难度】★★

三、简答题

26.【参考答案】

（1）确定班集体的发展目标。

（2）建立得力的班集体核心。

（3）建立班集体的正常秩序。

（4）组织形式多样的教育活动。

（5）培养正确的集体舆论与良好的班风。

【考点定位】中学班级管理与教师心理——班级管理与班主任工作——班集体的形成与发展——培养班集体的方法

【难度】★★★

27.【参考答案】

（1）实现课程功能的转变，新课程的教学目标为三维目标：知识与技能、过程与方法、情感态度与价值观。

（2）体现课程结构的均衡性、综合性和选择性。

（3）密切课程内容与生活和时代的联系。

（4）改善学生的学习方式，倡导自主、合作、探究式学习方式。

（5）建立与素质教育理念相一致的评价与考试制度。

（6）实行国家、地方、学校三级课程管理制度。

【考点定位】中学课程——基础教育课程改革——新课程改革的具体目标

【难度】★★★

28.【参考答案】

（1）时间很短：不会超过 1 分钟，一般是 30 秒左右。

（2）容量有限：一般为 7 ± 2 个组块，平均值为 7。

（3）意识清晰：短时记忆是指服从当前任务需要，主体正在操作、使用的记忆，主体有清晰的意识。

（4）操作性强：学者们也把短时记忆称作工作记忆。

（5）易受干扰。

（6）复述是短时记忆进入长时记忆的途径。

【考点定位】中学生学习心理——认知过程——记忆——记忆的主要类型——短时记忆

【难度】★★★

29.【参考答案】

（1）面向全体学生原则。

（2）预防与发展相结合原则。

（3）尊重与理解学生原则。

（4）尊重学生主体性原则。

（5）个别化对待原则。

（6）整体性发展原则。

【考点定位】中学生心理辅导——中学生心理辅导的方法——心理辅导的原则

【难度】★★★

四、材料分析题

30.【参考答案】

（1）周老师给学生写的评语，体现的德育原则有：

① 尊重信任学生与严格要求相结合的原则。

② 因材施教的原则。

③ 发扬积极因素，克服消极因素的原则。

（2）结合材料分析：

① 因材施教的原则是指教师从学生的实际出发，同时考虑学生的个性特点和个性差异，使每个人的才能和品行获得最佳的发展。材料中，赵老师分别给调皮的学生和迷恋电脑的学生写针对性评语，这一方法能充分体现因材施教的原则。

② 发扬积极因素，克服消极因素的原则是指发扬学生优点，克服缺点，抵制不良影响的德育原则。材料中，周老师给学生的评语中，既有对优点的肯定，也有对克服缺点的期待，比如“运行流畅，反应灵敏……有时发出杂音，修理修理还是好用的”等，这些评语内容充分体现了这一原则。

③ 尊重信任学生与严格要求相结合的原则是指对学生进行思想品德教育时，要把尊重信任和严格要求结合起来，在尊重信任的基础上向学生提出教育要求，使教师提出的要求更好地转化为学生的自觉行动。材料中，周老师给很调皮的学生写打油诗，如“有才不用是草包，下个学期赶紧改”等，可以体现这一原则。

【考点定位】中学德育——中学德育的原则、途径与方法——中学德育的原则

【难度】★★★★

31.【参考答案】

（1）小明属于场独立型的认知风格，小罗属于场依存型的认知风格。

场独立型的学生是“内部定向者”，对客观事物作出判断时，常常利用内在的参照（主体感觉），不易受外来因素的影响和干扰，独立对事物作出判断；场独立型的人善于分析和组织。材料中，小明习惯用概括化、逻辑性的方式思考问题，用自己的经验对其进行独立判断，由此可见他的

认知风格属于场独立型。

场依存型的学生是“外部定向者”，对事物作出判断时倾向于以外部参照（身外的客观事物）作为信息加工的依据，容易受周围人特别是权威人士的影响和干扰，善于察言观色。材料中，小罗“更愿意倾听老师和同学的建议”“善于察言观色，关注社会问题”，由此可见他的认知风格属于场依存型。

（2）针对不同认知风格类型的学生，教师应遵循因材施教的教育原则。具体而言：

① 要尊重学生认知风格的差异，因材施教，因为认知风格的差异会致使学生在学习过程中对信息加工的方式不同，对作业采取的策略不同。

② 意识到认知风格无优劣好坏之分。不管是场独立型的学生还是场依存型的学生，在学业成就方面不一定有差异，教师在教学中不能有偏见。

③ 选择恰当的教学方法。比如，布鲁纳的发现教学法对场独立型的小明比较匹配，因而是一种好方法；而奥苏贝尔的讲解式教学法比较适合场依存型的小罗。

④ 引导学生正确认识自己的认知风格。当学习者能够认识到认知风格特征与学习任务要求的匹配关系时，学习者就能够做出主动的努力。

【考点定位】中学生发展心理——中学生认知发展与教育——个别差异与因材施教——场独立型与场依存型

【难度】★★★★

姓名 __________ 准考证号 __________

2016年下半年国家教师资格考试
教育知识与能力（中学）真题卷及参考答案

（科目代码：302/302A）

2016年下半年国家教师资格考试

教育知识与能力（中学）真题卷

注意事项：

1. 考试时间为120分钟，满分为150分。

2. 请按规定在答题卡上填涂、作答。在试卷上作答无效，不予评分。

一、单项选择题（在每小题列出的四个备选项中只有一个是符合题目要求的，请用2B铅笔把答题卡上对应题目的答案字母按要求涂黑。错选、多选或未选均无分。本大题共21小题，每小题2分，共42分）

1. 我国先秦时期，主张“有教无类”，倡导“因材施教”的教育家是（　）。

A. 孔子　B. 孟子　C. 荀子　D. 庄子

2. 西方教育史上，提出“泛智教育”和普及初等教育的主张，并对班级授课制做出系统阐述的教育著作是（　）。

A. 柏拉图的《理想国》　B. 昆体良的《论演说家的教育》

C. 夸美纽斯的《大教学论》　D. 赫尔巴特的《普通教育学》

3. 美国学者孟禄根据原始社会没有学校、没有教师、没有教材的史实，断言教育起源于儿童对成人无意识的模仿。这种观点被称为（　）。

A. 交往起源论　B. 生物起源论

C. 心理起源论　D. 劳动起源论

4. 教育是新生一代成长与社会生活延续和发展不可缺少的手段，为一切人和一切社会所必需，并与人类社会共始终，这表明教育具有（　）。

A. 永恒性　B. 历史性　C. 阶段性　D. 生产性

5. 孔子曰：“上好礼，则民莫敢不敬；上好义，则民莫敢不服；上好信，则民莫敢不用情。夫如是，则四方之民襁负其子而至矣，焉用稼？”这段话表明孔子的施教内容（　）。

A. 具有灵活性　B. 脱离社会生产

C. 具有全面性　D. 结合社会生产

6. 一般说来，制约教育发展规模、速度和教育结构的根本性因素是（　）。

A. 生产力发展水平　B. 政治经济制度

C. 人口数量和质量　　　　　　　　　　　D. 社会意识形态

7. 在我国近现代学制改革中，明确规定将学堂改为学校，实行男女教育平等，允许初等小学男女同校的学制是（　）。

A. 壬寅学制　　B. 癸卯学制　　C. 壬子癸丑学制　　D. 壬戌学制

8. 围绕着学生的需要和兴趣，以活动为组织形式的课程类型属于（　）。

A. 学科课程　　B. 经验课程　　C. 综合课程　　D. 融合课程

9. 在一堂化学课上，张老师运用分子模型和挂图，帮助学生认识乙醛的分子结构。张老师采用的教学方法是（　）。

A. 实验法　　B. 练习法　　C. 作业法　　D. 演示法

10. 依据学生个人成绩在该班学生成绩序列中所处的位置来判断其成绩的优劣，而不考虑其是否达到了教学目标的要求。这种教学评价属于（　）。

A. 诊断性评价　　B. 绝对性评价　　C. 总结性评价　　D. 相对性评价

11. 某中学为了对学生进行思想品德教育，组织学生观看《建国大业》《建党伟业》等爱国主义影片。该校采用的这种德育方法是（　）。

A. 实际锻炼法　　B. 情感陶冶法　　C. 说服教育法　　D. 个人修养法

12. 小华认为：法律或道德是一种社会契约，为维护社会公平，每个人都必须履行自己的义务，行使自己的权利；但同时他又认为，契约可根据需要而改变，使之更符合大众权益。根据科尔伯格的道德发展阶段论，小华的道德判断处于（　）。

A. 前习俗水平　　B. 习俗水平　　C. 后习俗水平　　D. 超习俗水平

13. 小林诚实、内向、谦虚、勤劳，且具有亲和力。这些描述的是小林的（　）。

A. 性格特征　　B. 能力特征　　C. 气质特征　　D. 认知特征

14. 在思维训练课中，老师让大家列举纽扣的用途，小丽只想到了纽扣可以钉在衣服前面用来扣衣服，却想不到纽扣可以制作成装饰品、点缀衣服等其他用途。这种现象属于（　）。

A. 功能迁移　　B. 功能固着　　C. 功能转换　　D. 功能变通

15. 小刚利用改变物体接触面大小或光滑程度的方法，来增强或减弱滑板的摩擦力。这主要说明小刚能够运用（　）。

A. 元认知知识　　B. 描绘性知识　　C. 情境性知识　　D. 程序性知识

16. 如果学生要学习的知识内容比较复杂，结构化程度很高，又必须在较短的时间内加以掌握，他们最宜采用的学习形式是（　）。

A. 发现学习　　B. 接受学习　　C. 合作学习　　D. 互动学习

17. 在老师的指导下，学生采用画示意图的方式对知识进行归纳整理，以促进自己对所学知识的掌握。学生采用的这种学习策略是（　）。

A. 复述策略　　B. 精加工策略　　C. 监控策略　　D. 组织策略

18. 在一次心理学知识测试中，关于短时记忆的容量单位，学生们的答案涉及下列四种，其中正确的是（　）。

A. 比特　　B. 组块　　C. 字节　　D. 词组

19. 在归因训练中，老师要求学生尽量尝试“努力归因”，以增强他们的自信心。因为在韦纳的成败归因理论中，努力属于（　）。

A. 内部的、不稳定的、可控的因素　　B. 内部的、不稳定的、不可控的因素

C. 内部的、稳定的、可控的因素　　D. 内部的、稳定的、不可控的因素

20. 作为教学的一部分，课堂管理能够教给学生一些行为准则，并促使学生行为从他律到自律的转变，这说明课堂管理具有（　）。

A. 维持功能　　B. 缓冲功能　　C. 发展功能　　D. 解释功能

21. 在一次业务学习中，关于“青春期后个体自我意识的发展进入什么阶段”的问题，教师们讨论得很热烈，并提出了下列四种见解，其中正确的是（　）。

A. 生理自我阶段　　B. 心理自我阶段

C. 社会自我阶段　　D. 经验自我阶段

二、辨析题（判断正误，并说明理由。本大题共 4 小题，每小题 8 分，共 32 分）

22. 遗传素质具有可塑性。

23. 教学任务就是向学生传授知识。

24. 行为改变都是学习的结果。

25. 焦虑不利于学生的学习。

三、简答题（根据要求，回答问题。共4道题，每题10分，共40分）

26. 简述活动课程的特点。

27. 简述贯彻长善救失德育原则的基本要求。

28. 简述自我效能感及其功能。

29. 皮亚杰将儿童认知发展划分为哪几个阶段?

四、材料分析题（阅读材料，并回答问题。共 2 道题，每题 18 分，共 36 分）

30. 材料：

田雨从一所师范大学毕业后，被某中学录用为语文教师。上岗后，她精神饱满，信心十足，相信只要积极学习优秀教师的经验，就能够成为一名好教师。在教学中，田雨虚心向老教师请教，向同事学习，还经常观看精品课视频。然而，期中教学检查后，她的教学效果并不理想，学生与同事们对她的评价都很一般，这令田雨十分不解，甚是苦恼：自己是师范院校毕业的，对工作非常敬业，并努力将优秀教师的经验运用到了自己的教学中，可为什么就没有取得理想的教学效果呢?

她陷入了深深的迷惘中……

问题：结合材料分析田雨没能取得良好教学效果的主要原因，（8 分）并向田雨提出改进教学的建议。（10 分）

31. 材料：

一位高中女生接受心理辅导时的自述：

进入高三以来，我就觉得自己被笼罩在一种紧张学习、迎接高考的氛围中，时常感到心烦意乱，学习成绩也时好时坏，为此整天惴惴不安。我常常想到高考问题，感觉也与以前有所不同，心跳的剧烈程度比以前强很多，身体有种不舒服的燥热，思维不太受控制，注意力也难集中。我怕老师提问，老师一叫我回答问题，不论是能答上来还是答不上来，回答时总是语无伦次，而且声音发颤。虽然经常被老师提问，却还是消除不了这种胆怯心理。考试之前，我会非常紧张，几天前就会睡不着觉，连续失眠；考试时经常因为太紧张而不能认真审题，并且考试时，感到心跳加速，头脑发胀，昏昏沉沉，结果考试成绩越来越差。老师，您说我能改变这种情况吗？

问题：请结合材料，说明中学生考试焦虑的主要表现、产生的原因和调适方法。（18 分）

2016年下半年国家教师资格考试

教育知识与能力（中学）真题卷参考答案

一、单项选择题

1. **【答案】** A

【解析】 本题考查孔子的教育思想。有教无类出自《论语·卫灵公》，原句为“子曰：有教无类。”意思是不管什么人都可以接受教育，不因为贫富、贵贱、智愚、善恶等原因而被排除在教育对象之外。倡导“因材施教”的思想体现在孔子对其弟子的教育教学过程中，是指要根据学生不同的特点给予不同的教育，有针对性地对学生进行教学，来保证学生有所进步。因此答案选A。

【考点定位】 教育基础知识和基本原理——教育学的产生与发展——教育学的发展——教育学的萌芽阶段——中国——儒家的教育思想——孔子

【难度】 ★

2. **【答案】** C

【解析】 本题考查夸美纽斯的《大教学论》。《大教学论》是“教育学之父”夸美纽斯的著作，是近代最早的教育学专著。《大教学论》中系统论述班级授课制的方法和实施内容；提出了“泛智教育”的普及教育思想，所谓泛智就是把广泛的自然知识传授给普通的人。因此答案选C。

选项A：柏拉图的《理想国》中最早提出“寓学习于游戏”。

选项B：昆体良的《论演说家的教育》（又名《雄辩术原理》）是西方最早的教育著作，也是世界上第一部研究教学法的书。

选项D：赫尔巴特的《普通教育学》是现代第一本教育学著作。

【考点定位】 教育基础知识和基本原理——教育学的产生与发展——教育学的发展——教育学的创立阶段——创立阶段代表人物——夸美纽斯的《大教学论》

【难度】 ★

3. **【答案】** C

【解析】 本题考查教育的心理起源说。教育的起源论包括神话起源说、生物起源说、心理起源说和劳动起源说。其中“心理起源说”代表人物为美国的教育家孟禄。他认为教育只存在于人类社会，这是进步的一面，但“无意识模仿”实质也是先天的，即本能的。题干中，断定教育起源于儿童对成人的无意识模仿的观点被称为心理起源说。因此答案选 C。

选项 A：干扰项。

选项 B：生物起源论者认为，教育起源于动物界的生存本能。

选项 D：劳动起源论者认为，教育起源于劳动过程中社会生产需要和人的发展需要的辩证统一。

【考点定位】教育基础知识和基本原理——教育的产生与发展——教育的起源——心理起源说

【难度】★

4. **【答案】**A

【解析】本题考查教育的永恒性。教育是人类所特有的社会现象，只要人类社会存在，教育就存在。教育的永恒性是由教育本身的职能决定的。题干中的表述强调，教育为一切社会所必需，并与人类社会共始终，这表明教育具有永恒性。因此答案选 A。

选项 B：历史性是指教育随着人类社会的产生而产生，随着人类社会的发展而发展，在人类社会的不同时期，由于生产力发展水平不同、生产关系和政治制度不同，教育也就具有不同的性质和特点、内容和形式。本项强调的是过去和现在不一样，与题干强调的教育与人类社会共始终不符。

选项 C：阶级性是指一定的教育反映一定的阶级要求并为它服务。

选项 D：生产性是工业社会教育的特征。

【考点定位】教育基础知识和基本原理——教育的产生与发展——教育的属性——教育的社会属性——永恒性

【难度】★

5. **【答案】**B

【解析】本题考查孔子的教育特点。题干这句话的意思是说，在上位者只要重视礼仪，老百姓就不敢不敬畏；在上位者只要重视道义，老百姓就不敢不服从；在上位者只要重视诚信，老百姓就不敢不用真心实情来对待你。如果能够做到这样，四方的老百姓都会背负着自己的小孩前来投奔，哪里还用得着你自己亲自种庄稼呢？题干强调的是儒家的施教内容轻视社会生产，脱离社会生产，没有认识到生产力的重要性。因此答案选 B。

【考点定位】教育基础知识和基本原理——教育学的产生与发展——教育学的发展——教育学的萌芽阶段——中国——儒家的教育思想——孔子

【难度】★

6. **【答案】**A

【解析】本题考查生产力对教育的制约。生产力发展水平决定教育的发展水平，决定教育的发展规模和速度，制约人才的培养规格和教育结构，制约教学的内容、方法、组织形式与手段。因此答案选 A。

选项 B：政治经济制度的性质决定教育的性质、教育的宗旨与目的、教育的领导权、受教育权、教育内容和教育管理体制等。

选项 C：人口对教育的影响体现在：人口数量制约着教育发展的规模，人口质量影响着教育的质量，人口结构影响教育结构。

选项 D：社会意识形态是指社会意识在社会现实生活中的表现和表述形式，包括政治法律思想、道德、文学艺术、宗教、哲学和其他社会科学。与题意不符。

【考点定位】教育基础知识和基本原理——教育与社会发展——教育与社会生产力——生产力对教育的制约

【难度】★

7. **【答案】**C

【解析】本题考查壬子癸丑学制。1912 年颁布的壬子癸丑学制，第一次规定男女同校，废除读经，充实了自然科学的内容，并将学堂改为学校。该学制施行到 1922 年，是中国教育史上第一个资产阶级性质的学制。因此答案选 C。

选项 A：壬寅学制，也称《奏定学堂章程》，以日本学制为蓝本，虽然正式公布，但并未实行，是中国颁布的第一个现代学制。

选项 B：癸卯学制，也称《钦定学堂章程》，主要承袭了日本的学制，反映了“中学为体，西学为用”的思想，规定男女不许同校，轻视女子教育，是中国开始实施的第一个现代学制。

选项 D：壬戌学制，以美国学制为蓝本，规定了小学六年，初中三年，高中三年，因此又叫“六三三”学制。

【考点定位】教育基础知识和基本原理——教育制度——我国学制沿革——壬子癸丑学制

【难度】★

8. **【答案】**B

【解析】本题考查经验课程。按照课程的内容属性来分，课程可分为学科课程和活动课程（也叫经验课程）。其中，活动课程主张从儿童的兴趣和经验出发，以儿童活动为中心设计课程，强调的是学生的兴趣与直接经验。题干中的描述属于经验课程。因此答案选 B。

选项 A：学科课程特点：主张分科设置课程，即从学科知识整体中选取关联密切的内容组成一门学科，分科组织教学，强调学生学习的是间接经验。

选项 C：综合课程特点：学科整合，主张把两门或两门以上学科的内容合并起来组成课程；强调学科之间的关联性、统一性和内在联系；是基于各门学科内在联系编制而成的课程；是针对分科课程而言的。

选项 D：融合课程是综合课程的一种，是指把部分科目整合兼并于范围较广的新科目，选择对学生有意义的论题或概括的问题进行学习。

【考点定位】中学课程——课程概述——课程的类型——经验课程

【难度】★

9.【答案】D

【解析】本题考查教学方法中的演示法。演示法是指通过展示实物、直观教具进行示范性的实验，或采取现代化视听手段等指导学生获得知识或巩固知识的方法。演示法和讲授法、谈话法配合使用，可以更好地提高学生的学习兴趣，发展学生的观察能力和抽象思维能力，减少学习中的困难。演示法强调的是老师动手进行演示，与题干中老师展示挂图相符。因此答案选 D。

选项 A：实验法是指学生在教师的指导下，使用一定的仪器和设备，在一定条件下引起某些事物和现象产生变化，进行观察和分析，以获得知识和技能的方法。该方法常用于物理、化学、生物等自然学科的教学。实验法强调的是学生动手进行实验，所以与题干中老师动手展示挂图不相符。

选项 B：练习法是指学生在教师的指导下巩固知识，培养各种技能和技巧的基本教学方法。

选项 C：作业法是指根据教学任务要求，指导学生运用所学知识在课上或课外进行实际操作，将知识运用于实践的教学方法。

【考点定位】中学教学——教学原则和方法——中小学常用的教学方法——常见的教学方法——以直观感知为主的教学方法——演示法

【难度】★

10.【答案】D

【解析】本题考查相对性评价。相对性评价又称常模参照性评价，是指运用常模参照性测验对学生的学习成绩进行的评价。在评价过程中以常模为参照点，把学生个体的学习成绩与常模相比较，根据学生在该班中的相对位置和名次，确定其学习成绩在该班中是属于“优”“中”还是“差”。相对性评价强调的是排名，与题干强调的根据学生成绩在成绩序列中所处的位置来判定成绩优劣相符。因此答案选 D。

选项 A：诊断性评价也称前置测评。诊断性评价是指在学期教学开始或单元教学开始时，对学生现有的知识水平、能力发展的评价。强调的是活动开始前的评价，与题干不符，排除。

选项 B：绝对性评价又称目标参照性评价。绝对性评价是指运用目标参照性测验对学生的学习成绩进行的评价。具体做法是在被评价对象的集合以外确定一个客观标准，将评价对象与这一客观标准相比较，以判断其达到的程度。

选项 C：总结性评价是指在一个大的学习阶段，如一个学期或一门学科终结时对学生学习的成果进行比较正规的、制度化的考查、考试及其成绩的全面评定。例如，一个学期结束后进行的期末考试。

【考点定位】中学教学——教学评价——教学评价的分类——根据运用标准分类——相对性评价

【难度】★

11.【答案】B

【解析】本题考查德育方法中的情感陶冶法。情感陶冶法是指教育者有目的地创设良好的教育情境，使受教育者在道德和思想情感方面受到潜移默化的感染、熏陶的方法。情感陶冶法包括人格感化、环境陶冶、艺术陶冶等。题干中，某中学借助文艺作品对学生进行潜移默化地熏陶，这符合情感陶冶法。因此答案选 B。

选项 A：实际锻炼法是指教育者组织学生参加各种实际活动，使学生在行为实践中接受磨炼和考验，以培养其优良思想品德的方法。实际锻炼法强调的是让学生动手亲身体验。

选项 C：说服教育法是指借助语言和事实，通过摆事实、讲道理，以影响受教育者的思想意识，使其明辨是非，提高思想认识的方法。说服教育法强调的是用语言来说服。

选项 D：个人修养法也叫道德修养法，是指教育者指导学生自觉主动地进行学习、自我反省，以实现思想转化及行为控制的一种方法。道德修养是建立在自我意识、自我评价能力发展基础上的人的自觉能动性的表现。修养包括立志、学习、反思、箴言、慎独等。与题干强调的用艺术来影响人的德育方法不符。

【考点定位】中学德育——中学德育的原则、途径与方法——中学德育的途径与方法——中学德育的方法——常用的德育方法——情感陶冶法

【难度】★

12.【答案】C

【解析】本题考查科尔伯格道德发展阶段论的后习俗水平。科尔伯格的道德两难故事法把人的道德发展分为三个水平、六个阶段。第一，前习俗水平，包括惩罚与服从阶段和相对功利阶段。第二，习俗水平，包括“好孩子”阶段和维护权威和秩序阶段。第三，后习俗水平，包括社会契约阶段和普遍伦理阶段。其中，处于后习俗水平阶段的人认为法律和规范是大家商定的，是一种社会契约。他们看重法律的效力，认为法律可以帮助人维持公正。但同时认为契约和法律的规定并不是绝对的，可以应大多数人的要求而改变，强调的是守法可变。综上，题干中的小华处于后习俗水平阶段。因此答案选 C。

选项 A：前习俗水平包括惩罚与服从道德定向阶段和相对功利道德定向阶段。其中，惩罚服从阶段强调免受处罚；相对功利阶段强调朴素利己。

选项 B：习俗水平包括寻求认可定向阶段和遵守法规与秩序定向阶段。其中，寻求认可阶段强调的是大众认可；遵守法规阶段强调的是守法绝对，与题干表述不相符。

选项 D：干扰项。

【考点定位】中学德育——道德发展理论——科尔伯格的道德发展阶段论——后习俗水平

【难度】★

13.【答案】A

【解析】本题考查性格。性格是指个体在生活过程中形成的对现实的一种稳定的态度以及与此相适应的习惯化的行为方式。性格是人与人相互区别的主要方面，是人格的核心。题干中，小林诚实、内向、谦虚、勤奋且具有亲和力，这些描述属于性格特征。因此答案选 A。

选项 B：能力是指直接影响活动效率，并使活动顺利完成的个性心理特征。

选项 C：气质是指心理活动表现在强度、速度、稳定性和灵活性等方面的心理特征。它是人心理活动的动力特征的表现，依赖于人的生理素质或身体特点，通常称为秉性、脾气、性情，心理学上叫气质。

选项 D：认知特征主要是指个体在认识方面的一些不同的特性。

【考点定位】中学生发展心理——中学生的人格发展——人格的结构——性格

【难度】★

14.【答案】B

【解析】本题考查影响问题解决因素中的功能固着。人们把某种功能赋予某物体的倾向称为功能固着。在功能固着的影响下，人们不容易摆脱事物用途的固有观念，从而直接影响问题解决的灵活性。因此，功能固着对问题解决只有消极影响。题干中，小丽对纽扣只能想到基本功能，而忽略其他功能，这一现象属于功能固着。因此答案选 B。

【考点定位】中学生学习心理——认知过程——问题解决——影响问题解决的主要因素——思维定势与功能固着

【难度】★★

15.【答案】D

【解析】本题考查程序性知识。根据知识的功能，可以将知识划分为陈述性知识和程序性知识。其中，程序性知识也称“操作性知识”，是指个人无意识地提取线索，因而只能借助某种作业形式间接推测其存在的知识，具有动态的性质。题干中，利用方法来增强或减弱滑板的摩擦力属于程序性知识。因此答案选 D。

选项 A：元认知知识是指有关认知的知识，即人们对于什么因素影响人的认知活动的过程与结果，这些因素是如何起作用的，它们之间又是怎样相互作用的等问题的认识。

选项 BC：干扰项。

【考点定位】中学生学习心理——学习概述——知识的学习——知识的类型——程序性知识

【难度】★★

16.【答案】B

【解析】本题考查接受学习。接受学习是指将学生要学习的概念、原理等内容以结论的方式呈现在学生画前，教师传授，学生接受。题干中，学生学习的知识内容较复杂，又必须在较短的时间内加以掌握，因此需要依靠老师的讲授才行。这种强调老师讲授，学生接受的是接受学习。因此答案选 B。

选项 A：发现学习是指不将学生要学习的概念、原理等内容直接呈现，而是需要学生通过独立思考、探索、发现来获得。学生的主要任务是“主动”发现，然后将其内化为自己的知识。与题干恰恰相反。

选项 C：合作学习是指学生为了完成共同的任务，有明确的责任分工的互助性学习。题干强调的是短时间内掌握内容比较复杂、结构化程度很高的知识，并没有强调合作，所以本项与题干无关。

选项 D：互动学习是指师生双方在整个的教学过程中相互帮助，沟通探索，共同建构的合作行为。

【考点定位】中学生学习心理——学习概述——学习的分类——按照学习性质与形式分类——接受学习

【难度】★

17. **【答案】**D

【解析】本题考查组织策略。组织策略是指整合所学新知识之间、新旧知识之间的内在联系，形成新的知识结构的策略。常见的方法主要有列提纲、利用表格、概括和归纳等。题干中，学生采取画示意图的形式归纳总结知识属于组织策略。因此答案选 D。

选项 A：复述策略是指在工作记忆中为了保持信息，运用内部语言在大脑中重现学习材料或刺激，以便将注意力维持在学习材料之上的策略。复述策略强调的是保持信息，复习形式多样化，与题干强调的利用图表来整合所学知识不符。

选项 B：精加工策略是指把所学的新信息和已有的知识联系起来，以此来增加新信息的意义。精加工策略强调的是加深记忆和理解，与题干强调的利用图表来整合所学知识不符。

选项 C：监控策略是指在认知活动的实际过程中，根据认知目标及时评价、反馈自己认知活动的结果与不足，正确估计自己达到认知目标的程度、水平的策略。例如，在阅读时对注意加以跟踪，对材料进行自我提问；考试时监视自己的速度和时间等。监控策略强调发现问题。

【考点定位】中学生学习心理——学习心理——学习策略——学习策略的分类——认知策略——组织策略

【难度】★

18. **【答案】**B

【解析】本题考查短时记忆的特点。将需要记忆的东西加以分类或加工，使之成为一个个小的整体，这些小的整体就被称为组块。短时记忆的容量是 7 ± 2 个组块。因此答案选 B。

【考点定位】中学生学习心理——认知过程——记忆——记忆的主要类型——短时记忆

【难度】★

19.【答案】A

【解析】本题考查成败归因理论中的三维度六因素。韦纳对行为结果的归因进行了系统探讨，发现人们倾向于将活动成败的原因即行为责任归结为以下六个因素，即能力高低、努力程度、任务难易、运气（机遇）好坏、身心状态、外界环境。同时，韦纳认为这六个因素可归为三个维度，即内部归因和外部归因、稳定性归因和不稳定性归因、可控归因和不可控归因。最后，他将三维度和六因素结合起来组成了归因模式。其中，努力程度属于内部的、不稳定的、可控的归因。题干中的表述强调的是努力因素，属于内部的、不稳定的、可控的因素。因此答案选 A。

选项 B：内部的、不稳定的、不可控的因素不存在。

选项 C：内部的、稳定的、可控的因素不存在。

选项 D：内部的、稳定的、不可控的因素属于能力。

【考点定位】中学生学习心理——学习心理——学习动机——学习动机理论——成败归因理论——三维度六因素

【难度】★

20.【答案】C

【解析】本题考查课堂管理的发展功能。课堂管理的功能包括促进功能、维持功能和发展功能。其中，发展功能，是指课堂管理可以教给学生一些行为准则，促进学生从他律走向自律，帮助学生获得自我管理能力，使学生逐步走向成熟。题干中的表述强调促进学生发展，这属于课堂管理的发展功能。因此答案选 C。

选项 A：维持功能，是指课堂管理能够在课堂教学中，持久地维持良好的学习环境，有效地排除各种干扰因素，使学生充分地参与到学习活动中。维持功能是课堂管理的基本功能。

选项 BD：干扰项。

【考点定位】中学班级管理与教师心理——课堂管理——课堂管理概述——课堂管理的功能——发展功能

【难度】★

21.【答案】B

【解析】本题考查自我意识的发展中的心理自我。从自我的内容上来划分，自我可以分为生理自我、社会自我和心理自我。生理自我是指个体对自己的生理属性的认识，如身高、体重、长相等；社会自我是指个体对自己社会属性的认识，如自己在各种社会关系中的角色、地位、权利等；心理自我是指个体对自己心理属性的认识，如心理过程、能力、气质、性格等。个体自我意识的发展经历了从生理自我到社会自我，再到心理自我的过程。生理自我在 3 岁左右基本成熟，3 岁以后自我意识的发展进入社会自我阶段，社会自我至少年期基本成熟，心理自我则在青春期开始发展和形成。因此答案选 B。

选项 A：生理自我是自我意识最原始的形态。

选项 C：儿童在 3 岁以后，自我意识的发展进入社会自我阶段。

选项 D：干扰项。

【考点定位】中学生发展心理——中学生的人格发展——人格的结构——自我调控系统（自我意识）——自我意识的发展——心理自我

【难度】★★

二、辨析题

22.**【参考答案】**

题干说法正确。遗传是指从上代继承下来的生理解剖上的特点，如机体的结构、形态、感官、神经系统等的特点。这些遗传的生理特点也叫遗传素质，主要是指人的感知觉的灵敏度、注意的持久性、记忆的强度、思维的敏捷性等。遗传素质是人的发展的生理前提，为人的发展提供了可能性。在现实生活中，个体受到环境、教育、主观能动性等因素的影响，可能使遗传素质发生一些改变。因此，遗传素质具有可塑性。综上，题干说法正确。

【考点定位】教育基础知识和基本原理——教育与人的发展——影响人身心发展的因素——遗传

【难度】★★

23.**【参考答案】**

题干说法错误。向学生传授知识仅仅是教学任务之一。此外，教学任务还包括以下几方面：（1）使学生掌握系统的现代科学基础知识和基本技能。这是我国教学的首要任务。（2）发展学生智能，特别是培养学生的能力和创造力。（3）发展学生体力，促进学生的身体健康。（4）培养学生科学的世界观、良好的思想品德、健康的审美情趣和良好的心理素质。综上，题干说法错误。

【考点定位】中学教学——教学概述——教学的任务——我国现阶段的教学任务

【难度】★★

24.**【参考答案】**

题干说法错误。学习是指个体在特定的情境下由于练习和反复经验而产生的行为或行为潜能比较持久的改变。但并非所有的行为变化都是由学习产生的，如疲劳、药物等因素亦能引起行为的变化，这样的行为变化是比较短暂的，不能称之为学习。因此，行为改变并不一定都是学习的结果。综上，题干说法错误。

【考点定位】中学生学习心理——学习概述——学习的内涵——学习的实质

【难度】★★

25.**【参考答案】**

题干说法错误。适当的焦虑水平，有利于学生学习，可以提高学生的学习效率，具有积极作用；但过度焦虑会降低学生的学习动机，影响学习效率，起消极作用。因此，焦虑有时利于学生的学习。综上，题干说法错误。

【考点定位】中学生学习心理——学习心理——学习动机——学习动机与学习效率的关系

【难度】★★

三、简答题

26.【参考答案】

活动课程，又称经验课程，主张从儿童的兴趣和经验出发，以儿童活动为中心设计课程。

第一，主张一切学习都来自经验，而学习就是经验的改造或改组。

第二，主张学习必须和个人的特殊经验发生联系，教学必须从学习者已有的经验开始。

第三，主张打破学科之间明确的界限，为学生扩充学习材料，强调让学生在活动中学习，教师发挥协助作用。

【考点定位】中学课程——课程概述——课程的类型——活动课程

【难度】★★★

27.【参考答案】

（1）教育者要用一分为二的观点，全面分析，客观地评价学生的优点和不足。

（2）教育者要有意识地创造条件，将学生思想中的消极因素转化为积极因素。

（3）教育者要提高学生自我认识、自我评价能力，启发他们自觉思考，克服缺点，发扬优点。

【考点定位】中学德育——中学德育的原则、途径与方法——中学德育的原则——依靠积极因素克服消极因素的原则

【难度】★★★

28.【参考答案】

自我效能感是指个人对自己是否具有通过努力成功完成某种活动的能力所持有的主观判断与信念。

自我效能感的功能：

（1）决定人对活动的选择。

（2）影响对活动的坚持性。

（3）影响人在困难面前的态度。

（4）影响新行为的获得和习得行为的表现。

（5）影响活动时的情绪。

【考点定位】中学生学习心理——学习心理——学习动机——学习动机理论——自我效能感理论

【难度】★★★

29.【参考答案】

（1）感知运动阶段（0 ~ 2 岁），其特点主要包括：①低级的行为图式。②显著标志是“客体永久性”的形成。

（2）前运算阶段（2 ~ 7 岁），其特点主要包括：①泛灵论。②自我中心性。③思维的特征，包括不可逆、不守恒，集中化（判断事物只能运用一个标准）。

（3）具体运算阶段（7 ~ 11 岁），其标志是守恒观念的形成。其具体特点是①思维运算必须有具体的事物支持，可以进行简单抽象思维。②理解原则和规则，但只能刻板遵守规则，不敢改变。

（4）形式运算阶段（11 ~ 16 岁），其特点主要包括：①命题推理。②假设—演绎推理。③类比推理。④思维的可逆性、灵活性与补偿性。

【考点定位】中学生发展心理——中学生认知发展与教育——皮亚杰的认知发展阶段理论

【难度】★★★

四、材料分析题

30.【参考答案】

（1）田雨之所以没能取得好的教学效果，其原因可能是：

① 从教学过程的规律来看，田雨没有遵循“教师主导，学生主体”的双边性规律。这一规律要求在教学过程中既要充分注重教师的“教”，也要充分调动学生学习的积极性，使教师的主导作用与学生的主体地位有机结合，从而取得良好的教学效果。材料中的田雨非常敬业，观看精品课程，只做到了教师主导，而忽略了学生的主体性地位。

② 从教学原则来看，田雨没有遵循理论联系实际、因材施教和量力性等原则。在教学过程中，教师的教学应根据学生的身心发展特点，具体问题具体分析，做到因材施教，灵活运用教学经验。材料中的田雨“观看精品课程”并向他人请教，完全照搬了别人的经验，没有充分考虑自己班学生的特点，只是简单地模仿。

③ 从教师专业发展来看，田雨没有进行自我反思和自我提高。教师应该在教学中不断学习，不断反思，在教学实践中总结经验，不断提高自己的业务能力和知识水平。材料中的田雨只拥有丰富的理论经验，并没有在实践活动中反思自己。

（2）作为一名教师，面临这样的情况，田雨应该通过多种途径去提高自己。

第一，观摩和分析优秀教师的教学活动。

田雨老师可以在认真分析本班学生的实际情况以后，借鉴优秀教师的教学经验，具体情况具体分析。

第二，开展微格教学。

田雨老师可以进行微型的知识点教学，录制微型小课堂，通过回看视频发现自己教学存在的问题，不断改进，提高教学能力。

第三，反思教学经验。

田雨老师要不断反思自己在课堂教学中、备课过程中或者学生交往过程中是否有不足之处，扬长避短，不断进步。

第四，进行专门的训练。

田雨老师需要不断学习更多的专业知识，进行专门的练习。教师既要掌握丰富的本体性知识和条件性知识，也要积累教师灵活完成教学实践活动所具备的实践性知识和丰富的人文社科知识。

【考点定位】中学教学——教学过程——教学过程的基本规律

中学教学——教学原则和方法——教学原则

中学班级管理与教师心理——教师心理——教师成长心理——教师成长与发展的基本途径

【难度】★★★★

31.**【参考答案】**

（1）考试焦虑的表现是随着考试临近，心情极度紧张；考试时不能集中注意力，知觉范围变窄，思维刻板，出现慌乱，无法发挥正常水平；考试后又持久地不能松弛下来。材料中学生的考试焦虑主要表现在以下几方面：

① 心情极度紧张，情绪波动。比如材料中的“时常感觉心烦意乱”。

② 生理反应强烈。比如材料中的“心跳剧烈”“身体不舒服的燥热”“几天前就会睡不着觉连续失眠”。

③ 思维刻板。比如材料中的“我常常想到高考问题”。

④ 心情慌乱。比如材料中的“整天惴惴不安”。

⑤ 影响正常水平的发挥。比如材料中的“学习有好有坏”。

⑥ 害怕老师提问。比如材料中的“经常被老师提问，却还是消除不了这种胆怯心理”。

（2）产生考试焦虑的原因：

① 学校方面的原因，如班级的排名，老师的关注等。

② 家庭方面的原因，如父母的期待，父母的严格要求等。

③ 社会方面的原因，如社会舆论的影响，考试成绩代表个人成就等。

④ 学生自身的原因，如学习动机过强，不当的归因等。

（3）改善考试焦虑的方法包括：

① 积极强化。比如学生做对题目以后及时给予表扬和奖励。通过正强化的方式巩固学生良好学习行为，减少学习压力。

② 系统脱敏法。引导把考试焦虑感进行层级划分，在考前适当放松身心状态，结合肌肉放松的

方式一点点突破，逐步适应每一级的焦虑水平，最终克服考试焦虑。

③ 代币奖励法。用一些符号、工具等象征性的事物作为鼓励，每做好一件事情，就给学生一个代币，逐步减缓焦虑情绪。

④ 认知疗法，比如理性情绪疗法。改变学生一次考不好，终身无望的看法。

⑤ 人本主义疗法。通过积极引导，让学生看到自己的优点，正视自己的缺点，提高学生的学习动机，激发学生的潜能。

【考点定位】中学生心理辅导——中学生的心理健康——中学生常见的心理健康问题——焦虑症

【难度】★★★★

高顿教育
GOLDEN EDUCATION

姓名 ________ 准考证号 ________

2016年上半年国家教师资格考试
教育知识与能力（中学）真题卷及参考答案

（科目代码：302/302A）

2016年上半年国家教师资格考试
教育知识与能力（中学）真题卷

注意事项：

1. 考试时间为120分钟，满分为150分。

2. 请按规定在答题卡上填涂、作答。在试卷上作答无效，不予评分。

一、单项选择题（在每小题列出的四个备选项中只有一个是符合题目要求的，请用2B铅笔把答题卡上对应题目的答案字母按要求涂黑。错选、多选或未选均无分。本大题共21小题，每小题2分，共42分）

1. 在教育理论著述中，强调学科的基本结构要与儿童认知结构相适应，重视学生能力培养，主张发现学习的专著是（　）。

   A.《普通教育学》　　B.《大教学论》

   C.《教育过程》　　D.《论教学过程最优化》

2. 如果让6个月的婴儿学走路，不但徒劳而且无益。同理，让4岁的儿童学高等数学，也难以成功。这说明（　）。

   A. 遗传素质的成熟程度制约着人的发展过程及其阶段

   B. 遗传素质的差异性对人的发展有一定影响

   C. 遗传素质具有可塑性

   D. 遗传素质决定人发展的最终结果

3. 确立我国教育目的的理论基础是（　）。

   A. 素质教育理论　　B. 马克思关于人的全面发展理论

   C. 创新教育理论　　D. 生活教育理论

4. 英国政府1870年颁布的《初等教育法》中，一方面保持原有的专为资产阶级子女服务的学校系统，另一方面为劳动人民的子女设立国民小学、职业学校。这种学制属于（　）。

   A. 双轨学制　　B. 单轨学制　　C. 中间型学制　　D. 分支型学制

5. 否定教育自身的发展规律，割裂教育的历史传承，把教育完全作为政治、经济的附庸。这样的观念违背了教育的哪一特征？（　）

   A. 生产性　　B. 永恒性　　C. 相对独立性　　D. 工具性

6.《基础教育课程改革纲要（试行）》规定，我国中小学课程设置“综合实践活动”，该课程开设的学段是（　）。

A. 小学一年级至高中　　B. 小学三年级至高中

C. 小学五年级至高中　　D. 初中一年级至高中

7. 校风、教风和学风是学校文化的重要构成部分，就课程类型而言，它们属于（　）。

A. 学科课程　　B. 活动课程　　C. 显性课程　　D. 隐性课程

8. 王老师在化学课上讲到元素周期表中的“镭”元素时，向学生们介绍了“镭”的发现者居里夫人献身科学的事迹，同学们深受教育。这体现了哪一教学原则？（　）

A. 理论联系实际原则　　B. 科学性和思想性统一原则

C. 启发性原则　　D. 发展性原则

9. 陈老师在教学中经常通过口头提问、课堂作业和书面测验等形式对学生的知识和能力进行及时测评与反馈。这种教学评价被称为（　）。

A. 诊断性评价　　B. 相对性评价　　C. 终结性评价　　D. 形成性评价

10. 班主任李老师接手一个新班后，针对该班纪律散漫、学风懈怠的情况，首先运用板报、墙壁等媒介做好舆论宣传，建立良好的班风，同时以真诚的爱感化学生，促使学生积极进取。一个学期下来，该班班风、学风焕然一新。李老师运用的主要德育方法是（　）。

A. 个人修养法　　B. 榜样示范法　　C. 实际锻炼法　　D. 情感陶冶法

11. 初二（1）班小王同学在黑板上画了幅漫画，并写上“班长是班主任的小跟班”。班主任冯老师看了，发现漫画真画出了自己的特征，认为他有绘画天赋，于是请他担任班上的板报和班刊绘画编辑，并安排班长协助他。在班长的帮助下，小王同学发挥了自己的才能，出色地完成了任务，克服了散漫的毛病，后来还圆了他考取美术专业的大学梦。冯老师遵循的主要德育原则是（　）。

A. 疏导原则　　B. 教育影响的一致性与连贯性原则

C. 长善救失原则　　D. 严格要求与尊重学生相结合原则

12. 小明看书时可以“一目十行”，而小华则“一目一行”。这反映了他们在哪种注意品质上存在差异？（　）

A. 注意的广度　　B. 注意的分配

C. 注意的稳定性　　D. 注意的转移

13. 小红在解决数学问题时总是通过多种途径寻求解决问题的方法，力求一题多解。小红的思维方式属于（　）。

A. 聚合思维　　B. 发散思维　　C. 常规思维　　D. 创造思维

14. 中学生随着身心的迅速发展，开始积极尝试脱离父母的保护和管理，渴望自己的行为像成人，不愿被当作孩子看待。这说明中学生心理发展具有（　）。

A. 平衡性　　B. 独立性　　C. 闭锁性　　D. 动荡性

15. 小亮在做物理习题时，能够把各种解法逐一列出并加以尝试，最终找到一个最佳解法。小亮的这种解题方法属于（　）。

A. 启发式　　B. 推理式　　C. 算法式　　D. 归纳式

16. 中学生小张认为遵守交通法规是人人应尽的责任和义务。根据科尔伯格的道德发展阶段理论，小张的道德判断处于（　）。

A. 惩罚服从取向　　B. 相对功利取向

C. 寻求认可取向　　D. 社会契约取向

17. 小黄在学习时关注的是知识的内容和价值，而不是为了获得分数和奖励。根据成就目标理论，小黄的目标导向属于（　）。

A. 成绩趋近　　B. 成绩回避　　C. 掌握趋近　　D. 掌握回避

18. 中学生小孙近期心里很矛盾，他觉得未来的自己应该是一名科学家，但又觉得自己能力有限，此事遥不可及。根据埃里克森的人格发展阶段理论，当前他的主要发展任务是（　）。

A. 获得勤奋感　　B. 克服内疚感　　C. 避免孤独感　　D. 建立同一性

19. 孟老师近期工作比较消极，漠视学生的存在，对学生态度麻木，缺乏应有的尊重。依据职业倦怠的特征，孟老师的这些表现属于（　）。

A. 情感枯竭　　B. 去个性化　　C. 成就感低　　D. 知识枯竭

20. 中学生小华和几个同学为了参加全省航模大赛，组成了航模小组。他们为了在大赛中表现出色，达成了共识，牺牲各自的一些课余休息时间，放弃各自的一些爱好，以规范自己的参赛行为。在这种情况下，小组成员遵循的纪律属于（　）。

A. 教师促成　　B. 群体促成　　C. 任务促成　　D. 自我促成

21. 晓玲性格内向，平时不敢同老师讲话，遇到疑难问题也没有勇气求教。偶有一次，她向杨老师求教，杨老师耐心解答了她的问题，并对她的行为及时给予了表扬。经过多次这样的教学交往，晓玲学会了主动向老师请教问题。杨老师改变晓玲行为的方法属于（　）。

A. 强化法　　B. 自控法　　C. 脱敏法　　D. 放松法

二、辨析题（判断正误，并说明理由。本大题共 4 小题，每小题 8 分，共 32 分）

22. 教育既然是培养人的活动，教育目的就只能按照人的发展需求确定。

23. 德育过程是对学生知、情、意、行的培养提高过程，应以知为开端，知、情、意、行依次进行。

24. 信息进入工作记忆就会持久保存。

25. 智力水平越高，学习成绩越好。

三、简答题（根据要求，回答问题。共 4 道题，每题 10 分，共 40 分）

26. 为什么教育对人的发展起主导作用？

27. 简述美育对促进学生德、智、体、劳全面发展的意义。

28. 简述维果斯基的心理发展理论。

29. 简述动作技能培养的途径。

四、材料分析题（阅读材料，并回答问题。共 2 道题，每题 18 分，共 36 分）

30. 材料：

张老师在生物课上讲解植物吸水的知识时，首先要求学生动手做个实验：将两块萝卜分别浸泡在两个装有浓盐水和清水的烧杯里，浸泡后取出并观察萝卜的变化，结果发现泡过浓盐水的萝卜变蔫了，而泡过清水的萝卜变水灵了。张老师用下方示意图显示实验结果：泡过浓盐水的萝卜失去水分，泡过清水的萝卜吸收水分。张老师接着提问：谁能概括出萝卜在什么状态下失水？在什么状态下吸水？

根据同学的回答，张老师总结说明植物吸水的原理：当植物细胞液浓度小于外界溶液浓度时，细胞就失水；反之，细胞则吸水。接着，张老师布置小组讨论：为什么盐碱地一般种不好庄稼？如果你种的植物出现“烧根”的现象，你需要追肥还是浇水？为什么？

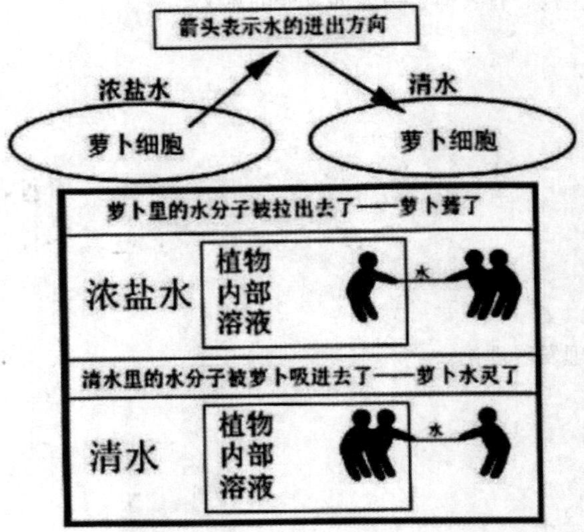

图 1

最后张老师请各小组汇报讨论结果。

问题：

（1）张老师采用了哪些教学方法？请结合材料加以分析。（8 分）

（2）张老师贯彻了哪些教学原则？请结合材料加以分析。（10 分）

31. 材料：

中学生晓雯是一名品学兼优的学生，教师与同学都很喜欢她。但当她需要进行选择与决策时，她总是拿不定主意，处于矛盾中。例如，有人建议晓雯竞选班长，她也有此想法，但她又担心班级事务繁多影响自己的学习；学校举行数学竞赛，她渴望参加，却又担心无法完成教师交给她的创建班级环境规划的任务；日常生活中，晓雯也常常为是参加集体活动，还是温习功课拿不定主意；在专业选择问题上，她既想成为一名音乐家，又想成为一名心理学家。

问题：

（1）请运用动机冲突相关知识分析晓雯的问题。（10 分）

（2）假如你是晓雯的班主任，你会如何帮助她？（8 分）

2016年上半年国家教师资格考试
教育知识与能力（中学）真题卷参考答案

一、单项选择题

1. 【答案】C

【解析】本题考查布鲁纳的《教育过程》。布鲁纳提出结构主义学说，并倡导发现式学习。与其对应的著作就是《教育过程》。因此答案选C。

选项A:《普通教育学》的作者是赫尔巴特。

选项B:《大教学论》的作者是夸美纽斯。

选项D:《论教学过程最优化》的作者是巴班斯基。

【考点定位】教育基础知识和基本原理——教育学的产生与发展——教育学的发展——教育学发展阶段——现代教育理论的发展——布鲁纳的《教育过程》

【难度】★

2. 【答案】A

【解析】本题考查影响人身心发展的因素中的遗传。影响人身心发展的因素主要有遗传素质、环境、学校教育和个体主观能动性。遗传对人的身心发展的影响主要有:（1）遗传素质是人的发展的生理前提，为人的发展提供了可能性。（2）遗传素质的成熟程度制约着人的发展过程及年龄特征。（3）遗传素质的差异性对人的发展有一定的影响。（4）遗传素质具有可塑性。题干中，6个月的婴儿学走路和4岁儿童学高数，都难以成功，说明遗传素质的成熟程度会制约人的发展。因此答案选A。

【考点定位】教育基础知识和基本原理——教育与人的发展——影响人身心发展的因素——遗传

【难度】★

3. 【答案】B

【解析】本题考查我国确立教育目的的理论依据。马克思关于人的全面发展学说是我国确立教育目的的理论依据。因此答案选B。

【考点定位】教育基础知识和基本原理——教育目的——我国教育目的——我国确立教育目的的依据——我国确立教育目的的理论依据

【难度】★

4. 【答案】A

【解析】本题考查双轨学制。西欧在 18、19 世纪出现了双轨学制。双轨学制的学校系统分为两轨：一轨是自上而下，是为资产阶级子女设立的，其结构是大学（后来也包括其他高等学校）、中学（包括中学预科班），具有较强的学术性；另一轨是自下而上，是为劳动人民子女设立的，是为培养劳动者服务的，其结构是小学（后来是小学和初中）、职业学校。题干中，英国当时的学制属于双轨学制。因此答案选 A。

选项 B：单轨学制是自下而上的一种学制，其结构是小学、中学、大学。其特点是所有的学生在同样的学校系统中学习，即一个系列、多种分段，如“六三三”“五三四”“四四四”“八四”“六六”等分段。

选项 C：干扰项。

选项 D：分支型学制是 20 世纪上半叶苏联建立的一种学制，其结构是：在初等教育阶段强调共同的基础性教育（小学、初中阶段），到中等教育阶段分职业教育和普通教育两个分支。

【考点定位】教育基础知识和基本原理——教育制度——学校教育制度的类型——双轨学制

【难度】★

5. 【答案】C

【解析】本题考查教育的相对独立性。教育的相对独立性表现在以下三方面：（1）继承性，指某一历史时期的教育与先前社会的教育的相承关系。一种社会的教育是在先前社会的教育的基础上建立起来的。（2）自身质的规定性，指教育这一社会现象区别于其他社会现象的特殊属性。（3）教育与政治经济发展不平衡，可能超前，也可能滞后。题干的表述否定教育的历史继承性，否定教育自身的规律，不符合教育的相对独立性。因此答案选 C。

【考点定位】教育基础知识和基本原理——教育的产生与发展——教育的属性——教育的社会属性——相对独立性

【难度】★

6. 【答案】B

【解析】本题考查从小学至高中设置的综合实践活动课程。《基础教育课程改革纲要（试行）》规定，从小学至高中设置综合实践活动并作为必修课程。自小学三年级开始设置，每周平均 3 课时。中小学综合实践活动的内容主要包括研究性学习、社区服务与社会实践、劳动与技术教育、信息技术教育。因此答案选 B。

【特别说明】

教育部在 2017 年 9 月 25 日印发的《中小学综合实践活动课程指导纲要》，作出了新的修改：综合实践活动是义务教育和普通高中课程方案规定的必修课程，与学科课程并列设置，从小学到高中，各年级全面实施，所有学生都要学习，都要参加。小学 1 ~ 2 年级，平均每周不少于 1

课时；小学 3 ~ 6 年级和初中，平均每周不少于 2 课时；高中执行课程方案相关要求，完成规定学分。因为本套真题是 2016 年的，所以根据题干信息，尊重当时的文件选择 B。之后各位考生再遇到相关问题，均选择从小学一年级至高中。

【考点定位】中学课程——基础教育课程改革——新课程改革的课程结构——从小学至高中设置综合实践活动课程并作为必修课程

【难度】★

7. **【答案】**D

【解析】本题考查隐性课程。隐性课程亦称潜在课程，是指学校情境中以间接的、内隐的方式呈现的课程，比如常见的班风、校风、师生关系等。因此答案选 D。

选项 A：学科课程主张分科设置课程，即从学科知识整体中选取关联密切的内容组成一门学科，分科组织教学。

选项 B：活动课程也叫经验课程，主张从儿童的兴趣和经验出发，以儿童活动为中心设计课程。

选项 C：根据课程的呈现方式，课程可分为显性课程与隐性课程。显性课程也叫公开课程，是指在学校情境中以直接的、明显的方式呈现的课程。

【考点定位】中学课程——课程概述——课程的类型——隐性课程

【难度】★

8. **【答案】**B

【解析】本题考查思想性（教育性）和科学性相统一的教学原则。思想性（教育性）和科学性相统一原则是指要以马克思主义为指导，把现代先进科学的基础知识和基本技能传授给学生，同时要结合知识、技能中内在的德育因素，对学生进行政治思想教育和道德品质教育。这是知识的思想性、教学的教育性规律的反映。题干中，王老师既讲了知识，又通过给学生讲居里夫人的故事，对他们进行了思想品德的教育，因而体现了思想性（教育性）和科学性相统一原则。因此答案选 B。

选项 A：理论联系实际原则，是指教学要以学习基础知识为主导，从理论与实际的联系上去理解知识，注意运用知识去分析问题和解决问题，达到学懂学会、学以致用的目的。

选项 C：启发性原则，是指在教学中，教师要承认学生是学习的主体，注意调动他们的学习主动性，引导他们独立思考、积极探索，生动活泼地学习，自觉掌握科学知识，提高分析问题和解决问题的能力。

选项 D：发展性原则，也可以称为量力性原则，是指教学的内容、方法、分量和进度要适合学生的身心发展，使他们能够接受，但又要有一定的难度，需要他们经过努力才能掌握，以促进学生的身心发展。

【考点定位】中学教学——教学原则和方法——教学原则——思想性（教育性）和科学性相统一

原则

【难度】★

9. 【答案】D

【解析】本题考查形成性评价。根据实施功能不同，教学评价可分为：诊断性评价、形成性评价和终结性评价。形成性评价是指在教学过程中，对学生的知识掌握和能力发展的比较经常而及时的测评与反馈。例如，某课程的教学中老师对学生的口头提问和随堂测验。题干中，陈老师，在教学过程中对学生进行评价体现的是形成性评价。因此答案选 D。

选项 A：诊断性评价，是指在学期教学开始或单元教学开始时，对学生现有的知识水平、能力发展的评价。例如，在新学期开始时的摸底考试。

选项 B：相对性评价又称常模参照性评价，是指运用常模参照性测验对学生的学习成绩进行的评价。在评价过程中以常模为参照点，把学生个体的学习成绩与常模相比较，根据学生在该班中的相对位置和名次，确定其学习成绩在该班中是属于“优”“中”还是“差”。

选项 C：总结性评价是在一个大的学习阶段，如一个学期或一门学科终结时对学生学习的成果进行比较正规的、制度化的考查、考试及其成绩的全面评定。例如，一个学期结束后进行的期末考试。

【考点定位】中学教学——教学评价——教学评价的分类——根据实施功能分类——形成性评价

【难度】★

10. 【答案】D

【解析】本题考查情感陶冶的德育方法。情感陶冶法是指教育者有目的地创设良好的教育情境，使受教育者在道德和思想情感方面受到潜移默化的感染、熏陶的方法。题干中，班主任李老师通过板报、班风等创设良好环境来感化学生，这体现了情感陶冶法。因此答案选 D。

选项 A：个人修养法也叫道德修养法，是指教育者指导学生自觉主动地进行学习、自我反省，以实现思想转化及行为控制的一种方法。道德修养是建立在自我意识、自我评价能力发展基础上的人的自觉能动性的表现。

选项 B：榜样示范法，是指用榜样人物的高尚思想、模范行为、优异成就来影响学生的思想、情感和行为的方法。

选项 C：实际锻炼法，是指教育者组织学生参加各种实际活动，使学生在行为实践中接受磨炼和考验，以培养其优良思想品德的方法。

【考点定位】中学德育——中学德育的原则、途径与方法——中学德育的途径与方法——中学德育的方法——常用的德育方法——情感陶冶法

【难度】★★

11. 【答案】C

【解析】本题考查长善救失的德育原则。长善救失原则也叫依靠积极因素克服消极因素的原则，是指德育工作中，教育者要善于依靠、发扬学生自身的积极因素，调动学生自我教育的积极性，克服消极因素，实现品德发展内部矛盾的转化。题干中，冯老师通过肯定学生美术方面的特长引导他转变思想，这体现了长善救失原则。因此答案选 C。

选项 A：疏导原则，是指进行德育要循循善诱、以理服人，从提高学生认识入手，调动学生的主动性，使他们积极向上。

选项 B，教育影响的一致性与连贯性原则，是指教育者进行德育时，应当有目的、有计划地把来自各方面对学生的教育影响加以组织、调节、整合，使其互相配合、协调一致、前后连贯地进行，以保障学生的品德能按教育目的的要求发展。

选项 D：严格要求与尊重学生相结合原则，即尊重学生与严格要求学生相结合的原则，是指教育者进行德育时，要把对学生的思想和行为的严格要求与对他们个人的尊重和信赖结合起来，使教育者对学生的影响与要求易于转化为学生的品德。

【考点定位】中学德育——中学德育的原则、途径与方法——中学德育的原则——依靠积极因素克服消极因素的原则（长善救失原则）

【难度】★★

12. 【答案】A

【解析】本题考查注意的广度。注意的广度也称注意的范围，是指注意主体在同一时间里能够清晰地把握对象的数量。题干中，“一目十行”和“一目一行”反映的是学生看书时，在同一时间内注意对象的数量的差异，体现的是注意的广度。因此答案选 A。

选项 B：注意的分配是指在同一时间内把注意指向两种或两种以上的对象或活动。

选项 C：注意的稳定性是指对同一对象或同一活动注意所能持续的时间，是注意的时间特征。

选项 D：注意的转移是指主体根据新的任务，主动地把注意从一个对象转移到另一个对象或由一种活动转移到另一种活动的现象。

【考点定位】中学生学习心理——认知过程——注意——注意的品质——注意的广度

【难度】★

13. 【答案】B

【解析】本题考查发散思维。根据思维的指向性，可以把思维划分为聚合思维和发散思维。聚合思维，又称求同思维、集中思维，是指把问题所提供的各种信息聚合起来，得出一个正确的答案（或一个最好的解决方案）。发散思维，又称求异思维、辐射思维，是指一种沿着各种不同的方向去思考，去探索新的远景，去追求多样性的思维。一题多解是发散思维的运用。因此答案选 B。

【考点定位】中学生学习心理——认知过程——思维——思维的种类——发散思维

【难度】★

14.【答案】B

【解析】本题考查中学生身心发展特点中的独立性。中学生身心发展的独立性是指中学生开始出现一定的“成人感”，具有强烈的独立意识，不愿意听从父母的意见。题干中，学生渴望独立，不愿被父母当孩子对待，体现了独立性。因此答案选 B。

选项 A：平衡性不属于中学生心理发展特点。

选项 C：闭锁性也叫封锁性，是指中学生的内心世界逐渐复杂，但不轻易地表露内心世界。他们常常不愿对长辈诉说心里话，但是却容易向同龄、同性别的人，特别是知己，暴露其真正的思想。

选项 D：动荡性指中学生的整个心理面貌表现出很不稳定、动荡不安的特点。

【考点定位】中学生发展心理——中学生性心理与异性交往——中学生身心发展的特点——独立性

【难度】★

15.【答案】C

【解析】本题考查算法式问题解决的策略。问题解决的策略主要分为两大类：算法式策略和启发式策略。算法式策略是指对一个问题解决的所有可能途径都加以尝试的一种策略。简言之，算法就是把解决问题的方法一一进行尝试，最终找到解决问题的答案。启发式策略是指凭借经验来解决问题的一种策略。用启发式策略解决问题，并不探索所有可能途径，仅仅对经验中认定的最有可能成功解决问题的途径进行探索。这一策略的优点是能提高问题解决的效率，缺点是可能会受到已有经验的误导，最终导致解决问题的失败。题干中，小梁把各种解法逐一尝试，最终找到一个最佳解法，这属于算法式。因此答案选 C。

【考点定位】中学生学习心理——认知过程——问题解决——问题解决的策略——算法式

【难度】★★

16.【答案】D

【解析】本题考查科尔伯格道德发展阶段论中的社会契约定向阶段。科尔伯格把道德发展分为六个阶段：(1)服从与惩罚定向阶段。处于该阶段的儿童服从权威或规则只是为了避免惩罚。(2)相对功利定向阶段。处于该阶段的儿童的道德价值来自对自己需要的满足，他们不再把规则看成是绝对的、固定不变的，评定行为的好坏主要看是否符合自己的利益。(3)寻求认可定向阶段。处于该阶段的儿童，个体的道德价值以人际关系的和谐为导向，顺从传统的要求，符合大家的意见，谋求大家的赞赏和认可。(4)维护权威和秩序的道德定向阶段。处于该阶段的儿童，其道德价值以服从权威为导向。他们服从社会规范，遵守公共秩序，尊重法律的权威，以法制观念判断是非，知法懂法，认为准则和法律是维护社会秩序的，因此应当遵循权威和有关规范去行动。(5)社会契约定向阶段，处于这一水平阶段的人认为法律和规范是大家商定的，是一种社会契约。他们看重法律的效力，认为法律可以帮助人维持公正。但同时认为契约和法律的规定并不是绝对的，可以应大多数人的要求而改变。在强调按契约和法律的规定享受权利的同时，他们能认识到个人应尽义务和责任的重要性。（6）普遍原则的道德定向阶段，也称原则或良心定向阶段，这是进行道德判断的最高阶段，表现为能以公正、平等、尊严这些最一般的原则为标准进行思考。题干中，小张认为守法应该是每个人应尽的义务，这表明小张处于社会契约定向阶段。因此答案选 D。

【考点定位】中学德育——道德发展理论——科尔伯格的道德发展阶段论——后习俗水平——社会契约定向阶段

【难度】★★

17. **【答案】**C

【解析】本题考查成就目标理论。关于四种成就目标的界定:（1）“成绩趋近”目标的个体关心如何超越他人，表明自己最聪明、最棒，根据常模标准来评价自身，如在班上考得最好。（2）“掌握趋近”目标的个体关注任务的掌握、学习和理解，根据自己的进步和提高以及对任务的理解深度来评价自身的表现。（3）“成绩回避”目标的个体关心如何不让自己显得低能，显得比别人笨，也根据常模标准来评价自身的表现，如不是班里最差的。（4）“掌握回避”目标的个体关心如何避免不理解，个体判断成功的标准是在自我比较的基础上准确无误地完成任务，典型代表是完美主义者，他们尽力避免做错任何事情，力求不出半点错误，在学业成绩下降的个体中也可见到这一目标定向。题干中，小黄关注的是知识的内容和价值，这体现了掌握趋近的目标导向。因此答案选 C。

【考点定位】中学生学习心理——学习心理——学习动机——学习动机理论——成就目标理论

【难度】★★★

18. **【答案】**D

【解析】本题考查埃里克森社会性发展阶段理论中的自我同一性。埃里克森认为，人格的发展是一个逐渐形成的过程，必须经历一系列顺序不变的阶段，每一阶段都有一个由生物学的成熟与社会文化环境、社会期望之间的冲突和矛盾所决定的发展危机，每一个危机都涉及一个积极的选择与一个潜在的消极的选择之间的冲突。中学阶段处于个体的青年期，在这一阶段，个体面临同一性对角色混乱的冲突，人格的发展任务是在职业、性别角色等方面获得同一性，方向明确。题干中，小孙对未来充满迷茫，这体现了其自我同一性与角色混乱的矛盾冲突。因此答案选 D。

【考点定位】中学生发展心理——中学生的人格发展——人格发展理论——埃里克森社会性发展阶段理论——同一性对角色混乱

【难度】★★

19.【答案】B

【解析】本题考查职业倦怠。玛勒斯等人认为职业倦怠主要表现在三个方面:（1）情绪耗竭，主要表现在生理耗竭和心理耗竭两个方面。如极度的慢性疲劳、力不从心、丧失工作热情、情绪波动大等。（2）去个性化，即刻意在自身和工作对象间保持距离，对工作对象和环境采取冷漠和忽视的态度。教师以一种消极的、否定的态度和情感对待学生。（3）个人成就感低，表现为消极地评价自己，贬低自己工作的意义和价值。题干中，老师漠视学生，对学生冷淡等做法体现了教师去个性化。因此答案选 B。

【考点定位】中学班级管理与教师心理——教师心理——教师的心理健康——常见的教师心理健康问题——职业倦怠

【难度】★★

20.【答案】C

【解析】本题考查课堂纪律类型中任务促成的纪律。根据课堂纪律形成的途径，可以将课堂纪律分成以下四种类型:（1）教师促成的纪律，是指教师为学生的学习和工作设置一个有结构的情境，即组织一个良好的集体结构，并对这个结构进行监督和指导。（2）集体促成的纪律，主要是指在集体舆论和集体压力的作用下形成的群体行为规范。（3）任务促成的纪律，主要是指某一具体任务对学生行为提出的具体要求。在日常学习过程中，每项学习任务都有它特定的要求，或者说特定的纪律。学生为完成某项任务而投入高度注意，对其他诱人的活动置之不理。任务促成的纪律是以个人活动任务的充分理解为前提的。（4）自我促成的纪律，实际上是学生自律的形成过程，是学生认识到学习对自己和社会的意义的时候，将课堂纪律内化为自我意识之中，成为约束自我的行为准则。题干中，小华和他的同学正因为参加了比赛才促成了一种良好的纪律，这属于任务促成的纪律。因此答案选 C。

【考点定位】中学班级管理与教师心理——课堂管理——课堂纪律管理——课堂纪律的类型——任务促成的纪律

【难度】★

21.【答案】A

【解析】本题考查心理辅导方法中的强化法。强化法又称“操作条件疗法”，是指应用操作性条件反射原理，强调行为的改变是依据行为后果而定的，其目的在于矫正不良行为，训练与建立良好行为。题干中，杨老师通过对晓玲的良好行为的表扬，强化了她的良好行为，激励她在今后继续保持，促使其改变了内向的性格，所以杨老师运用的是心理辅导方法中的强化法。因此答案选 A。

【考点定位】中学生心理辅导——中学生心理辅导的方法——心理辅导的主要方法——行为改变的基本方法——强化法

【难度】★★★

二、辨析题

22.【参考答案】

题干说法错误。教育活动的本质是有目的地培养人，但不等于教育目的就只能按照人的发展需求确定。教育的发展有一定的目的性和社会性，教育目的的确定除了需要考虑人的发展需求，还需要考虑社会发展的因素，如政治、经济和文化的发展等。因此，教育是培养人的活动，但不能只按照人的发展需求确定。综上，题干说法错误。

【考点定位】教育基础知识和基本原理——教育目的——我国教育目的——我国确立教育目的的依据

【难度】★★★

23.【参考答案】

题干说法错误。德育过程是促使学生的知、情、意、行互动发展的过程。德育过程的一般顺序可以概括为提高道德认识、陶冶道德情感、锻炼道德意志和培养道德行为习惯。但是德育过程不一定恪守知、情、意、行的一般教育培养顺序，它具有多端性，是根据学生品德发展的具体情况，或从“导之以行”开始，或从“动之以情”开始，或从“持之以恒”开始，最后促使学生品德在知、情、意、行等方面和谐发展。所以，德育的起点不一定是提高道德认识。综上，题干说法错误。

【考点定位】中学德育——中学德育过程——德育过程的基本规律——德育过程是促使学生的知、情、意、行互动发展的过程——多端性

【难度】★★★

24.【参考答案】

题干说法错误。进入工作记忆中的信息并不都会持久保存。短时记忆是瞬时记忆和长时记忆之间的一个记忆阶段，是指记忆的信息在人脑中贮存、保持的时间在 1 分钟以内的记忆。其特点是时间很短、容量有限、意识清晰、操作性强。复述是短时记忆进入长时记忆的途径。因此，信息进入工作记忆并不一定能持久保存。综上，题干说法错误。

【考点定位】中学生学习心理——认知过程——记忆——记忆的主要类型——短时记忆

【难度】★★★

25.【参考答案】

题干说法错误。智力水平越高，学习成绩一定越好的说法太过于绝对。智力水平可以影响学习成绩，它是影响学习成绩的重要因素，但学习成绩的好坏还会受到其他因素的影响，如努力程度、学习兴趣等。因此，智力水平越高，学习成绩不一定越好。综上，题干说法错误。

【考点定位】中学生发展心理——中学生的能力发展——影响能力的因素

【难度】★★★

三、简答题

26.**【参考答案】**

（1）学校教育是有目的、有计划、有组织地培养人的活动。

（2）学校教育是通过专门训练的教师来进行的，相对而言效果较好。

（3）学校教育能有效地控制、影响学生发展的各种因素。

（4）学校教育给人的影响比较全面、系统和深刻。

【考点定位】教育基础知识和基本原理——教育与人的发展——影响人身心发展的因素——学校教育——学校教育在人的发展中起主导作用的原因

【难度】★★★

27.**【参考答案】**

（1）美育能够促进学生智力的发展，扩大和加深学生对客观世界的认识。

（2）美育能够促进学生科学世界观和良好道德品质的形成。

（3）美育能够促进体育，具有健身怡情的作用。

（4）美育能够促进劳动教育，使学生体验到劳动创造美的喜悦。

【考点定位】教育基础知识和基本原理——教育目的——我国教育目的——全面发展教育——美育

【难度】★★★

28.**【参考答案】**

（1）维果斯基主要研究儿童的发展与教育心理学，研究思维与语言的关系及儿童学习与发展的关系。在维果斯基看来，“社会、文化环境对个体的学习有着关键的作用”，所以维果斯基提出的理论也被称为“文化—历史心理学派”。

（2）维果斯基将人的心理机能分为两大类，一类是低级心理机能，这种机能是自然的发展结果，是作为动物进化的结果，是种系发展的产物；另一类是高级心理机能，这种机能是社会历史发展的产物，是以符号系统为中介的心理机能，是在人际交往活动过程中产生和发展起来的。

（3）内化学说。内化是指个体将从社会环境中吸收的知识转化到自己的心理结构中的过程。

（4）教学和发展的关系。维果斯基提出最近发展区理论，提出教学要走在发展的前面。

【考点定位】中学生发展心理——中学生认知发展与教育——维果斯基的文化—历史发展理论与教育

【难度】★★★

29.**【参考答案】**

（1）准确的示范与讲解。

（2）必要而适当的练习。

（3）充分而有效的反馈。

（4）建立稳定清晰的动觉。

【考点定位】中学生学习心理——学习概述——技能的形成——操作技能的形成与培养——操作技能的培训要求

【难度】★★★

四、材料分析题

30.**【参考答案】**

（1）张老师采用的教学方法包括：

① 实验法。实验法是指学生在教师的指导下，使用一定的仪器和设备，在一定条件下引起某些事物和现象产生变化，进行观察和分析，以获得知识和技能的方法。该方法常用于物理、化学、生物等自然学科的教学。案例中，“首先要求同学动手做个实验”便体现了这一教学方法。

② 演示法。演示法是指通过展示实物、直观教具进行示范性的实验，或采取现代化视听手段等指导学生获得知识或巩固知识的方法。案例中，“张老师用示意图显示实验结果”便体现了这一教学方法。

③ 讨论法。讨论法是指学生在教师指导下为解决某个问题进行探讨、辩论，从而获取知识的一种方法。案例中，“接着张老师布置小组讨论……”便体现了这一教学方法。

④ 讲授法。讲授法是指教师运用口头语言系统向学生传授知识的一种方法。案例中，“在生物课上讲解植物吸水的知识”“张老师总结说明植物吸水的原理”等便体现了这一教学方法。

（2）张老师采用了直观性、启发性、循序渐进和理论联系实际的原则。

① 直观性原则，是指在教学中要通过使学生观察所学事物或教师语言的形象描述，引导学生形成所学事物、过程的清晰表象，丰富他们的感性知识，从而使他们能够正确理解书本知识和发展认识能力。材料中的张老师在实验过程中，同学生一起观看实验过程，直观展示教学内容，这体现了教学的直观性原则。

② 启发性原则，是指在教学中教师要承认学生是学习的主体，应注意调动他们的学习主动性，引导他们进行独立思考，积极探索，生动活泼地学习，自觉地掌握科学知识和提高分析问题和解决问题的能力。材料中的张老师在让同学动手做实验的过程中，激发学生想象力，引导学生积极思考，发现问题的答案，这体现了启发性教学原则。

③ 循序渐进原则，是指教学要按照学科的逻辑系统和学生认识发展的顺序进行，使学生系统地掌握基础知识、基本技能，形成严密的逻辑思维能力。材料中，张老师先让学生做实验，然后自己向学生进行演示，最后让同学自己讨论，逐步使学生明白问题，这体现了循序渐进教学原则。

④ 理论联系实际原则，是指教学要以学习基础知识为主导，从理论与实际的联系上去理解知识，注意运用知识去分析问题和解决问题，达到学懂学会、学以致用的目的。材料中，张老师提出

问题，给学生布置讨论，让学生小组讨论为什么盐碱地一般种不好庄稼，引导学生将课本中的理论运用到实践中，这体现了理论联系实际教学原则。

【考点定位】中学教学——教学原则和方法——教学原则、中小学常用的教学方法

【难度】★★★★

31.**【参考答案】**

（1）动机冲突是指个体在进行活动的过程中，由于多样化的目标选择导致出现了相互排斥的动机，也叫心理冲突。动机冲突主要有双趋冲突、双避冲突、趋避冲突和多重趋避冲突。材料中晓雯的表现既有趋避冲突，也有双趋冲突。

① 趋避冲突是指同一目标对个体既具有吸引力，又具有排斥力而产生的冲突。材料中，晓雯的表现就是一种典型的趋避冲突，比如“在竞选班长时，她想参加但是怕影响学习”“在进行数学竞赛时，她想参加可是又怕无法完成老师布置的任务”。

②双趋冲突是指个体面临两种或两种以上的具有吸引力的目标，而必须选择其一时产生的冲突。材料中，晓雯“既想成为一名音乐家又想成为一名心理学家”便体现了双趋冲突。

（2）对于晓雯的问题，班主任可以考虑如下做法：

① 指导晓雯权衡利弊，明确学习生活目标。确立明确的目标能够有效缓解甚至避免动机冲突。

② 鼓励晓雯积极参加集体活动，当晓雯选择参加集体活动时，给予她积极鼓励。

③ 调整学习动机。根据耶克斯—多德森定律，动机水平过高，反而会影响学习效率，班主任应指导晓雯确立适度的学习动机。

④ 创建宽松的学校教育环境，强调学生的多元化发展。

⑤ 与家长沟通，采用民主式的家庭教养方式，调整对晓雯的成绩期望。

⑥ 帮助晓雯建立良好的同伴、同学关系。

【考点定位】中学生发展心理——中学生情绪与意志的发展——意志——意志行动的基本阶段——采取行动阶段——动机冲突

中学生发展心理——中学生情绪与意志的发展——意志——良好意志品质的培养

【难度】★★★★

高顿教育
GOLDEN EDUCATION

姓名 ________ 准考证号 ________

国家教师资格考试 教育知识与能力（中学）模拟卷（一）及参考答案

（科目代码：302/302A）

国家教师资格考试

教育知识与能力（中学）模拟卷（一）

注意事项：

1. 考试时间为120分钟，满分为150分。

2. 请按规定在答题卡上填涂、作答。在试卷上作答无效，不予评分。

一、单项选择题（在每小题列出的四个备选项中只有一个是符合题目要求的，请用2B铅笔把答题卡上对应题目的答案字母按要求涂黑。错选、多选或未选均无分。本大题共21小题，每小题2分，共42分）

1. 以下属于教育现象的是（　　）。

A. 初生婴儿吸奶　　B. 母鸡带小鸡

C. 猴子骑自行车　　D. 木匠教徒弟手艺

2. 下列教育家与其著作对应有误的是（　　）。

A. 洛克——《教育漫话》　　B. 赫尔巴特——《教育学》

C. 夸美纽斯——《大教学论》　　D. 裴斯泰洛齐——《林哈德与葛笃德》

3. 民国时期的中国在战争、天灾等因素的影响下积贫积弱，即使涌现出了许多优秀的文学家，但是全社会文盲率仍然超过90%。这说明决定教育事业发展的速度和规模的社会因素是（　　）。

A. 政治经济制度　　B. 生产力发展水平

C. 人口数量和质量　　D. 社会文化传统

4. 素质教育的内涵之一是促进学生的全面发展。这种观点与下列教育目的理论中的哪一种一致？（　　）

A. 个人本位论　　B. 社会本位论

C. 教育无目的论　　D. 辩证统一论

5. 18世纪的英国，贵族约瑟夫在贵族中学学习外语和贵族礼仪。同期贫民亚瑟只能在职业学校里接受职业教育。他们学习的内容、未来升入的大学都是截然不同的。这体现出当时英国采用的教育制度是（　　）。

A. 双轨学制　　B. 单轨学制　　C. 多轨学制　　D. 分支型学制

6. “教育与人类社会共始终”反映的是教育属性的（　　）。

A. 历史性　　B. 继承性

C. 自身质的规定性　　D. 永恒性

7. 河南某中学根据当地文化特色，由该校音乐、舞蹈教师联合协作，集体研发了《豫剧》课程，并每年定期在校开展“我是豫剧传承人”的学习、表演、比赛活动。该课程属于（　）。

A. 校本课程　　B. 隐性课程　　C. 显性课程　　D. 地方课程

8. 妈妈在接小明放学的时候，从几百个一起出校门的学生中一眼就找到了小明并跟他打招呼。这表明知觉具有（　）。

A. 选择性（对象性）　　B. 整体性　　C. 理解性　　D. 恒常性

9. 与德育原则中的尊重与严格要求学生原则有关的前苏联教育家是（　）。

A. 杜威　　B. 马卡连柯　　C. 班杜拉　　D. 康德

10. 小李乐于助人，总是无私地帮助大家；小汪是班上的优等生，经常名列前茅。他们经常受到班主任罗老师的夸赞，罗老师还倡导全班同学都向小李、小汪学习。班主任罗老师的行为运用了德育方法中的（　）。

A. 榜样示范法　　B. 说服教育法　　C. 情感陶冶法　　D. 品德评价法

11. 以下不属于班级授课制优点的是（　）。

A. 有利于大面积培养人才　　B. 有利于因材施教

C. 有严格的制度保证教学质量　　D. 有利于进行教学管理和教学检查

12. 小林曾经被流浪狗咬过，后来每次看到流浪狗都会感到恐惧。小林的这种记忆属于（　）。

A. 形象记忆　　B. 逻辑记忆　　C. 情绪记忆　　D. 动作记忆

13. 小楚随父母工作转学到新城市，刚进入新班级的她渴望得到同学、老师的喜爱和认可，她迫不及待地想融入新班级。这是为了满足她自身的（　）需要。

A. 生理　　B. 安全　　C. 归属与爱　　D. 自我实现

14. 小郑的妈妈告诉他：“只要期中考试进班级前三，就带他去游乐场玩”，这属于（　）。

A. 负强化　　B. 正强化　　C. 惩罚　　D. 消退

15. “天宫一号”成功发射的新闻激发了小郑对航空航天知识的兴趣。从此，为了探索太空的奥妙，小郑开始努力学习。根据奥苏贝尔成就动机分类，这属于（　）。

A. 认知内驱力　　B. 学习目的内驱力

C. 自我提高内驱力　　D. 附属内驱力

16. 近期，小兰为了准备教师资格证的考试制定了科学的学习计划：学习前先浏览学习资料并设置学习目标；学习中监督自己对学习资料进行自我提问。这说明小兰的学习策略属于（　）。

A. 复述策略　　B. 元认知策略

C. 资源管理策略　　D. 认知策略

17. 小学生小明在刚学会计算长方形面积时，就能够估计出平行四边形的面积，因为他认为平行四边形与之前学习的长方形之间有共同的成分。那么，小明的想法与（　）最为相似。

A. 形式训练说　　B. 共同要素说　　C. 概括说　　D. 关系转换说

18. 儿童在某一时期会觉得世界上所有的事物都是有生命的，会问洋娃娃："你喜欢棒棒糖吗"；踩了草坪后对着歪歪斜斜的小草说："对不起"。根据皮亚杰的认知发展阶段理论，这一阶段的儿童更可能处于（　）。

A. 感知运动阶段　　B. 前运算阶段

C. 具体运算阶段　　D. 形式运算阶段

19. 某台兴起的密室大逃脱节目，让观众大饱眼福。面对同一密室场景，玩家对它的评估不同，就会产生不同的情绪反应。例如关在笼子中的恐怖 NPC（非玩家角色，在密室中与玩家互动的工作人员）和走廊中的恐怖 NPC 给玩家带来的情感体验完全不同。这可以用（　）的理论来解释。

A. 詹姆斯—兰格　　B. 坎农—巴德

C. 阿诺德　　D. 沙赫特—辛格

20. 小赵平时是名认真努力的好学生，可是自从换了最新款手机以后，他的成绩直线下降，同学们也发现他不爱和大家一起玩了，课后总是一个人拿着手机玩游戏。语文老师发现他在作文里提到梦想时写道："游戏是我的最爱，我的梦想就是天天打网游"。小赵的心理问题是（　）。

A. 抑郁症　　B. 恐惧症　　C. 焦虑症　　D. 网络成瘾

21. 王老师观察到，儿童在生活中看到成年人给老年人让座后被夸奖，接下来他也会主动给老年人让座。观察结果说明儿童可以通过观察他人的行为而获得新的行为模式。这符合（　）的观点。

A. 康德　　B. 夸美纽斯　　C. 班杜拉　　D. 培根

二、辨析题（判断正误，并说明理由。本大题共 4 小题，每小题 8 分，共 32 分）

22. 教育的隐性功能对人的发展总是具有消极意义的。

23. 教学是发展学生智育的唯一途径。

24. 幻想是没有预定目的，不自觉地产生的想象。它是人们的意识减弱时，在某种刺激的作用下，不由自主地想象某种事物的过程。

25. 沉思型的学生在完成需要对细节作分析的学习任务时，学习成绩较好；冲动型的学生在完成需要做整体性解释的学习任务时，学习成绩较好。

三、简答题（根据要求，回答问题。共 4 道题，每题 10 分，共 40 分）

26. 简述生产力对教育的制约作用。

27. 简述运用讲授法的基本要求。

28. 简述学习策略的类型。

29. 简述影响遗忘进程的因素。

四、材料分析题（阅读材料，并回答问题。共 2 道题，每题 18 分，共 36 分）

30. 材料：

数学课上，为了使学生理解同类项的概念和意义，李老师说："如果你现在是动物园管理员，在管理动物时，你会将老虎和猴子关到同一个笼子中吗？"同学们回答："不会。"教师继续提问："为什么呢？""为了方便管理。""因为老虎和猴子生活习惯不一样。"同学们纷纷表达着自己的意见。"同学们说的都很有道理。大家回想一下，在生活中，还有哪些事物需要分类呢？""垃圾分类。""图书馆书籍分类。""商店超市货品分类。"同学们分享着自己的见闻。"大家在生活中认真观察生活的习惯很棒。其实在数学课堂中，同样也存在分类问题。"说完后，李老师展示出课件（课件内容：3x 和 7x，−5ay 和 9ay，6mn 和 12mn，8a2 和 25a2）。李老师提问："课件中的这些元素均被两两归为一类。大家思考一下，被归为同一类的元素需要满足什么条件呢？""它们所含字母相同。""指数相同。"同学们快速回答道。于是，李老师把同类项的概念抛给同学们来讨论，并让他们列举各种例子。就这样，同学们理解了同类项的概念和意义。

问题：

（1）请结合材料分析李老师的教学主要体现了哪条教学原则？（10 分）

（2）贯彻该原则的要求有哪些？（8分）

31. 材料：

初中生娇娇在日记中写道：她从小都是“乖乖学生”，父母总是安排好一切，觉得自己只有取得好成绩，才是好孩子。进入初中后，班主任老师为了提高班级的成绩，总是给他们制定考试目标，安排很多作业。课余时间，班主任老师经常找娇娇谈话，觉得她有能力冲击年级前十。为了不辜负父母和班主任老师的期望，娇娇也严格要求自己。一段时间后，娇娇感觉自己力不从心，经常失眠，学习成绩也下降了，为此她很苦恼。

问题：

（1）运用学习动机相关原理，分析班主任老师和家长的做法存在哪些问题。（8分）

（2）结合材料，分析一下你认为该如何正确激励娇娇学习？（10分）

国家教师资格考试 教育知识与能力（中学）

模拟卷（一）参考答案

一、单项选择题

1. 【答案】D

【解析】本题考查教育的本质属性。教育是一种有目的地培养人的社会活动。这是教育区别于其他社会活动的根本特征，是教育的本质属性，即教育的质的规定性。选项 D 中，木匠教徒弟手艺是有目的地培养人的活动，属于教育现象。因此答案选 D。

选项 A：初生婴儿吸奶是一种本能，不属于教育现象。

选项 B：母鸡带小鸡是动物行为，不属于教育现象。

选项 C：猴子骑自行车是动物行为，不属于教育现象。

【考点定位】教育基础知识和基本原理——教育的产生与发展——教育的属性——教育的本质属性

【难度】★★

2. 【答案】B

【解析】本题考查教育学的创立阶段的教育家与著作的对应。赫尔巴特是 19 世纪德国著名的教育家，于 1806 年出版了《普通教育学》，这本书标志着教育学成为一门独立、规范的学科，他被称为“科学教育学之父”“现代教育学之父”和“传统教育代表人物”。本题为选非题，选项 B 对应错误，符合题意。选项 ACD 中的人物与著作对应正确，不符合题意。因此答案选 B。

【考点定位】教育基础知识和基本原理——教育学的产生与发展——教育学的创立阶段——创立阶段代表人物

【难度】★★

3. 【答案】B

【解析】本题考查生产力对教育的制约作用。生产力水平对教育的制约作用体现在以下几个方面：（1）生产力的发展水平决定教育事业发展的速度和规模。（2）生产力的发展水平制约着人才的培养规格和教育结构。（3）生产力的发展水平制约着教育的内容、方法、组织形式与手段。其中，生产力的发展水平决定教育事业发展的速度和规模是指，教育的发展需要一定的人力、物力等物质条件作保证。生产力的发展为教育提供了物质条件，并要求教育有相应的发展，为物质生产提供所需的人才。如果教育跟不上生产力的发展需求，则经济发展将因人才欠缺而受到影响；如果教育发展超过了生产力的承受能力，占用过多的人力、财力，则会阻碍经济发展。题干中，民国时期的中国在战争、天灾等因素的影响下积贫积弱，经济落后，导致全社会文盲率超过 90%，说明了生产力的发展水平制约了教育发展的规模和速度。因此答案选 B。

选项 A：政治经济制度决定着教育的性质，决定着教育的宗旨与目的，决定着教育的领导权与受教育权，决定着教育内容和教育管理体制等。

选项 C：人口数量制约着教育发展的规模，人口质量影响着教育的质量，人口结构影响着教育的结构。

选项 D：文化对教育具有价值定向作用，影响教育目的的确立，影响教育的内容与水平，影响教育教学方法的应用等。

【考点定位】教育基础知识和基本原理——教育与社会发展——教育与社会生产力——生产力对教育的制约

【难度】★★

4. **【答案】**A

【解析】本题考查有关教育目的的理论中的个人本位论。教育目的的理论主要包括宗教本位论、个人本位论、社会本位论、教育无目的论等。其中，个人本位论的基本观点包括：（1）从个体本能需要出发，强调教育要服从人的成长规律和满足人的需要。（2）注重教育对个人的价值。（3）主张教育的目的是培养“自然人”，发展人的个性，增进人的价值，促使个人自我实现。持这种观点的代表人物主要有卢梭、罗杰斯、福禄贝尔、裴斯泰洛齐等。题干中，素质教育的内涵之一是促进学生的全面发展，体现了教育对个人的价值，属于个人本位论。因此答案选 A。

选项 B：社会本位论从社会发展需要出发，注重教育的社会价值；主张教育的目的是培养合格公民和社会成员；认为教育是国家的事业，评价教育要看其对社会的发展贡献的指标。持这种观点的代表人物主要有赫尔巴特、柏拉图、孔德、涂尔干等。

选项 C：教育无目的论的代表人物是杜威，他否定教育的一般的、抽象的目的，强调的是教育过程内有的目的，即每一次教育活动的具体目的，并非主张教育完全无目的。

选项 D：辩证统一论是指社会需要与人的自身发展需要的辩证统一论。该理论的代表人物是马克思，他认为教育目的的制定要从社会发展需要和人的自身发展需要两方面出发。

【考点定位】教育基础知识和基本原理——教育目的——教育目的概述——有关教育目的的理论——个人本位论

【难度】★★★

5. **【答案】**A

【解析】本题考查学校教育制度的类型中的双轨学制。西方现代学制的类型主要包括以下三种：

双轨学制、单轨学制和分支型学制。其中，在 18、19 世纪的西欧出现了双轨学制，它的学校系统分为两轨：一轨是自上而下，是为资产阶级子女设立的，其结构是大学（后来也包括其他高等学校）、中学（包括中学预科班），具有较强的学术性；另一轨是自下而上，是为劳动人民子女设立的，是为培养劳动者服务的，其结构是小学（后来是小学和初中）、职业学校。题干中，该欧洲国家资产阶级子女和劳动人民子女接受不同类型的教育，其中，劳动人民子女按规定只能接受职业教育，这种教育制度为双轨学制。因此答案选 A。

选项 B：单轨学制以美国为代表，其结构是小学、中学、大学。其特点是所有的学生在同样的学校系统中学习。

选项 C：干扰项。

选项 D：分支型学制以苏联为代表，在初等教育阶段强调共同的基础性教育，到中等教育阶段分为职业教育和普通教育两个分支。

【考点定位】教育基础知识和基本原理——教育制度——学校教育制度的类型——双轨学制

【难度】★★

6. **【答案】**D

【解析】本题考查教育的社会属性中的永恒性。教育的社会属性包括永恒性、历史性和相对独立性。其中，永恒性是指教育是人类所特有的社会现象，只要人类社会存在，教育就存在。教育的永恒性是由教育本身的职能决定的。题干中，“教育与人类社会共始终”体现的是永恒性。因此答案选 D。

选项 A：历史性是指教育随着人类社会的产生而产生，随着人类社会的发展而发展，在人类社会的不同时期，由于生产力发展水平不同、生产关系和政治制度不同，教育也就具有不同的性质和特点、内容和形式。

选项 B：教育的相对独立性表现在三个方面。其中，继承性是指某一历史时期的教育与先前社会的教育的相承关系。一种社会的教育是在先前社会的教育的基础上建立起来的。

选项 C：教育的相对独立性表现在三个方面。其中，自身质的规定性是指教育这一社会现象区别于其他社会现象的特殊属性。

【考点定位】教育基础知识和基本原理——教育的产生与发展——教育的属性——教育的社会属性——永恒性

【难度】★

7. **【答案】**A

【解析】本题考查校本课程。按照课程设计、开发和管理主体来划分，课程被分为国家课程、地方课程和校本课程。其中，校本课程是指学校在开设好国家课程和地方课程的前提下，以本校教师为主体开发的符合本校实际、适用本校学生需求、具有学校自身特点、以校为本的课程。

校本课程的主导价值在于通过课程展示学校的办学宗旨和特色。题干中，某中学由该校音乐、舞蹈教师集体开发的课程属于校本课程。因此答案选 A。

选项 B：隐性课程是指学校情境中以间接的、内隐的方式呈现的课程。

选项 C：显性课程是指学校情境中以直接的、明显的方式呈现的课程。显性课程的特征是计划性，这是区分显性课程与隐性课程的主要标志。

选项 D：地方课程是指由地方组织开发并在本地实施的课程。地方课程的主导价值在于通过课程满足地方社会发展的现实需要。

【考点定位】中学课程——课程概述——课程的类型——校本课程

【难度】★★

8. **【答案】**A

【解析】本题考查知觉特性中的选择性。知觉的特性包括选择性、整体性、理解性和恒常性。知觉的选择性（对象性）是指人在知觉过程中把知觉对象从背景中区分出来优先加以清晰地反映的特性。其中，被清楚地知觉到的客体叫对象，未被清楚地知觉到的客体叫背景。题干中，妈妈把小明当做对象，把其他学生当做背景，体现了知觉的选择性。因此答案选 A。

选项 B：整体性是指知觉的对象是由不同部分和属性组成的，但我们总是把客观事物作为整体来感知，即把客观事物的个别特性综合为整体来反映。

选项 C：理解性是指在知觉过程中，人们总是根据已有的知识经验来解释当前知觉的对象，并用语言来描述它，使它具有一定的意义。

选项 D：恒常性是指当知觉条件在一定范围内改变时，知觉的效果仍然保持不变。

【考点定位】中学生学习心理——认知过程——知觉——知觉的特性——选择性

【难度】★★

9. **【答案】**B

【解析】本题考查尊重学生与严格要求学生相结合的德育原则。尊重学生与严格要求学生相结合的原则是指教育者进行德育时，要把对学生的思想和行为的严格要求与对他们个人的尊重和信赖结合起来，使教育者对学生的影响与要求易于转化为学生的品德。“要尽量多地要求一个人，也要尽可能地尊重一个人”是马卡连柯对教育的阐释，体现的是尊重学生与严格要求学生相结合的原则。因此答案选 B。

选项 A：实用主义哲学创始人杜威提出儿童中心（学生中心）、经验中心、活动中心新三中心论，与赫尔巴特旧三中心论相对立。

选项 C：行为主义学习理论代表人物班杜拉提出了观察学习理论。

选项 D：教育学创立阶段的代表人物康德最早在大学里讲授教育学这门课程。

【考点定位】中学德育——中学德育的原则、途径与方法——中学德育的原则——尊重学生与严

格要求学生相结合的原则

【难度】★★

10.【答案】A

【解析】本题考查德育方法中的榜样示范法。常用的德育方法包括说服教育法、榜样示范法、情感陶冶法、实际锻炼法、道德修养法、品德评价法。其中，榜样示范法是指用榜样人物的高尚思想、模范行为、优异成就来影响学生的思想、情感和行为的方法。题干中，班主任罗老师通过夸赞小李和小汪的方式提倡全班同学向他们学习。在这里，小李和小汪同学成为了大家学习的榜样，说明罗老师运用了榜样示范法。因此答案选A。

选项B：说服教育法是指借助语言和事实，通过摆事实、讲道理，以影响受教育者的思想意识，使其明辨是非，提高其思想认识的方法。

选项C：情感陶冶法是指教育者有目的地创设良好的教育情境，使受教育者在道德和思想情感方面受到潜移默化的感染、熏陶的方法。

选项D：品德评价法是指教育者根据一定的要求和标准，对学生的思想品德进行肯定或否定的评价，促使其发扬优点，克服缺点，督促其不断进步的一种方法。它包括奖励、惩罚、评比、操行评定等方式。

【考点定位】中学德育——中学德育的原则、途径与方法——中学德育的途径与方法——中学德育的方法——常用的德育方法——榜样示范法

【难度】★★

11.【答案】B

【解析】本题考查班级授课制的优缺点。教学组织形式的主要类型有个别教学制、班级授课制、分组教学、设计教学法、道尔顿制、特朗普制等。其中，班级授课制是一种集体教学形式，是把一定数量的学生按年龄和知识程度编成固定的班级，根据周课表和作息时间表，安排教师有计划地为全班学生集体上课，分别学习所设置的各门课程。虽然其运用广泛，但也有局限性，主要体现在以下几个方面：（1）不利于学生主体性的发挥。（2）不利于培养学生的探索精神、创造能力和实践能力。（3）不能很好地适应教学内容和教学方法的多样化。（4）不利于因材施教。（5）不利于学生之间真正地交流和启发。班级授课制强调统一、忽视个别差异，不利于因材施教是最主要的缺点之一。本题为选非题，因此答案选B。

选项ACD：均属于班级授课制的优点，与题干不符，排除。

【考点定位】中学教学——教学组织形式和教学工作基本环节——教学组织形式——常见的教学组织形式——班级授课制

【难度】★★

12.【答案】C

【解析】本题考查记忆类型中的情绪记忆。根据记忆内容和经验对象，可将记忆分为形象记忆、逻辑记忆、情绪记忆和动作记忆。其中，情绪记忆是指对自己体验过的情绪和情感的记忆。题干中，小林曾经被流浪狗咬过，后来每次看到流浪狗都会感到恐惧，恐惧属于情绪和情感的记忆，即情绪记忆。因此答案选 C。

选项 A：形象记忆是指以经历（感知）过的事物形象为内容的记忆。例如，人们游览“八达岭长城”之后，头脑里留下的雄伟的万里长城的形象就是形象记忆。

选项 B：逻辑记忆是指以概念、公式、规律等各种有组织的事物为内容的记忆。

选项 D：动作记忆是指以做过的运动活动作为内容的记忆。

【考点定位】中学生学习心理——认知过程——记忆——记忆的主要类型——情绪记忆

【难度】★★

13.【答案】C

【解析】本题考查马斯洛的需要层次理论。马斯洛把人的需要分为七种：生理需要、安全需要、归属与爱的需要、尊重需要、求知需要、审美需要、自我实现的需要。其中，归属与爱的需要也称社交需要，包括被人爱与热爱他人，希望交友融洽，保持和谐的人际关系，被团体接纳的归属感等。题干中，小楚渴望得到大家的喜爱，想融入新班级体现出她有归属与爱的需要。因此答案选 C。

选项 A：生理需要是指人类维持自身生存需要的最基本的需求，包括饥、渴、衣、住、性等方面。

选项 B：安全需要包括对人身安全、健康保障、资源所有性、财产所有性、道德保障、工作职位保障、家庭安全、社会安定和国际和平的需要。

选项 D：自我实现的需要是创造的需要，是追求实现自我理想的需要，是充分发挥个人潜能和才能的心理需要，也是创造力和自我价值得到体现的需要。

【考点定位】中学生学习心理——学习心理——学习动机——学习动机理论——需要层次理论

【难度】★★

14.【答案】B

【解析】本题考查斯金纳操作性条件作用的基本规律中的正强化。斯金纳操作性条件作用的基本规律包括正强化、负强化、惩罚和消退。其中，正强化是指通过呈现想要的愉快刺激来提高反应频率。题干中，呈现“去游乐场玩”这一愉快刺激的目的是想要使“考得好”的行为出现频率提高，所以本案例属于正强化。因此答案选 B。

选项 A：负强化也称消极强化，是指通过消除或中止厌恶、不愉快的刺激来提高反应频率。

选项 C：惩罚是指当有机体作出某种反应以后，呈现一个厌恶刺激以消除或抑制此类反应的过程。

选项 D：消退是指有机体作出以前曾被强化过的反应，如果在这一反应之后不再有强化物相伴，那么此类反应在将来发生的概率便降低。

【考点定位】中学生学习心理——学习理论——行为主义学习理论——斯金纳的操作性条件作用论——操作性条件作用的基本规律——正强化

【难度】★★

15. **【答案】**A

【解析】本题考查奥苏贝尔成就动机分类中的认知内驱力。奥苏贝尔认为学校情境中的成就动机至少应包括三方面的内驱力，即认知内驱力、自我提高内驱力和附属内驱力。其中，认知内驱力是指学生渴望了解和理解，要求掌握知识，以及系统地阐述问题并解决问题的一种倾向。这种内驱力，一般来说，多半是从好奇的倾向中派生出来的。例如，为了满足求知欲、兴趣而学习。题干中，小郑努力学习是为了满足自己探索太空的求知欲。因此答案选 A。

选项 B：干扰项。

选项 C：自我提高内驱力是指个体要求凭自己胜任工作的才能和工作成就而赢得相应地位的愿望。自我提高内驱力把成就看作赢得地位与自尊心的根源，它显然是一种外部的动机。

选项 D：附属内驱力是指学生为了保持家长、教师等的赞许或认可而努力学习的一种需要。它是一种外部的动机。例如，为了获得老师的赞许而努力学习。

【考点定位】中学生学习心理——学习心理——学习动机——学习动机的分类——奥苏贝尔成就动机的分类——认知内驱力

【难度】★★

16. **【答案】**B

【解析】本题考查学习策略中的元认知策略。元认知策略是指学生对自己认知过程的策略，包括对自己认知过程的了解和控制策略，有助于学生有效地安排和调节学习过程，具体包括计划策略、监控策略和调节策略。题干中，小兰为了准备教师资格证的考试采用了浏览学习资料、设置学习目标、对学习资料进行自我提问等方法，这属于元认知策略中的计划策略。因此答案选 B。

选项 A：复述策略的方法包括：利用无意识记和有意识记、排除抑制干扰、整体记忆与分段记忆、多种感官参与、画线、圈点批注等。

选项 C：资源管理策略的方法包括：时间管理策略、环境管理策略、努力管理策略、资源利用策略等。

选项 D：认知策略是指加工信息的一些方法和技术。这些方法和技术能使信息较为有效地从记忆中提取。认知策略又分为复述策略、精细加工策略和组织策略。

【考点定位】中学生学习心理——学习心理——学习策略——学习策略的分类——元认知策略

【难度】★

17. **【答案】**B

【解析】本题考查学习迁移的理论中的共同要素说。桑代克在1901年所做的“形状知觉”实验，是共同要素说的经典实验。他通过“刺激—反应”的实验，以联结理论为基础，提出了学习迁移的相同要素说，即相同的刺激与反应的联结，刺激相似而且反应也相似时，两情境的迁移才能发生，相同联结越多，迁移越大。后来，相同要素说被伍德沃斯修改为共同要素说，该学说认为迁移之所以能够发生，是因为在这两种学习之间有共同的成分。题干中，“小明认为平行四边形与之前学习的长方形之间有共同的成分”属于共同要素说的观点。因此答案选B。

选项A：形式训练说是最早的一种迁移理论。形式训练说主张迁移要经历一个“形式训练”的过程才能产生，训练的形式越难越好。迁移是通过对组成心的各种官能的训练，以提高各种能力，如注意力、记忆力、推理力、想象力等而实现的。而且，迁移的产生是自动的。

选项C：概括说认为两个学习活动之间存在的共同成分，只是产生迁移的必要前提，而产生迁移的关键是学习者在两种活动中概括出它们之间的共同原理。

选项D：关系转换说认为迁移不是由于两个学习情境具有共同成分、原理或规则而自动产生的，而是由于学习者突然发现两个学习经验之间存在关系的结果。人所迁移的是顿悟——两个情境突然被联系起来的意识。

【考点定位】中学生学习心理——学习心理——学习迁移——学习迁移的理论——共同要素说

【难度】★★

18.【答案】B

【解析】本题考查皮亚杰的认知发展阶段中的前运算阶段。皮亚杰是瑞士著名心理学家和哲学家，他所提出的认知发展阶段理论包括感知运动阶段、前运算阶段、具体运算阶段和形式运算阶段四个阶段。其中，处于前运算阶段的个体思维具有不可逆性和刻板性，一切以自我为中心，且具有鲜明的“万物有灵论（泛灵论）”的特点。泛灵论，即认为外界的一切事物都是有生命的。题干中，儿童在某一时期会觉得世界上所有的事物都是有生命的，如洋娃娃和小草，这体现了泛灵论的特点，属于前运算阶段。因此答案选B。

选项A：处于感知运动阶段的个体仅靠感觉和动作适应外部环境，应付外界事物。其认知特点体现为：（1）通过探索感觉与运动之间的关系来获得动作经验。（2）低级的行为图式。（3）获得了客体的永恒性。

选项C：具体运算阶段的认知特点体现为：（1）这个阶段的标志是守恒观念的形成（守恒性）。（2）思维运算必须有具体的事物支持，可以进行简单抽象思维。（3）理解原则和规则，但只能刻板遵守规则，不敢改变。（4）思维具有可逆性、去集中化。

选项D：形式运算阶段的认知特点体现为：（1）能够根据逻辑推理、归纳或演绎的方式来解决问题。（2）能够理解符号的意义、隐喻和直喻，能作一定的概括。（3）思维具有可逆性、补偿性和灵活性。

【考点定位】中学生发展心理——中学生认知发展与教育——皮亚杰的认知发展阶段理论——皮亚杰的认知发展阶段——前运算阶段

【难度】★★★

19. **【答案】**C

【解析】本题考查阿诺德“评定—兴奋”说情绪理论。美国心理学家阿诺德在 20 世纪 50 年代提出了情绪的评定—兴奋学说。这个理论认为，刺激情境并不直接决定情绪的性质，从刺激的出现到情绪的产生，中间要经过对刺激的估量和评价。情绪产生的基本过程是刺激情境—评估—情绪。题干中，“关在笼子中的恐怖 NPC 和走廊中的恐怖 NPC 给玩家带来的情感体验完全不同。”体现了阿诺德“评定—兴奋”说情绪理论。因此答案选 C。

选项 A：詹姆斯—兰格理论认为刺激引起生理反应，进而引起情绪体验。

选项 B：坎农认为情绪的中心在中枢神经系统的丘脑。刺激引起的神经冲动传到丘脑，分成两路，一路到大脑产生主观体验，一路下传至交感神经，引起生理变化，使机体进入应激准备阶段。

选项 D：沙赫特—辛格情绪理论认为，对于特定的情绪来说，有三个因素是必不可少的：第一，个体必须体验到高度的生理唤醒。第二，个体必须对生理状态的变化进行认知性的唤醒。第三，相应的环境因素。情绪状态是认知过程、生理状态和环境因素共同作用的结果。环境因素不能单独决定人的情绪，而认知对人的情绪的产生起着决定性的作用。

【考点定位】中学生发展心理——中学生情绪与意志的发展——情绪——情绪的理论——阿诺德“评定—兴奋”说

【难度】★★★

20. **【答案】**D

【解析】本题考查中学生心理健康问题中的网络成瘾。中学生的心理健康问题包括抑郁症、恐惧症、焦虑症、强迫症、网络成瘾等。其中，中学生网络成瘾是指中学生由于过度地和不当地使用网络而导致的一种难以抗拒再度使用网络，并影响到其正常的学习和生活的着迷状态。题干中，小赵因为沉迷网游影响了学习和生活，这属于网络成瘾。因此答案选 D。

选项 A：抑郁症是指以持久性的心境低落为特征的神经症。

选项 B：恐惧症是指对特定的无实在危害的事物与场景的非理性惧怕。

选项 C：焦虑症是指个体不能达成目标或不能克服困难的威胁，致使自尊心、自信心受挫，或使失败感和内疚感增加，形成一种紧张不安、带有恐惧的情绪状态。

【考点定位】中学生心理辅导——中学生的心理健康——中学生常见的心理健康问题——网络成瘾

【难度】★

21.【答案】C

【解析】本题考查班杜拉的观察（社会）学习理论。美国心理学家班杜拉和助手在实验中把儿童分为三组，首先让儿童观看电影中成年男子的攻击性行为。在影片结束后，第一组儿童看到成年男子被表扬，第二组儿童看到成年男子被批评，第三组儿童看到成年男子既没被表扬也没被批评。然后，他再把儿童带到实验室，实验室里有成年男子刚刚攻击过的对象。结果发现，榜样受奖组儿童的攻击性行为最多，受罚组最少，控制组居中。这说明，榜样攻击性行为所导致的后果是儿童是否自发模仿这种行为的决定因素。由此，班杜拉总结了具有特色的认知—行为主义模式，即观察（社会）学习理论。题干中“儿童看到成年人的行为及结果之后，会表现出类似的行为”体现了班杜拉的观察（社会）学习理论。因此答案选 C。

选项 A：康德，最早在大学里讲授教育学这门课程。

选项 B：夸美纽斯，被称为“教育学之父”，提出“泛智教育”的思想，系统论述班级授课制的方法和实施内容。

选项 D：培根，首次指出应该把“教育学”作为一门独立学科从学科分类中提出来。

【考点定位】中学生学习心理——学习理论——行为主义学习理论——班杜拉的观察（社会）学习理论

【难度】★★

二、辨析题

22.【参考答案】

题干说法错误。教育的隐性功能对人的发展不一定总是消极的。教育功能按照作用的方向，可分为正向功能与负向功能。教育的正向功能是指教育对个体和社会产生积极促进的作用。教育的负向功能是指教育对个体和社会产生消极阻碍的作用。所以教育的隐性功能有正向功能，也有负向功能，教育的隐性功能对人的发展并不总是消极的。综上，题干说法错误。

【考点定位】教育基础知识和基本原理——教育与社会发展——教育的功能——按教育功能呈现的形式划分——显性功能与隐性功能

【难度】★★

23.【参考答案】

题干说法错误。教学是智育的主要途径，但不是唯一途径，智育也需要通过课外活动等途径才能全面实现；另一方面，教学要完成智育的任务，但智育不是教学的唯一任务，教学也要完成德育、体育、美育、劳动技术教育的任务。综上，题干说法错误。

【考点定位】中学教学——教学概述——教学的内涵——教学与教育、智育的关系——教学与智育

【难度】★★★

24.【参考答案】

题干说法错误。无意想象也称不随意想象，是指没有预定目的地，不自觉地产生的想象。它是人们的意识减弱时，在某种刺激的作用下，不由自主地想象某种事物的过程。例如梦、白日梦等。幻想是指向未来，并与个人愿望相联系的想象，是创造想象的特殊形式。幻想不立即体现在人们的实际生活中，而是带有向往的性质，是人们寄托的东西。题干混淆了无意想象和幻想的概念。综上，题干说法错误。

【考点定位】中学生学习心理——认知过程——表象与想象——想象的分类——无意想象

【难度】★★

25.【参考答案】

题干说法正确。杰罗姆•卡根认为沉思型的学生在作出回答之前倾向于进行深思熟虑的、计算的、分析性的和逻辑的思考，往往先评估各种可替代的答案，然后给出较有把握的答案。冲动型的学生倾向于根据几个线索作出很大的、直觉的跃进，往往以很快的速度形成自己的看法，在回答问题时很快就能作出反应。因此，沉思型的学生在完成需要对细节作分析的学习任务时，学习成绩较好；冲动型的学生在完成需要做整体性解释的学习任务时，学习成绩较好。综上，题干说法正确。

【考点定位】中学生发展心理——中学生认知发展与教育——个别差异与因材施教——沉思型与冲动型

【难度】★★★

三、简答题

26.【参考答案】

（1）生产力发展水平决定教育发展水平。

（2）生产力的发展水平决定教育事业发展的速度和规模。

（3）生产力制约人才培养的规格和教育结构。

（4）生产力制约教学内容、方法、组织形式与手段。

【考点定位】教育基础知识和基本原理——教育与社会发展——教育与社会生产力——生产力对教育的制约

【难度】★★★

27.【参考答案】

讲授法是指教师运用口头语言系统向学生传授知识的一种方法。运用讲授法的基本要求如下：

（1）讲授内容要有科学性、系统性、思想性，既要突出重点、难点，又要系统、全面；既要使学生获得可靠知识，又要在思想上有所提高。

（2）注意启发。在讲授中善于诘问并引导学生分析和思考问题，使他们的认识活动能够积极开展，自觉地领悟知识。

（3）讲究语言艺术。力图语言清晰、准确、简练、形象、条理清楚、通俗易懂；讲授的音量、速度要适度，注意音调的抑扬顿挫；以姿势助说话，增强语言的感染力。

（4）要组织学生听讲。

【考点定位】中学教学——教学原则和方法——中小学常用的教学方法——常见的教学方法——以语言传递为主的教学方法——讲授法

【难度】★★★

28.**【参考答案】**

学习策略是指学习者在学习活动中，为了达到有效的学习目的而采用的规则、方法、技巧及其调控方式的综合。

学习策略可分为三类：

（1）认知策略：认知策略是指加工信息的一些方法和技术。这些方法和技术能使信息较为有效地从记忆中提取。认知策略又分为复述策略、精细加工策略和组织策略。

（2）元认知策略：元认知策略是指学生对自己认知过程的策略，是指对自己认知过程的了解和控制策略，有助于学生有效地安排和调节学习过程。元认知策略包括计划策略、监控策略、调节策略。

（3）资源管理策略：资源管理策略是指有效地管理和利用环境和资源，以提高学习效率和质量的策略。包括时间管理策略、环境管理策略、努力管理策略、资源利用策略。

【考点定位】中学生学习心理——学习心理——学习策略——学习策略的分类

【难度】★★★

29.**【参考答案】**

（1）学习材料的性质和数量。

（2）学习程度的大小。

（3）记忆任务的长久性与重要性。

（4）识记的方法。

（5）时间因素。

（6）识记者的情绪、动机和态度。

【考点定位】中学生学习心理——认知过程——记忆——遗忘——影响遗忘进程的因素

【难度】★★★

四、材料分析题

30.**【参考答案】**

（1）材料中李老师的教学充分体现了启发性原则。启发性原则是指在教学中，教师要承认学生是学习的主体，注意调动他们的学习主动性，引导他们独立思考、积极探索，生动活泼地学习，自觉掌握科学知识，提高分析问题和解决问题的能力。材料中，李老师通过提出“动物分类”的问题来引导学生分享自己的生活经验，循序渐进，最终引导学生理解数学中的同类项概念。李老师以一种新颖、独特的形式引发学生独立思考、积极讨论并探究，这充分体现了启发性原则。

（2）贯彻启发性原则的要求有以下几点：

① 明确学习目的，调动学生学习的主动性。

② 教师的讲授应抓重点、难点、关键，起到“点”和“拨”的作用。

③ 设置问题情境，启发学生积极思维，培养学生良好的思维方法。

④ 鼓励学生将知识创造性地用于实际。

⑤ 发扬教学民主，建立民主平等的师生关系。

【考点定位】中学教学——教学原则和方法——教学原则——启发性原则

【难度】★★★★

31.**【参考答案】**

（1）材料中，班主任老师和家长的做法导致娇娇感觉力不从心，是不妥的。根据耶克斯—多德森定律，动机的最佳水平随任务性质的不同而不同。在学习较复杂的问题时，动机的最佳水平点会低些；当学习任务比较简单时，动机的最佳水平点会高些。材料中，班主任老师和家长都给予娇娇足够多的学习压力，同时娇娇也严格要求自己，在内部和外部的双重高压动机下，导致娇娇学习成绩下降。

综上所述，班主任老师和家长没有运用正确的激励手段，导致出现适得其反的效果。因此班主任老师和家长的做法欠妥。

（2）根据材料中家长、班主任老师和娇娇的做法，我们可以采取以下措施激励娇娇学习：

第一，适当地降低动机水平。班主任老师和家长不要给娇娇过多的外部动机，与此同时，娇娇也要适当地降低内部动机水平。

第二，树立正确的成败归因。班主任老师要和家长沟通，引导娇娇树立科学合理的成败归因，将成败归因于努力程度，避免娇娇产生习得性无助，失去对学习的信心。

第三，做到劳逸结合。班主任老师和家长应鼓励娇娇在学习之余展开娱乐活动，将学习与娱乐相结合，做到身心健康发展。

第四，注重多元化评价。班主任老师和家长应该改变评价标准，不再只以成绩评价娇娇，而是做到多方面评价。

【考点定位】中学生学习心理——学习心理——学习动机——学习动机与学习效率的关系、学习动机的培养与激发

【难度】★★★★★

高顿教育
GOLDEN EDUCATION

姓名 ________ 准考证号 ________

国家教师资格考试 教育知识与能力（中学）
模拟卷（二）及参考答案

（科目代码：302/302A）

国家教师资格考试

教育知识与能力（中学）模拟卷（二）

注意事项：

1. 考试时间为 120 分钟，满分为 150 分。

2. 请按规定在答题卡上填涂、作答。在试卷上作答无效，不予评分。

一、单项选择题（在每小题列出的四个备选项中只有一个是符合题目要求的，请用 2B 铅笔把答题卡上对应题目的答案字母按要求涂黑。错选、多选或未选均无分。本大题共 21 小题，每小题 2 分，共 42 分）

1. 从乌鸦反哺的故事中，我们了解到教育活动不仅存在于人类社会中，动物界也存在教育现象。这体现了（　）的观点。

A. 神话起源说　　B. 生物起源说

C. 心理起源说　　D. 劳动起源说

2.《学记》不仅是中国古代也是世界上最早论述教育问题的著作。以下不属于《学记》内容的是（　）。

A. 温故知新　　B. 循序渐进原则

C. 教学相长　　D. 长善救失

3. 动画电影《姜子牙》中有句台词“若天道不公，我便走自己的道”。这句话表明了（　）在人的发展中的作用。

A. 个体主观能动性　　B. 学校教育

C. 环境　　D. 遗传

4. 体育教育是中学生素质教育的重要组成部分。加强中学生体育教育工作，是当前全面推进素质教育、促进中学生全面发展和健康成长的一项紧迫任务。其中，学校体育的主要形式是（　）。

A. 体育课　　B. 运动队训练

C. 体育竞赛　　D. 课外体育锻炼

5. 从 1986 年开始公布实施《义务教育法》到 2011 年，我国所有省（区、市）通过了国家“普九”验收，用 25 年全面普及了城乡免费义务教育，从根本上解决了适龄儿童少年“有学上”问题，为提高全体国民素质奠定了坚实基础。下列关于义务教育的说法正确的是（　）。

A. 义务教育最早起源于法国

B. 义务教育实质是一种强迫教育

C. 中国于 2006 年 6 月 29 日以国家立法形式确立实行九年义务教育

D. 义务教育的免费性是指不收书本费和学费

6. 讲授法是教师在日常授课过程中使用最为广泛的一种教学方法。历史老师通过口头语言向学生叙述生动的历史故事；物理老师通过口头语言向学生解释抽象的概念和阐明科学的规律；生物老师通过口头语言向学生呈现一个微观世界。以下选项中，讲授法的主要形式不包括（　）。

A. 默读　　B. 讲读　　C. 讲演　　D. 讲述

7. 制约课程开发的因素不包括（　）。

A. 学生　　B. 社会　　C. 学科特征　　D. 学校

8. 化学课堂上，刘老师在一片滤纸上喷洒了某种试剂，挂在铁架台上，将另一只盛有某种溶液的烧杯放在其下方。一段时间后，滤纸的颜色变成红色。通过实验，刘老师让学生推测滤纸上的试剂和烧杯中的溶液分别是什么。在课堂上，刘老师主要运用的教学方法是（　）。

A. 实验法　　B. 练习法　　C. 谈话法　　D. 演示法

9. 以下关键词与格式塔理论无关的是（　）。

A. 大猩猩叠箱实验　　B. 顿悟说

C. 苛勒　　D. 斯金纳

10. 小张得知自己本次期中考试的全班排名比上次后退两名。从排名的角度看，期中考试属于以下哪种评价？（　）

A. 绝对性评价　　B. 相对性评价

C. 目标参照性评价　　D. 客观评价

11. 某中学开展“我是美德小标兵”的评比活动，被评选上的同学的照片被贴在了学校宣传栏上公开表扬。在活动过程中，某中学运用了（　）。

A. 实践锻炼法　　B. 陶冶教育法

C. 品德评价法　　D. 自我指导修养法

12. 老师讲到古诗诗句“枯藤老树昏鸦，小桥流水人家，古道西风瘦马。夕阳西下，断肠人在天涯”时，同学们脑海中浮现的画面属于（　）。

A. 不随意想象　　B. 无意想象　　C. 再造想象　　D. 创造想象

13. 人们模仿鱼的形体造船，以桨仿鳍。此案例说明人们解决问题受（　）影响。

A. 思维定势　　B. 原型启发　　C. 动机　　D. 情绪

14. 以下技能不属于操作技能的是（　）。

A. 吹笛子　　B. 打网球　　C. 心算　　D. 体操

15. 李老师是一名班主任，他经常在班级中表扬卫生习惯良好的学生，一段时间后班上的其他学生也会自觉维护班级卫生。李老师采用的这种做法属于（　　）。

A. 自我强化　　B. 直接强化　　C. 替代强化　　D. 负强化

16. 语文老师在教“矗”的写法之前先回顾“直”的写法。这一案例体现出的学习迁移种类是（　　）。

A. 负迁移　　B. 横向迁移　　C. 具体迁移　　D. 纵向迁移

17. 倪老师入职不到三年，在工作中，他用大部分时间来思考如何上好每一节课，为此，他每天都认真备课。倪老师处于教师成长的（　　）阶段。

A. 关注生存　　B. 关注学生　　C. 关注情境　　D. 关注自我

18. 下列选项中，不属于前苏联心理学家维果斯基的观点的是（　　）。

A. 教育应当走在发展的前面

B. 个性的形成是高级心理机能发展的重要标志

C. “跳一跳，摘到桃”

D. 充分认识儿童不是“小大人”，是教育获得成功的基本前提

19. 小吴在走出考场后，才想出最后一道大题的解题步骤，对此感到很惋惜。这属于（　　）的体现。

A. 道德感　　B. 美感　　C. 理智感　　D. 激情

20. 晓峰性格沉稳，每次写作业时虽然正确率高但是速度比较慢，上次考试差点没答完题目。与晓峰这一认知风格类型相反的是（　　）。

A. 场独立型　　B. 发散型　　C. 沉思型　　D. 冲动型

21. 阳阳从小就非常害怕在公众场合讲话。心理辅导老师为了帮助阳阳克服这一恐惧，首先让他看演讲视频，其次再让他在无人的地方大声演讲，最后让他尝试在小组中发言，慢慢地，阳阳敢于在人多的地方讲话了。心理老师采用的心理辅导方法是（　　）。

A. 强化法　　B. 惩罚法　　C. 系统脱敏法　　D. 肯定性训练

二、辨析题（判断正误，并说明理由。本大题共 4 小题，每小题 8 分，共 32 分）

22. 螺旋式是指把课程内容组织成一条逻辑上前后联系的“直线”，前后内容基本不重复。

23. 教学过程具有简捷性。

24. 个体仅通过同化就能达到机体与环境的平衡。

25. 罗杰斯提倡有意义的学习是指将新知识与已有知识建立起非人为（内在的）的和实质性（非字面）的联系。

三、简答题（根据要求，回答问题。共 4 道题，每题 10 分，共 40 分）

26. 简述提高记忆能力的方法。

27. 简述教学方法选用的依据。

28. 简述20世纪以后教育的特征。

29. 简述有效促进学习迁移的教学。

四、材料分析题（阅读材料，并回答问题。共2道题，每题18分，共36分）

30. 材料：

初中生小秦，是一名行为恶劣的学生，经常上课睡觉，不讲卫生，同学们很不喜欢他，学科老师对他也很头疼，常常找班主任黄老师告状。对于小秦破罐子破摔的样子，黄老师看在眼里，急在心上。偶然一次班会中，黄老师发现小秦唱歌很棒，喜欢一些歌唱家和歌手。黄老师及时表扬了他的唱功，并以他的偶像为榜样激励小秦。之后，黄老师让小秦担任文体委员，在组织了几次文艺活动后，小秦得到了老师和同学的肯定。慢慢地，小秦改掉了自己不好的习惯，学习也有了明显的进步。

问题：

（1）班主任黄老师在对小秦的教育中体现了哪条德育原则？（10分）

（2）贯彻该原则的要求有哪些？（8分）

31. 材料：

小学成绩优异的小辛上了初中之后，成绩一路下滑。丁老师了解到，学生小辛学习成绩下滑是家境贫寒导致的自卑心理造成的。了解情况后，丁老师制定了一系列措施：利用课余时间与小辛谈心，并以他崇拜的榜样为目标，激励他努力学习实现自己的梦想；让他担任班级体育委员，发挥他长跑的特长，并对他取得的进步给予赞赏；在“相亲相爱一家人”主题班会上，引导小辛主动融入同学，鼓励同学间互帮互助；针对小辛在课堂上走神的行为，没有当众批评他，而是委婉地提示……一段时间后，小辛的成绩提高了，和同学的关系也逐渐融洽。

问题：结合案例，分析丁老师是如何依据需要层次理论制定教育措施的。（18 分）

国家教师资格考试 教育知识与能力（中学）

模拟卷（二）参考答案

一、单项选择题

1. **【答案】** B

【解析】 本题考查教育起源中的生物起源说。教育的起源学说包括神话起源说、生物起源说、心理起源说和劳动起源说。其中，生物起源说认为教育起源于动物界的生存本能。题干中的表述既体现了动物的教育，也体现了人的教育，符合生物起源说的观点。因此答案选 B。

选项 A：神话起源说是最古老的起源说，认为教育是由神（上帝或天）创造的，体现了神或上天的意志，使人皈依于神或顺从于天。

选项 C：心理起源说认为教育起源于儿童对成人的一种“无意识模仿”。

选项 D：劳动起源说认为教育起源于劳动过程中社会生产需要和人的发展需要的辩证统一。

【考点定位】 教育基础知识和基本原理——教育的产生与发展——教育的起源——生物起源说

【难度】 ★★

2. **【答案】** A

【解析】 本题考查《学记》的教育思想。《学记》中包含的教育思想有：循序渐进、长善救失、教学相长、启发性等。此题属于选非题，选项 A 中的温故知新出自《论语》。因此答案选 A。

【考点定位】 教育基础知识和基本原理——教育学的产生与发展——教育学的发展——教育学的萌芽阶段——中国——《学记》中的教育思想

【难度】 ★★

3. **【答案】** A

【解析】 本题考查影响人身心发展的因素中的个体的主观能动性。个体的主观能动性是指人的主观意识对客观世界的反映和能动作用。主观能动性是人的身心发展的动力，是促进个体发展的决定性因素。题干中，“若天道不公，我便走自己的道”的意思是自己的人生道路掌握在自己手里，强调人的主观能动性的重要作用。因此答案选 A。

【考点定位】 教育基础知识和基本原理——教育与人的发展——影响人身心发展的因素——个体的主观能动性

【难度】 ★★

4. 【答案】A

【解析】本题考查我国全面发展教育中的体育。全面发展教育由德育、智育、体育、美育和劳动技术教育构成。它们相互依存、相互促进、相互制约，构成一个有机的整体，共同促进人的全面发展。其中，体育的主要任务是增强学生的体质，体育课是实现体育的主要形式。与群众体育、竞技体育相比，学校体育的突出特点是教育性和基础性。因此答案选 A。

选项 B：运动队训练属于体育的范畴，但不是体育的主要形式。

选项 C：体育竞赛属于体育的范畴，但不是体育的主要形式。

选项 D：课外体育锻炼属于体育的范畴，但不是体育的主要形式。

【考点定位】教育基础知识和基本原理——教育目的——我国教育目的——全面发展教育——体育

【难度】★

5. 【答案】B

【解析】本题考查现代教育制度的发展趋势中的义务教育年限的延长。义务教育是依据法律规定，适龄儿童和少年必须接受的，国家、社会、学校、家庭必须予以保证的国民教育。义务教育是强迫教育，具有强制性、普及性、免费性的特点。因此答案选 B。

选项 A：义务教育最早起源于德国。

选项 C：1986 年 4 月 12 日，第六届全国人民代表大会第四次会议通过了《中华人民共和国义务教育法》，以国家立法形式正式确立我国实行九年义务教育，标志着中国义务教育制度的确立。2006 年 4 月 29 日，第十届全国人民代表大会常务委员会第二十二次会议修订通过《中华人民共和国义务教育法》，该法自 1986 年 7 月 1 日起实施，由此拉开了我国义务教育向着均衡、公平方向发展的序幕。

选项 D：义务教育的免费性体现在免学费和杂费。

【考点定位】教育基础知识和基本原理——教育制度——现代教育制度的发展趋势——义务教育年限的延长

【难度】★★★

6. 【答案】A

【解析】本题考查讲授法的方式。讲授法是指教师运用口头语言系统向学生传授知识的一种方法。它既可用于传授新知识，也可用于巩固旧知识，是整个教学方法体系中运用最多、最广的一种方法。讲授法主要有讲述、讲解、讲读、讲演四种方式。根据题干要求，本题为选非题，默读不属于讲授法。因此答案选 A。

选项 B：讲读是指读（教科书）与讲的结合，边读边讲，是讲、读、练、思相结合的一种讲授方式。

选项 C：讲演是指系统全面地描述事实，深入分析和论证事实并归纳、概括科学的结论。

选项 D：讲述是指教师运用具体生动的语言对教学内容作系统叙述和形象描绘。

【考点定位】中学教学——教学原则和方法——中小学常用的教学方法——常见的教学方法——以语言传递为主的教学方法——讲授法

【难度】★

7. 【答案】D

【解析】本题考查制约课程开发的因素。学生、社会及学科特征是制约学校课程开发的三大因素。选项 ABC 属于制约课程开发的因素。根据题意，本题为选非题，选项 D 中的学校不属于制约课程开发的因素，因此答案选 D。

【考点定位】中学课程——课程概述——制约课程开发的因素

【难度】★

8. 【答案】D

【解析】本题考查中小学常用教学方法中的演示法。常用的教学方法包括：以语言传递为主的教学方法，以直观感知为主的教学方法，以实际训练为主的教学方法，以情感陶冶为主的教学方法。其中，以直观感知为主的教学方法包括演示法、参观法。演示法是指教师通过展示实物、直观教具等进行示范性的实验或采取现代化视听手段等指导学生获得知识或巩固知识的方法。题干中，化学老师自己动手操作实验，并让学生观察所演示的实验，这运用的是演示法。因此答案选 D。

选项 A：实验法是指学生在教师的指导下，使用一定的仪器和设备，在一定条件下引起某些事物和现象产生变化，进行观察和分析，以获得知识和技能的方法。一般在物理、化学、生物等自然学科的教学中运用得较多。

选项 B：练习法是指学生在教师的指导下运用所学知识独立地进行实际操作，以巩固知识、形成技能的方法。

选项 C：谈话法也叫问答法，是指教师按一定的教学要求向学生提出问题，要求学生回答，并通过问答的形式来引导学生获取新知识或巩固旧知识的方法。

【考点定位】中学教学——教学原则和方法——中小学常用的教学方法——常见的教学方法——以直观感知为主的教学方法——演示法

【难度】★★

9. 【答案】D

【解析】本题考查认知学习理论中的格式塔学派的完形顿悟说。格式塔学派属于认知主义，主要观点包括：（1）苛勒的实验——大猩猩叠箱实验：在房间中央的天花板上吊一串香蕉，大猩猩站在地板上时不能拿到，房间的四周放了一些箱子。面对这样一个情境，大猩猩采取跳跃的方式获取香蕉，但是没有达到目的。于是它不再跳，而是走来走去。突然它站在箱子前面一动不动，过一会儿，它很快把箱子挪到香蕉下面，爬上箱子，取到香蕉。有时，一个箱子不够，大猩猩还能把两个或几个箱子叠起来，站在上面获取香蕉。（2）学习是通过顿悟实现的。苛勒认为，学习是指个体利用本身的智慧与理解力对情境及情境与自身关系的顿悟，而不是动作的累积或盲目的尝试。（3）学习的实质在于构造完形。完形是一种心理结构，是对事物关系的认知。苛勒认为，学习过程中问题的解决，都是由于对情境中事物关系的理解而构成一种“完形”来实现的。本题是选非题，选项 ABC 属于格式塔学派的理论，与题干不符，排除。因此答案选 D。

【考点定位】中学生学习心理——学习理论——认知学习理论——格式塔学派的完形—顿悟说

【难度】★★

10. **【答案】**B

【解析】本题考查教学评价分类中的相对性评价。相对性评价是一种用常模参照性测验对学生成绩进行评定的评价，它根据学生个人的成绩在该班学生成绩序列中或常模中所处的位置来评价他的成绩的等级次第，而不是考虑他是否达到了教学目的的要求。故相对性评价也称常模参照评价。题干中，根据“排名”可知，该考试属于相对性评价。因此答案选 B。

选项 AC：绝对性评价使用目标参照性测验对学生的成绩进行评定，它通过教学目标和教材编制试题来测量学生的学业成绩，判断学生是否达到了教学目标要求，而不以评定学生之间的差别为目的。所以，绝对性评价也称目标参照性评价。

选项 D：干扰项。

【考点定位】中学教学——教学评价——教学评价的分类——根据运用标准分类——相对性评价

【难度】★★★

11. **【答案】**C

【解析】本题考查德育方法中的品德评价法。德育方法是指为达到德育目的，在德育过程中采用的教育者和受教育者相互作用的活动方式的总和。它包括教育者的施教传道方式和受教育者的受教育方式。品德评价法是指教育者根据一定的要求和标准，对学生的思想品德进行肯定或否定的评价，促使其发扬优点，克服缺点，督促其不断进步的一种方法。品德评价法通常包括奖励、惩罚、评比、操行评定等方式。题干中，某中学举办“我是美德小标兵”的评比活动，并将被评选上的同学的照片贴在学校宣传栏上公开表扬，这一行为运用了品德评价法。因此答案选 C。

选项 A：实践锻炼法是指教育者组织学生参加多种实际活动，在行为实践中使学生接受磨炼和考验，以培养优良思想品德的方法。

选项 B：陶冶教育法又称情感陶冶法，是指教育者有目的地创设良好的教育情境，使受教育者在道德和思想情感方面受到潜移默化的感染、熏陶的方法。陶冶教育法包括人格感化、环境陶冶、艺术陶冶等。

选项 D：自我指导修养法又称道德修养法，是指教师指导学生自觉主动地进行学习和自我反省，以实现思想转化及行为控制。道德修养是建立在自我意识、自我评价能力发展基础上的人的自觉能动性的表现。

【考点定位】中学德育——中学德育的原则、途径与方法——中学德育的途径与方法——中学德育的方法——常用的德育方法——品德评价法

【难度】★★

12. **【答案】**C

【解析】本题考查想象分类中的再造想象。再造想象是指根据言语的描述或图样的示意，在人脑中形成相应的新形象的过程。题干中，学生根据老师所讲的古诗诗句而在头脑浮现出来的画面属于再造想象。因此答案选 C。

选项 AB：不随意想象也称无意想象，是指没有预定目的地、不自觉地产生的想象。它是当人们的意识减弱时，在某种刺激的作用下，不由自主地想象某种事物的过程。

选项 D：创造想象是指在创造活动中，根据一定的目的、任务，在人脑中独立地创造出新形象的过程。

【考点定位】中学生学习心理——认知过程——表象与想象——想象的分类——有意想象——再造想象

【难度】★★

13. **【答案】**B

【解析】本题考查影响问题解决的主要因素中的原型启发。原型启发是指从其他事物或现象中获得的信息对解决当前问题的启发。其中，具有启发作用的事物或现象叫原型。题干中，人类根据鱼发明船，说明人类解决问题受到了原型启发的影响（鱼就是原型）。因此答案选 B。

选项 A：思维定势是指重复先前的操作所引起的一种心理准备状态。在环境不变的条件下，定势使人能够应用已掌握的方法解决问题。

选项 C：人们对活动的态度、责任感等可以成为发现问题的动机，影响问题解决的效果。动机的强度不同，影响的大小也不同。

选项 D：情绪对问题解决有一定的影响，肯定、积极的情绪状态有利于问题的解决，而否定、消极的情绪状态则会阻碍问题的解决。

【考点定位】中学生学习心理——认知过程——问题解决——影响问题解决的主要因素——原型启发

【难度】★★

14.【答案】C

【解析】本题考查技能分类中的操作技能。根据技能的性质和特点，技能分为操作技能和心智技能。操作技能也叫动作技能、运动技能，是指通过学习而形成的合乎法则的程序化、自动化和完善化的操作活动方式，具有客观性、外显性和展开性的特点。心智技能也叫智力技能、认知技能，是指一种借助于内部力量调节、控制心智活动的经验，通过学习而形成的合乎法则的心智活动方式，具有观念性、内潜性、简缩性的特点。选项 ABD 均属于操作技能。选项 C 中的心算属于心智技能，不属于操作技能。本题为选非题，因此答案选 C。

【考点定位】中学生学习心理——学习概述——技能的形成——技能及其分类——操作技能

【难度】★

15.【答案】C

【解析】本题考查班杜拉强化分类中的替代强化。社会学习理论将强化分为直接强化、替代强化和自我强化。其中，替代强化是指观察者因看到榜样的行为被强化而受到强化。题干中，李老师表扬卫生习惯良好的学生导致其他学生也表现出类似行为，这种做法属于替代强化。因此答案选 C。

选项 A：自我强化是指人能观察自己的行为，并根据自己的标准进行判断，由此强化或惩罚自己。

选项 B：直接强化是指观察者因表现出观察行为而受到强化。

选项 D：负强化是指通过消除或中止厌恶、不愉快的刺激来提高反应频率。

【考点定位】中学生学习心理——学习理论——行为主义学习理论——班杜拉的观察（社会）学习理论——强化的分类——替代强化

【难度】★★★

16.【答案】C

【解析】本题考查学习迁移分类中的具体迁移。具体迁移，也称“特殊迁移”，是指学习迁移发生时，学习者原有的经验组成要素及结构并没有变化，只是将一种学习中习得的经验要素重新组合并移用到另一种学习之中。题干中，老师在教“矗”时先回顾“直”，是将“直”直接迁移到另一种学习中，这属于具体迁移。因此答案选 C。

选项 A：负迁移是指两种学习之间相互干扰、阻碍，即一种学习对另一种学习产生消极影响。

选项 B：水平迁移（横向迁移）是指处于同一抽象和概括水平的经验之间的相互影响，也就是指在难度、复杂程度和概括层次上处于同一水平的先行学习内容与后继学习内容、学习活动之间产生的影响。

选项 D：垂直迁移（纵向迁移）是指处于不同抽象、概括水平的经验之间相互影响，也就是指先行学习内容与后继学习内容是不同水平的学习活动之间产生的影响。垂直迁移表现在两个方面：一是自下而上的迁移，即下位的较低层次的经验影响上位的较高层次的经验的学习；二是自上而下的迁移，即上位的较高层次的经验影响下位的较低层次的经验的学习。

【考点定位】中学生学习心理——学习心理——学习迁移——迁移的分类——具体迁移

【难度】★★

17. **【答案】**C

【解析】本题考查教师成长历程中的关注情境阶段。福勒和布朗根据教师的需要和教师在不同时期所关注的焦点问题，把教师的成长划分为关注生存、关注情境和关注学生三个阶段。处于关注情境阶段的教师关心的是如何教好每一堂课的内容，一般总是关心诸如班级的大小、时间的压力、备课材料是否充分等与教学情境有关的问题。题干中，倪老师大部分时间思考的是如何上好每一节课，这表明他处于关注情境阶段。因此答案选 C。

选项 A：处于生存阶段的一般是新教师，他们非常关注自己的生存适应性，可能会把大量的时间花在如何处理好与学生的关系上。

选项 B：处于关注学生阶段的教师将更多地考虑学生的个别差异，认识到不同发展水平的学生有不同的需要，某些教学材料和方式不一定适合所有学生等问题。

选项 D：不属于教师成长阶段的分类，排除。

【考点定位】中学班级管理与教师心理——教师心理——教师成长心理——教师成长的历程——关注情境阶段

【难度】★★

18. **【答案】**D

【解析】本题考查维果斯基的观点。充分认识儿童不是“小大人”，是教育获得成功的基本前提，属于皮亚杰的认知发展阶段理论给我们的启示，与维果斯基无关。本题为选非题，因此答案选 D。

选项 A：维果斯基认为，儿童有两种发展水平：一是儿童的现有水平，二是即将达到的发展水平。这两种水平之间的差异就是最近发展区。也就是说，儿童在被指导的情况下，借助成人帮助所能达到的解决问题的水平与独自解决问题所达到的水平之间的差异，实际上是两个临近发展阶段间的过渡。维果斯基特别提出：“教学应走在发展的前面。”

选项 B：维果斯基在心理发展观中提出心理活动的个性化。个性的形成是高级心理机能发展的重要标志，个性特点对其他机能的发展具有重要作用。

选项 C：“跳一跳，摘到桃”的意思是让学生“跳一跳”，去摘高处的“桃子”，启示我们在教学中应着眼于学生的最近发展区，为学生提供带有难度的内容，调动学生的积极性，发挥其潜能，超越其最近发展区而达到其困难发展到的水平，然后在此基础上进行下一个发展区的发展。

【考点定位】中学生发展心理——中学生认知发展与教育——维果斯基的文化—历史发展理论与教育

【难度】★★★

19.【答案】C

【解析】本题考查情感分类中的理智感。人类的情感有道德感、美感和理智感三种分类。理智感是指在智力活动中，认识、探求或维护真理的需要是否得到满足而产生的情感体验。例如，人们在探索未知领域时所表现出来的求知欲、好奇心，在解决问题时的喜悦感，都属于理智感。题干中，小吴为考试中错失解题良机而感到惋惜是理智感的体现。因此答案选 C。

选项 A：道德感是指用一定的道德标准去评价自己或他人的思想和言语时产生的情感体验。

选项 B：美感是指用一定的审美标准来评价事物时所产生的情感体验。

选项 D：激情是指一种爆发强烈而持续时间短暂的情绪状态，多带有特定的指向性和较明显的外部行为。它是强烈的、短暂的、爆发式的。

【考点定位】中学生发展心理——中学生情绪与意志的发展——情感——情感的分类——理智感

【难度】★★

20.【答案】D

【解析】本题考查认知风格差异中的沉思型与冲动型。目前研究较多的认知风格有：（1）场独立型与场依存型。（2）冲动型与沉思型。（3）辐合型与发散型。其中，沉思型的学生在作出回答之前倾向于进行深思熟虑的、计算的、分析性的、逻辑的思考，往往先评估各种可替代的答案，然后给出较有把握的答案。其对问题反应较慢，但错误较少。而冲动型的学生倾向于根据几个线索作出很大的直觉的跃进，往往以很快的速度形成自己的看法，在回答问题时很快就作出反应。其对问题反应较快，但错误较多。根据题干描述得知，晓峰写作业时正确率高，但是速度比较慢，因此他的认知风格属于沉思型；冲动型则是与晓峰相反的认知风格。因此答案选 D。

选项 A：场独立型的学生是“内部定向者”：对客观事物作判断时，常常利用内在的参照，不易受外来的因素影响和干扰，独立对事物作出判断。场独立型的人善于分析和组织。

选项 B：发散型的学生在解决问题时，思路会向各种可能的方向扩散，从而求得多种答案。

选项 C：沉思型的学生在作出回答之前倾向于进行深思熟虑的、计算的、分析性、逻辑的思考，往往先评估各种可替代的答案，然后给出较有把握的答案。

【考点定位】中学生发展心理——中学生认知发展与教育——个别差异与因材施教——沉思型与冲动型

【难度】★★★

21.【答案】C

【解析】本题考查心理辅导方法中的系统脱敏法。系统脱敏的含义是指当某些人对某事物、某环境产生敏感反应（害怕、焦虑、不安）时，在当事人身上出现的一种不相容的反应，使其对本来可引起敏感反应的事物，不再发生敏感反应。系统脱敏法包括以下几个步骤：（1）建立焦虑刺激等级表，焦虑等级评定以受辅导学生的主观感受为标准，排在最前面的是仅能引起最弱程度焦虑的刺激。（2）进行全身放松训练。（3）焦虑刺激与松弛活动相配合。题干中，心理辅导老师引导阳阳一步步地克服恐惧，最终使他敢于在人多的地方讲话，采用的是系统脱敏法。因此答案选 C。

选项 A：强化法用来培养新的适应行为。根据学习原理，一个行为发生后，如果紧跟着一个强化刺激，这个行为就会再一次发生。

选项 B：惩罚的作用是消除不良行为。惩罚有两种：一是在不良行为出现后，呈现一个厌恶刺激（如否定评定、给予处分）；二是在不良行为出现时，撤销一个愉快刺激。

选项 D：肯定性训练，也叫“自信训练”，其目的是促进个人在人际关系中公开表达自己的真实情感和观点，维护自己的权益也尊重别人的权益，发展人的自我肯定行为。自我肯定行为主要表现在三个方面：（1）请求，请求他人为自己做某事，以满足自己合理的需要。（2）拒绝，拒绝他人无理的要求而又不伤害对方。（3）表达，真实地表达自己的意见和情感。

【考点定位】中学生心理辅导——中学生心理辅导的方法——心理辅导的主要方法——行为演练的基本方法——系统脱敏法

【难度】★★

二、辨析题

22.【参考答案】

题干说法错误。直线式是指把课程内容组织成一条逻辑上前后联系的“直线”，前后内容基本不重复。螺旋式是指在不同阶段、单元或不同课程门类中，课程内容重复出现，逐渐扩大知识面，加深知识难度，即同一课程内容前后重复出现，前面呈现的内容是后面呈现的内容的基础，后面呈现的内容是前面呈现的内容的不断扩展和加深，层层递进。螺旋式的逻辑依据是人的认识遵循着由简单到复杂、由低级到高级逐步深化的发展规律，能够将学生的认知结构与学科的逻辑结构相统一。题干混淆了直线式与螺旋式的概念。综上，题干说法错误。

【考点定位】中学课程——课程组织——课程内容——课程内容的组织形式——直线式与螺旋式

【难度】★★★

23.【参考答案】

题干说法正确。教学过程是一种特殊的认识过程。学生认识的特殊性表现在以下几个方面：

教育的间接性、引导性、简捷性和教育性。其中，简捷性是指学生的认识走的是一条认识的捷径，是一种科学文化知识的再生产。题干中的说法符合学生认识的特殊性理论。综上，题干说法正确。

【考点定位】中学教学——教学过程——教学过程的本质——教学过程是一种特殊的认识过程——简捷性

【难度】★★★

24.【参考答案】

题干说法错误。首先，按照皮亚杰的认知发展阶段理论，他认为心理结构涉及图式、同化、顺应、平衡四个概念。其中，图式是核心。其次，图式是指人在认识周围世界的过程中形成自己独特的认知结构。图式是有组织的思考或行动模式，是用来了解周围世界的认知结构。同化是指在有机体面对一个新的刺激情境时，把刺激整合到已有的图式或认知结构中，即把环境因素纳入已有的图式中，使之成为自身认知结构的一部分，从而加强和丰富原有图式。顺应是指当有机体不能利用原有图式接受和解释新刺激时，其认知结构发生改变来适应新刺激的影响，即改变原有图式，以适应环境。最后，个体通过同化和顺应达到机体与环境的平衡，当已有的图式不能解决面临的问题情境时，就会产生不平衡的状态。如果失去了平衡，就需要改变行为以重建平衡。个体在平衡与不平衡的交替中不断建构和完善认知结构，实现认知发展。总而言之，皮亚杰认为个体需要通过同化和顺应来达到机体与环境的平衡，而不是题干中所说的仅仅通过同化就能达到。综上，题干说法错误。

【考点定位】中学生发展心理——中学生认知发展与教育——皮亚杰的认知发展阶段理论——发展的结构

【难度】★★★★

25.【参考答案】

题干说法错误。奥苏贝尔认为有意义学习的实质是将新知识与已有知识建立起非人为的（内在的）和实质性（非字面）的联系。罗杰斯提倡有意义学习不是指那种仅仅涉及事实积累的学习，而是指一种使个体的行为、态度、个性及在未来选择行动方针时发生重大变化的学习。两者间的观点有本质区分，题干混淆了罗杰斯和奥苏贝尔。综上，题干说法错误。

【考点定位】中学生学习心理——学习理论——认知学习理论——奥苏贝尔的有意义接受学习——有意义学习的实质

【难度】★★★

三、简答题

26.【参考答案】

提高记忆能力的方法：

（1）明确记忆目的，增强学习的主动性。

（2）理解材料的意义，少用机械记忆。

（3）对材料进行精加工，促进深度理解。

（4）运用组块化学习策略，合理组织材料。

（5）运用多重编码方式，提高信息加工处理的质量。

（6）注重复习方法，防止知识遗忘。

【考点定位】中学生学习心理——认知过程——记忆——应用记忆规律促进学生的有效学习——提高记忆能力的方法

【难度】★★★

27.【参考答案】

（1）教学目的和任务的要求。

（2）课程性质和教材特点。

（3）学生的年龄特征和知识水平。

（4）教学时间、设备、条件。

（5）教师业务水平、实际经验及个性特点。

（6）教学手段、教学环境等因素。

【考点定位】中学教学——教学的原则和方法——中小学常用的教学方法——教学方法选用的依据

【难度】★★★

28.【参考答案】

20 世纪以后教育的特征如下：

（1）教育的终身化。

（2）教育的全民化。

（3）教育的民主化。

（4）教育的多元化。

（5）教育的现代化。

【考点定位】教育基础知识和基本原理——教育的产生与发展——教育的发展——20 世纪以后的教育

【难度】★★★

29.【参考答案】

（1）精选教材。

（2）合理编排教学内容。

（3）合理安排教学程序。

（4）教授学习策略，提高迁移意识性。

【考点定位】中学生学习心理——学习心理——学习迁移——促进学习迁移的教学

【难度】★★★

四、材料分析题

30.【参考答案】

（1）本案例中，黄老师对小秦的教育体现了依靠积极因素克服消极因素的德育原则。

依靠积极因素克服消极因素的德育原则是指在德育工作中，教育者要善于依靠和发扬学生自身的积极因素，调动学生自我教育的积极性，克服消极因素，实现品德发展内部矛盾的转化。材料中，黄老师充分肯定小秦唱歌好的长处，并让他担任文体委员，慢慢地，小秦开始注重自己的学习和个人习惯，这体现了依靠积极因素克服消极因素的原则。

综上所述，本案例主要体现了依靠积极因素克服消极因素的德育原则。

（2）贯彻依靠积极因素克服消极因素的德育原则的要求：

① 教育者要用一分为二的观点，全面分析，客观地评价学生的优点和不足。

② 教育者要有意识地创造条件，将学生思想中的消极因素转化为积极因素。

③ 教育者要提高学生自我认识、自我评价的能力，启发他们自觉思考，克服缺点，发扬优点。

【考点定位】中学德育——中学德育的原则、途径与方法——中学德育的原则——依靠积极因素克服消极因素的原则

【难度】★★★

31.【参考答案】

丁老师分别从自我实现的需要、尊重的需要、归属与爱的需要制定教育措施。

（1）丁老师依据马斯洛的自我实现的需要制定教育措施。自我实现的需要，是创造的需要，是追求实现自我理想的需要，是充分发挥个人潜能和才能的心理需要，也是创造力和自我价值得到体现的需要。材料中，丁老师利用课余时间，找小辛谈心并用榜样的力量激励小辛努力学习，实现梦想。这是丁老师根据这一层次的需要制定的教育措施。

（2）丁老师依据马斯洛的尊重需要制定教育措施。尊重需要具体表现为认可自己的实力和成就，自信、独立、渴望赞赏与评价等。材料中，丁老师让小辛当班级体育委员，发挥他的特长，并在小辛取得进步时给予表扬。这是丁老师根据这一层次的需要制定的教育措施。

（3）丁老师依据马斯洛的归属与爱的需要制定教育措施。归属与爱的需要也称社交需要，包括被人爱与热爱他人，被团体接纳等。材料中，丁老师通过开展“相亲相爱一家人”主题班会，引导小辛融入集体；对于小辛课上出现走神的行为，丁老师也并未当众批评。这是丁老师根据这一层次的需要制定的教育措施。

【考点定位】中学生学习心理——学习心理——学习动机——学习动机理论——需要层次理论

【难度】★★★★★